Leadership und Management im Rettungsdienst

Daniel Heine

Leadership und Management im Rettungsdienst

Menschen führen, Strukturen schaffen, Zukunft gestalten

Springer Gabler

Daniel Heine
Bünde, Deutschland

ISBN 978-3-662-71656-4 ISBN 978-3-662-71657-1 (eBook)
https://doi.org/10.1007/978-3-662-71657-1

Die Deutsche Nationalbibliothek verzeichnet diese Publikation in der Deutschen Nationalbibliografie; detaillierte bibliografische Daten sind im Internet über https://portal.dnb.de abrufbar.

Planung/Lektorat: Mareike Teichmann
Springer Gabler ist ein Imprint der eingetragenen Gesellschaft Springer-Verlag GmbH, DE und ist ein Teil von Springer Nature.
Die Anschrift der Gesellschaft ist: Heidelberger Platz 3, 14197 Berlin, Germany

Interessenkonflikt Der/die Autor*in hat keine für den Inhalt dieses Manuskripts relevanten Interessenkonflikte.

Inhaltsverzeichnis

Über den Autor

Dr. rer. pol. Daniel Heine wurde 1978 geboren und begann seine berufliche Laufbahn im Rettungsdienst. Über ein Jahrzehnt war er hauptberuflich im Rettungsdienst tätig und unterrichtete gleichzeitig sieben Jahre lang an Rettungsdienstschulen. 2005 entschied er sich für ein berufsbegleitendes Studium und erwarb einen Bachelor in Management im Gesundheits- und Sozialwesen sowie einen MBA in Business Development Management mit einer Vertiefung in Wirtschaftspsychologie. Seine akademische Laufbahn schloss er mit der Promotion zum Dr. rer. pol. an der Universität Bremen ab, wobei er sich auf das Personalmarketing der Generation Z im Bevölkerungsschutz spezialisierte.

In seiner Karriere übernahm er vielseitige Führungs- und Entwicklungsaufgaben, unter anderem als DRK-Kreisgeschäftsführer, als Bereichsleiter einer Hochschule sowie als Führungskräfte- und Organisationsentwickler in einem Wohlfahrtsverband. Zudem ist er seit mehr als 17 Jahren als Hochschuldozent im Bereich Management und Personalmarketing im Rettungsdienst und Gesundheitswesen tätig.

Heute liegt sein Fokus auf Beratung, Führungskräftecoaching und Wissenstransfer in den Bereichen Management & Personalmarketing. Mit seiner langjährigen Erfahrung kombiniert er Praxisnähe und wissenschaftliche Expertise, um innovative Lösungen für die Herausforderungen des Rettungsdienstes zu entwickeln.

Einleitung

1

Zusammenfassung

Dieses Buch richtet sich an neue und erfahrene Führungskräfte im Rettungsdienst – von Teamleitungen bis zur Geschäftsführung. Es verbindet Leadership- und Managementwissen mit praxisnaher Führungskräfteentwicklung und berücksichtigt die große strukturelle Vielfalt im deutschen Rettungswesen. Der erste Teil des Buches legt den Fokus auf Leadership-Themen wie Führungsstile, Feedback und Teamführung. Der zweite Teil behandelt klassische Managementaufgaben wie Dienstplanung, Zeitmanagement und Strategie. Leserinnen und Leser erhalten Impulse, um die eigene Rolle zu reflektieren, Führung wirksam zu gestalten und Veränderungen aktiv anzugehen.

Zielgruppen und Anliegen des Buches

Dieses Buch richtet sich an Führungskräfte im Rettungsdienst – unabhängig davon, ob sie am Beginn ihrer Leitungsfunktion stehen oder bereits über langjährige Führungserfahrung verfügen. Angesprochen sind angehende und junge Führungskräfte ebenso wie etablierte Leitungspersonen auf unterschiedlichen Ebenen: von Teamleitungen über leitende Praxisanleiterinnen und Praxisanleiter bis hin zu Rettungswachenleitungen sowie Geschäftsführungen ganzer Rettungsdienste.

Ziel des Buches ist es, praxisnahes Fachwissen aus den Bereichen Leadership und Management mit Inhalten der Führungskräfteentwicklung zu verbinden. Dabei steht nicht die reine Wissensvermittlung im Vordergrund, sondern das praxisorientierte Zusammenspiel beider Perspektiven – ergänzt um Reflexionsimpulse und konkrete Anwendungsbeispiele aus dem Führungsalltag im Rettungsdienst.

Der Rettungsdienst in Deutschland ist äußerst heterogen strukturiert. Es gibt Träger mit mehreren hundert Mitarbeitenden ebenso wie kleine Organisationseinheiten mit nur einer Rettungswache. Auch die Aufgaben- und Verantwortungsverteilung

D. Heine, *Leadership und Management im Rettungsdienst*,
https://doi.org/10.1007/978-3-662-71657-1_1

variiert erheblich: In manchen Organisationen führen die Leitungen von Rettungswachen umfassend – inklusive Dienstplanung, Materialplanung und Beteiligung an Personalentscheidungen. In anderen Strukturen liegt die operative Steuerung zentral, und die Leitungen auf den Rettungswachen übernehmen primär koordinierende und teamleitende Aufgaben vor Ort.

Dieses Buch berücksichtigt diese Vielfalt, ohne ein einheitliches Führungsverständnis zu normieren. Vielmehr möchte es Möglichkeiten aufzeigen, wie Führung in unterschiedlichen Kontexten gelingen kann – abhängig von Strukturen, Menschen, Rahmenbedingungen und Entwicklungspotenzialen. Die im Rahmen der eigenen Beratungstätigkeit des Autors gesammelten Erfahrungen zeigen: Die Gestaltungsmöglichkeiten für Führungskräfte im Rettungsdienst sind so vielfältig wie herausfordernd – insbesondere dann, wenn sich Strukturen im Wandel befinden.

Lesende sind eingeladen, sich durch zahlreiche Praxisbeispiele inspirieren zu lassen, eigene Erfahrungen zu reflektieren und Impulse für individuell passende Optimierungen mitzunehmen. Das Buch versteht sich als Begleiter auf dem Weg zu wirksamer, reflektierter und zukunftsorientierter Führung im Rettungsdienst.

Inhaltlich ergänzt wird dieses Werk durch die beiden Fachbücher *Employer Branding und Personalmarketing im Rettungsdienst* (Heine, D., 2025a) sowie *Kaizen im Rettungsdienst* (Heine, D., 2025b). Die dort behandelten Themenfelder – insbesondere Arbeitgeberattraktivität, Mitarbeiterbindung, kontinuierliche Verbesserung und Innovationskultur – fließen an einigen Stellen in dieses Buch ein, werden jedoch im vorliegenden Werk lediglich angerissen, da sie eigenständig und vertiefend in den genannten Publikationen behandelt werden.

▶ Führung im Rettungsdienst steht vor vielfältigen und stetig wachsenden Herausforderungen. Dieses Buch möchte dazu beitragen, diesen Anforderungen mit fundiertem Wissen, praxisnahen Impulsen und einem klaren Verständnis für Leadership und Management zu begegnen. Es lädt dazu ein, gemeinsam neue Wege zu gehen, moderne Führung zu etablieren, tragfähige Strukturen zu schaffen und die Zukunft des Rettungsdienstes aktiv mitzugestalten.

Leadership und Management

Die Begriffe Leadership und Management werden im Alltag häufig synonym verwendet – und doch beschreiben sie zwei grundlegend unterschiedliche Funktionen innerhalb von Organisationen. Eine klare Unterscheidung liefert der Harvard-Professor John P. Kotter in seinem Werk A Force for Change – How Leadership

Tab. 1.1 Zentrale Aufgabenbereiche von Management und Leadership und Betrachtung in diesem Buch

Management	Leadership
Planen und Budgetieren	Eine Richtung vorgeben
Organisieren und Stellen besetzen	Mitarbeitende ausrichten
Steuern und Probleme lösen	Motivation und Inspiration ermöglichen
In diesem Buch Kap. 8–10	*In diesem Buch Kap.* 2–7

Eigene Erstellung nach Kotter, J. P. (1990)

Differs From Management (1990, S. 4–6). Er beschreibt beide Konzepte anhand dreier zentraler Aufgabenbereiche, siehe Tab. 1.1.

Während Management primär auf Ordnung, Stabilität und die effiziente Umsetzung von Prozessen abzielt, steht Leadership für Veränderung, Vision und die Mobilisierung von Menschen. Kurz gesagt: Management erzeugt Konstanz – Leadership erzeugt Wandel.

Kotter betont, dass diese beiden Kompetenzen selten in einer Person vollständig vereint sind. In der Praxis überwiegen häufig managementorientierte Führungskräfte, während echte Leadership-Fähigkeiten unterrepräsentiert sind. Viele Unternehmen sind nach seiner Einschätzung deshalb »over-managed« und »underled« – also stark auf Planung, Kontrolle und Strukturen ausgerichtet, während es an visionärer Führung, Orientierung und inspirierendem Wandel mangelt.

Diese Unterscheidung bildet auch die konzeptionelle Grundlage dieses Buches: **Die Kap. 2 bis 7 befassen sich schwerpunktmäßig mit Aspekten von Leadership.** Sie thematisieren unter anderem das Rollenverständnis von Führungskräften, verschiedene Führungsstile, agile Ansätze inklusive Feedback- und Fehlerkultur, Selbstführung sowie die ersten 90 Tage in einer Leitungsfunktion. Diese Inhalte zielen darauf ab, die persönliche und zwischenmenschliche Führungsfähigkeit zu stärken – also Menschen zu führen, zu inspirieren und in Bewegung zu bringen.

Die **Kap. 8 bis 10 verschieben den Fokus stärker auf das Management** im Rettungsdienst. Hier stehen Themen wie Dienstplanung als Führungsinstrument, Zeitmanagement und strategische Steuerung im Vordergrund – also Strukturen, Prozesse und operative Umsetzung im Alltag der Führungspraxis.

Dabei gilt: So wie im beruflichen Alltag lassen sich auch in der Theorie Leadership und Management nicht immer eindeutig voneinander trennen. Viele Aufgabenbereiche erfordern beide Perspektiven – sowohl eine inspirierende Führung als auch eine effiziente Organisation. Dieses Buch lädt daher dazu ein, beide Seiten der Führungsverantwortung zu reflektieren und gezielt weiterzuentwickeln.

Leadership und Management im Rettungsdienst – ein Spannungsfeld mit Rollenprofilen

Im Rettungsdienst zeigt sich die Unterscheidung zwischen Leadership und Management in der Praxis oft als hilfreich zur Einordnung, jedoch schwer trennscharf umsetzbar. Führungskräfte sind in beiden Dimensionen gefordert – und zwar häufig gleichzeitig. Während Managementprozesse wie Dienstplanung, Budgetverantwortung und Qualitätssteuerung einen klar strukturierten Rahmen vorgeben, erfordert der Arbeitsalltag ebenso empathisches Handeln, Motivation, Konfliktlösung und persönliche Führungsstärke.

Dabei lässt sich ein gewisser Schwerpunkt abhängig von der Funktion erkennen: **Geschäftsführende** von privaten Rettungsdiensten, gGmbHs oder größere **Abteilungs- und Bereichsleitungen** innerhalb kommunaler oder verbandlicher Strukturen arbeiten häufig stark managementorientiert. Ihre Aufgaben umfassen vor allem strategische Steuerung, Ressourcenplanung und Organisation größerer Einheiten (z. B. verschiedener Rettungswachen oder Dienstleistungen – beispielsweise medizinische Transportdienste, die Leitstelle und Schulungseinrichtungen sein können.). Leadership zeigt sich hier vor allem in der Gestaltung von Kultur, Kommunikation und Veränderungsprozessen.

Demgegenüber liegt der Schwerpunkt von **Teamleitungen** und **Leitungen einzelner Rettungswachen** eher im Bereich der unmittelbaren Personalführung. Hier stehen Themen wie Vertrauen, Motivation, Feedback, Teamentwicklung und die Begleitung im Arbeitsalltag im Vordergrund – klassische Leadership-Aufgaben.

Natürlich gilt auch hier: **In jeder Führungsposition sind beide Kompetenzen notwendig** – Führungskräfte müssen sowohl gestalten als auch steuern können. Umso wichtiger ist ein Bewusstsein für diese Doppelrolle und die Bereitschaft, je nach Situation flexibel zwischen Management und Leadership zu wechseln.

Literatur

Heine, D. (2025a). *Employer Branding und Personalmarketing im Rettungsdienst. Mitarbeitende gewinnen, binden und motivieren.* Springer Gabler.

Heine, D. (2025b). *Kaizen im Rettungsdienst. Schritt für Schritt verbessern, Teams stärken, Zukunft gestalten.* Springer Gabler.

Kotter, J. P. (1990). *A force for change: How leadership differs from management.* Free Press.

2 Die Rolle als Leitungskraft im Rettungsdienst

Zusammenfassung

Kap. 2 zeigt, was Führung im Rettungsdienst ausmacht – jenseits von Dienstplänen und Vorgaben. Es geht um den Rollenwechsel von der Fachkraft zur Leitung, um Erwartungen, Führungshaltung, Feedback- und Fehlerkultur, Selbstführung und den erfolgreichen Start in den ersten 90 Tagen. Das Kapitel liefert Orientierung und konkrete Werkzeuge für Menschen, die (neu) führen – praxisnah, reflektiert und mit Blick auf die besondere Realität des Rettungsdienstes.

Führung im Rettungsdienst ist mehr als Einsatzplanung, Qualitätssicherung und formale Verantwortung. Wer eine Leitungsfunktion übernimmt – ob als Wachleitung, Abteilungsleitung oder in einer anderen Führungsrolle – steht an der Schnittstelle zwischen Einsatzrealität, Teamkultur und organisatorischer Entwicklung. Diese Rolle ist geprägt von Erwartungen, Spannungsfeldern, schnellen Entscheidungen und der Notwendigkeit, Menschen zu führen, die unter hoher Belastung arbeiten.

Kap. 2 beleuchtet, was es bedeutet, Leitungskraft im Rettungsdienst zu sein – mit allem, was dazu gehört: der Übergang von der Fach- zur Führungsrolle, das eigene Rollenverständnis, der Umgang mit Nähe und Distanz, Führungsstile und Führungshaltung, Selbstführung und Resilienz sowie die ersten entscheidenden Wochen im neuen Aufgabenfeld.

Das Kapitel bietet fachlichen Input, Reflexionsimpulse und konkrete Hilfen für den Alltag – sowohl für neue Führungskräfte als auch für erfahrene Leitungen, die ihre Rolle weiterentwickeln oder überdenken möchten.

D. Heine, *Leadership und Management im Rettungsdienst*,
https://doi.org/10.1007/978-3-662-71657-1_2

2.1 Einführung in die Führungsrolle

Die Übernahme einer Führungsposition im Rettungsdienst stellt einen bedeutenden Schritt in der beruflichen Entwicklung dar – oft verbunden mit hohen Erwartungen, vielfältigen Herausforderungen und neuen Handlungsspielräumen. Die Leitungskraft trägt Verantwortung für Menschen, Strukturen und Prozesse, muss Entscheidungen treffen, Entwicklungen gestalten und zugleich Orientierung bieten – sowohl für das Team als auch in der Organisation.

Dieser Rollenwechsel ist anspruchsvoll: Er erfordert nicht nur fachliche und organisatorische Kompetenzen, sondern insbesondere auch eine bewusste Auseinandersetzung mit der eigenen Haltung, mit Erwartungen und mit der neuen Position im sozialen Gefüge. Gerade in einem Bereich wie dem Rettungsdienst, der durch operative Nähe, enge Teamstrukturen und hohe Belastung geprägt ist, kommt dieser Selbstklärung eine besondere Bedeutung zu.

Die folgenden Abschnitte widmen sich daher den zentralen Aspekten des Einstiegs in die Führungsrolle: dem Übergang von der Fachkraft zur Leitungskraft, dem souveränen Auftreten in der neuen Position, der Klärung des eigenen Selbstverständnisses und dem sensiblen Umgang mit veränderten Beziehungen im Team.

2.1.1 Der Übergang von der Fachkraft zur Führungskraft

Der Übergang von der operativ tätigen Fachkraft zur Führungskraft markiert einen wesentlichen Wendepunkt in der beruflichen Entwicklung im Rettungsdienst. Während in der Funktion als Notfallsanitäterin oder Notfallsanitäter primär die fachliche Expertise, das präklinische Urteilsvermögen und das Handeln in Notfallsituationen im Vordergrund stehen, erweitert sich das Anforderungsprofil in einer Leitungsfunktion erheblich.

Führungskräfte übernehmen nicht nur organisatorische und administrative Verantwortung, sondern sind auch für die Entwicklung von Mitarbeitenden, die Sicherstellung von Qualität und für die Kommunikation mit internen wie externen Schnittstellen zuständig. Die bisherige Rolle wird dadurch nicht nur ergänzt, sondern in weiten Teilen neu definiert.

Ein häufig unterschätzter Aspekt dieses Rollenwechsels ist der Verlust des gewohnten beruflichen Selbstverständnisses. Die fachlich-praktische Tätigkeit tritt zugunsten von Steuerungs-, Kontroll- und Entwicklungstätigkeiten in den Hintergrund. Dies kann zu Identitätskonflikten führen, insbesondere wenn die neue

Rolle ohne gezielte Vorbereitung oder strukturiertes Onboarding übernommen wird.

Insbesondere im Rettungsdienst ist es häufig der Fall, dass Personen aus dem eigenen Team in die Leitungsfunktion einer Rettungswache aufsteigen. Der Wechsel „aus den Reihen" bringt besondere Herausforderungen mit sich. In zahlreichen Coachingprozessen und Gesprächen mit Führungskräften zeigt sich, dass gerade dieser Rollenwechsel als besonders anspruchsvoll empfunden wird. Die neue Führungskraft steht vor der Aufgabe, sich in ihrer neuen Rolle zu positionieren, den Wechsel vom Kollegen zur Leitung zu gestalten und dabei Nähe und Vertrauen zu erhalten, ohne notwendige Distanz und Führungsverantwortung zu verlieren.

Ein besonderer Rollenkonflikt entsteht zudem durch die Doppelfunktion vieler Wachleitungen, die weiterhin im Einsatzdienst tätig sind und regelmäßig als Notfallsanitäterinnen oder Notfallsanitäter auf einem Fahrzeug mitfahren. In diesen Situationen stehen sie Kolleginnen und Kollegen nicht nur als Leitungskraft, sondern zugleich als direkte Teammitglieder im Einsatz gegenüber. Die räumliche Nähe – zu zweit auf dem Fahrzeug – und die intensive Zusammenarbeit im Einsatz erschweren die Trennung der Rollen zusätzlich. Die Führungskraft befindet sich dabei in einem Spannungsfeld zwischen gleichberechtigtem Teammitglied und hierarchisch übergeordneter Funktion.

Begleitend zum Rollenwechsel ist häufig auch ein Perspektivwechsel notwendig: Weg vom operativen Tagesgeschäft hin zu einer systemischen Sichtweise auf Prozesse, Ressourcen und Menschen. Diese Perspektivenerweiterung bildet die Grundlage für eine wirksame und nachhaltige Führungsarbeit.

Dieses Kapitel beleuchtet in den folgenden Abschnitten typische Spannungsfelder und Rollenkonflikte, mit denen Leitungskräfte im Rettungsdienst konfrontiert sind, und gibt praxisnahe Empfehlungen, wie mit diesen Herausforderungen konstruktiv und professionell umgegangen werden kann. Ziel ist es, Orientierung in der neuen Rolle zu geben und die Entwicklung einer klaren, wirksamen und zugleich menschlich nahbaren Führungspersönlichkeit zu unterstützen.

2.1.2 Erwartungen von Vorgesetzten, Team und Organisation

Mit der Übernahme einer Führungsrolle im Rettungsdienst sind vielfältige Erwartungen verbunden – und diese stammen aus unterschiedlichen Richtungen. Leitungskräfte stehen im Spannungsfeld zwischen strategischer Verantwortung gegenüber der Organisation, operativen Anforderungen der täglichen Wachenrealität und den Bedürfnissen der Mitarbeitenden vor Ort.

Vonseiten der Organisation – etwa durch Geschäftsführung, Bereichsleitung oder Träger – wird erwartet, dass Führungskräfte betriebliche Ziele umsetzen, die Einhaltung von Standards und Richtlinien sicherstellen und betriebswirtschaftliche Kennzahlen im Blick behalten (siehe Kap. 10). Gleichzeitig sollen sie als Kommunikationsschnittstelle fungieren, Veränderungen implementieren und eine positive Organisationskultur mittragen oder aktiv gestalten. Insbesondere in größeren Rettungsdiensten mit klar strukturierten Hierarchien wird erwartet, dass Entscheidungen „nach unten" vermittelt und gleichzeitig Rückmeldungen aus dem Team strukturiert „nach oben" transportiert werden.

Das Team hingegen begegnet neuen Leitungen mit ganz eigenen Erwartungen. Diese reichen von fachlicher Kompetenz und gerechter Aufgabenverteilung über Verlässlichkeit und Fairness bis hin zu menschlicher Nähe und Verständnis. Gerade in multiprofessionellen Teams mit langjähriger Zusammenarbeit erwarten Mitarbeitende, dass ihre neue Führungskraft trotz formaler Rolle weiterhin ansprechbar und bodenständig bleibt. Gleichzeitig wird eine klare Haltung in Konflikten, transparente Kommunikation und ein authentisches Auftreten geschätzt.

Erschwerend kommt hinzu, dass diese Erwartungen nicht immer offen kommuniziert werden – häufig sind sie unausgesprochen, implizit und zum Teil widersprüchlich. Während der Träger beispielsweise klare strukturelle Vorgaben macht, wünscht sich das Team vielleicht mehr Flexibilität und Mitgestaltung. Leitungen im Rettungsdienst bewegen sich daher häufig in einem Spannungsfeld divergierender Erwartungshaltungen, das ein hohes Maß an Reflexionsfähigkeit, Kommunikationskompetenz und persönlicher Reife erfordert.

▶ Ein realistischer Umgang mit diesen Erwartungen beginnt mit deren bewusster Wahrnehmung. Wer erkennt, *wer was erwartet und wo sich Spannungen auftun,* kann bewusst priorisieren, offen kommunizieren und gezielt handeln.

▶ **Praxistipp**

Ein bewährter Praxistipp ist die gezielte Erwartungsklärung zu Beginn der Führungsaufgabe, zum Beispiel durch kurze, strukturierte Gespräche mit Vorgesetzten, Kolleginnen und Kollegen sowie Teammitgliedern. Eine einfache Frage wie: „Was ist aus Ihrer Sicht in meiner

Rolle besonders wichtig?" kann helfen, unausgesprochene Erwartungen sichtbar zu machen und zugleich die Gesprächsbasis zu stärken. Auch schriftliche Rückmeldungen, etwa im Rahmen eines anonymen Fragebogens oder regelmäßiger Teamsitzungen, können genutzt werden, um ein differenziertes Erwartungsbild zu erhalten.

Wie eine konstruktive Feedbackkultur dazu beitragen kann, kontinuierlich Rückmeldungen – auch zur eigenen Rolle als Leitungskraft – zu erhalten, wird ausführlich in Abschn. 2.4.3 dargestellt. Dort werden praxisnahe Instrumente vorgestellt, mit denen Führungspersonen die Qualität und Offenheit von Rückmeldungen im Team systematisch fördern können.

▶ **Praxistipp**

Im Umgang mit widersprüchlichen Erwartungen hat sich bewährt, diese transparent zu benennen und aktiv zu moderieren. Wenn beispielsweise der Wunsch des Teams nach planbaren, familienfreundlichen Dienstzeiten im Widerspruch zur betrieblichen Notwendigkeit steht, kurzfristige Ausfälle flexibel abzudecken, entsteht ein klassischer Erwartungskonflikt.

In solchen Fällen kann es hilfreich sein, diese Spannung offen zu kommunizieren und gemeinsam nach gangbaren Kompromissen zu suchen – etwa durch eine faire Verteilung von Belastungen oder die Einführung klarer Vertretungsregelungen.

Auch das Schaffen von Springer- oder Z.b.V.-Lösungen in unterschiedlichen Ausprägungen kann ein praktikabler Lösungsansatz sein, sofern er gemeinsam mit allen Beteiligten entwickelt und getragen wird. Solche Modelle können nicht nur die Dienstplanung flexibilisieren, sondern auch die Rolle der Führungskraft stärken, da sie aktives Gestalten ermöglicht und das Team in Entscheidungsprozesse einbindet.

Weitere Empfehlungen zum professionellen Umgang mit solchen und anderen Konflikten im Führungsalltag finden sich in Kap. 7. Dort wird aufgezeigt, wie Konflikte frühzeitig erkannt, lösungsorientiert angesprochen und im Team konstruktiv bearbeitet werden können.

2.1.3 Souveränität und Selbstverständnis – erste Schritte in der neuen Rolle

Wie in Abschn. 2.1.1 dargestellt, ist der Einstieg in eine Führungsrolle weit mehr als ein Wechsel der Funktion – er markiert einen tiefgreifenden Rollen- und Perspektivwechsel. Gerade im Rettungsdienst, wo viele Führungskräfte direkt aus dem Kollegenkreis rekrutiert werden und weiterhin im Einsatzdienst tätig sind, stellt dieser Schritt eine besondere Herausforderung dar. Die neue Verantwortung verändert nicht nur das eigene Aufgabenprofil, sondern auch die Art, wie man wahrgenommen wird – durch Vorgesetzte, Mitarbeitende und das direkte Umfeld.

In dieser Übergangsphase sind zwei Faktoren besonders bedeutsam: das Selbstverständnis als Leitungskraft und ein souveränes Auftreten, insbesondere in den ersten Tagen und Wochen. Beides beeinflusst maßgeblich, ob es gelingt, die neue Rolle glaubwürdig und wirksam auszufüllen. Die folgenden drei Perspektiven verdeutlichen, wie zentrale Aspekte von Führung in der Anfangszeit konkret erlebt und gestaltet werden können.

Die Bedeutung eines souveränen Auftretens in den ersten Begegnungen Der erste Eindruck prägt. In den ersten Begegnungen mit dem Team wird nicht nur die formale Funktion der neuen Führungskraft wahrgenommen, sondern vor allem deren persönliche Haltung, Auftreten und Kommunikationsstil. Mitarbeitende achten darauf, ob ihr Gegenüber Sicherheit vermittelt, respektvoll kommuniziert, zuhört, aber auch Orientierung bietet. Gerade im Rettungsdienst, wo die Zusammenarbeit oft unter hoher zeitlicher und emotionaler Belastung erfolgt, wirkt sich der erste Eindruck besonders nachhaltig auf die Zusammenarbeit aus.

Souveränität in diesen ersten Begegnungen zeigt sich nicht durch Dominanz oder übertriebene Präsenz, sondern durch ruhige, reflektierte Klarheit. Wer in der Lage ist, auch Unsicherheit offen zu benennen, ohne dabei an Orientierung zu verlieren, strahlt Authentizität und Führungsstärke aus. Zugleich geht es darum, angemessen präsent zu sein: durch strukturierte Begrüßungen, das bewusste Aufsuchen von informellen Gesprächsanlässen, durch eine offene, aber respektvolle Körpersprache sowie durch konsequente Verlässlichkeit in Worten und Handlungen. Wertvolle Impulse zu diesen Aspekten werden in Kap. 6 dargestellt.

Ein häufiger Fehler in dieser Phase ist die Überkompensation Führungskräfte versuchen, durch ein „besonders starkes" oder betont kollegiales Auftreten Anerkennung zu sichern. Beides kann als Unsicherheit wahrgenommen werden. Ein gelassener Mittelweg, verbunden mit einer klaren Grundhaltung und echter

Gesprächsbereitschaft, bildet hingegen die Basis für tragfähige Führungsbeziehungen.

▶ **Praxistipp**
Planen Sie Ihre ersten Auftritte als Leitungskraft bewusst – insbesondere in Form eines strukturierten Begrüßungsgesprächs mit dem Team. Eine kurze, klar formulierte persönliche Vorstellung mit Hinweisen zu Führungsstil, Kommunikationswegen und der Bereitschaft für Dialog schafft Orientierung. Achten Sie in diesen Momenten auf Körpersprache, Präsenz und Augenhöhe. Verlässlichkeit in kleinen Dingen – z. B. Zusagen einhalten oder pünktlich sein – ist gerade in der Anfangszeit oft wirkungsvoller als große Gesten. Mehr dazu in Abschn. 2.6.

Wie das Selbstverständnis als Leitung den Führungsstil prägt Das Selbstverständnis als Leitungskraft bildet das Fundament jeder Führungshandlung. Es beantwortet die Frage: **Wofür stehe ich in meiner Führungsrolle – und wie will ich diese Rolle ausfüllen?** Diese innere Haltung wirkt sich unmittelbar auf das Führungsverhalten aus: Sie entscheidet darüber, wie kommuniziert, delegiert, entschieden und begleitet wird.

Führung im Rettungsdienst bewegt sich in einem Spannungsfeld zwischen struktureller Verantwortung, dynamischem Alltag und hoher personeller Nähe. Umso wichtiger ist es, das eigene Führungsverständnis aktiv zu entwickeln. Ein reflexiver Zugang zu dieser Rolle hilft, in kritischen Situationen nicht beliebig zu reagieren, sondern konsistent und wertebasiert zu handeln. Führungskräfte, die ihr Selbstverständnis klar benennen können – z. B. als unterstützend, transparent, fordernd oder entwicklungsorientiert – schaffen auch für ihr Team Klarheit.

Darüber hinaus ist das Selbstverständnis nicht statisch, sondern entwickelt sich weiter: durch Erfahrungen, Rückmeldungen und strukturelle Veränderungen. Eine Führungskraft, die regelmäßig innehält, ihr Handeln reflektiert und in Supervision, Coaching oder kollegialem Austausch überprüft, wird nicht nur professioneller, sondern auch glaubwürdiger.

Ein bewährter Ansatz ist die schriftliche Selbstklärung: Wer die eigene Führungsphilosophie in wenigen Sätzen formulieren kann, gewinnt an innerer Sicherheit – und kann diese Haltung auch nach außen deutlich machen, z. B. in Form eines klaren Statements gegenüber dem Team in der Anfangsphase (Abschn. 2.6).

▶ **Praxistipp**

Notieren Sie sich schriftlich in wenigen Sätzen, wofür Sie als Führungskraft stehen möchten – z. B. „Ich führe transparent, verlässlich und lösungsorientiert. Für mich steht der Mensch im Mittelpunkt – verbunden mit einem klaren Blick für Strukturen und Ergebnisse." Solche Formulierungen schärfen das eigene Führungsbild und können auch später in Gesprächen, Teamsitzungen oder Feedbackrunden als Bezugspunkt dienen.

Hilfreich ist es, sich im Vorfeld konkrete Situationen vorzustellen, in denen dieses Selbstverständnis sichtbar werden soll – etwa bei der Dienstplanung, in einem Kritikgespräch oder bei einer Konfliktmoderation. Überlegen Sie sich: Wie möchte ich mich in solchen Momenten verhalten, um meinem Führungsanspruch gerecht zu werden?

Diese gedankliche Vorbereitung stärkt die Sicherheit im Handeln und hilft besonders neuen Führungskräften dabei, konsistent, authentisch und zielgerichtet aufzutreten.

Abgrenzung ohne Arroganz, Nähe ohne Rollenkonflikt Wenige Führungsrollen sind so stark von Nähe geprägt wie jene im Rettungsdienst. Leitungskräfte sitzen nicht nur sprichwörtlich, sondern oft auch tatsächlich mit ihren Mitarbeitenden „in einem Boot" – in diesem Fall vielleicht gemeinsam auf dem RTW. Dieser Umstand fördert einerseits ein starkes Gemeinschaftsgefühl, führt aber auch zu Rollenkonflikten. Die tägliche Zusammenarbeit auf Augenhöhe kann es erschweren, notwendige Distanz herzustellen oder unpopuläre Entscheidungen zu vertreten.

▶ Das Ziel ist deshalb eine professionelle Abgrenzung, die ohne Überheblichkeit oder Kälte auskommt. Mitarbeitende müssen erkennen: Die Führungskraft nimmt ihre Rolle ernst, handelt nachvollziehbar und steht hinter ihren Entscheidungen – ohne dabei die menschliche Verbindung zu verlieren.

Diese Balance ist anspruchsvoll und verlangt nach bewusstem Verhalten, insbesondere in Situationen, in denen ehemalige Kollegialität in formelle Verantwortung übergeht.

▶ Ein klarer Umgang mit Nähe und Distanz ist besonders dann erforderlich, wenn persönliche Beziehungen, langjährige Freundschaften oder emotionale Verbindungen eine Rolle spielen. Hier gilt es, transparent zu kommunizieren, wie Entscheidungen zustande kommen, und wann persönliche Nähe durch strukturelle Anforderungen begrenzt wird. Offenheit und Integrität sind in diesen Momenten entscheidender als Sympathie.

Um diese Balance zu finden, kann es hilfreich sein, mit dem Team frühzeitig über veränderte Rollen zu sprechen und bewusst anzusprechen, dass sich Beziehungsdynamiken verändern werden – nicht aus Willkür, sondern aus professioneller Notwendigkeit. Wer diesen Prozess aktiv moderiert, gewinnt an Autorität, ohne Vertrauen zu verlieren.

▶ **Praxistipp**

Sprechen Sie die Veränderung der Rollenbeziehung frühzeitig offen an – z. B. mit einer Formulierung wie: „Ich weiß, dass wir uns bisher als Kolleginnen und Kollegen begegnet sind. In meiner neuen Rolle werde ich manches anders bewerten müssen. Mir ist wichtig, dass wir weiter vertrauensvoll zusammenarbeiten – auch wenn ich jetzt manchmal andere Entscheidungen treffen muss." Diese Klarheit fördert Respekt, ohne Nähe zu zerstören.

Gerade im Rettungsdienst kommt es regelmäßig zu Situationen, in denen Leitungskräfte gemeinsam mit ihren Teammitgliedern ein Rettungsmittel besetzen. In diesen Momenten entsteht eine besondere Konstellation: Alle Beteiligten befinden sich in einer gemischten Rollenlage – kollegial im Einsatz, gleichzeitig jedoch eingebettet in eine Hierarchie. Es ist hilfreich, offen zu benennen, dass diese Situation für alle Beteiligten eine Herausforderung darstellt – auch für die Leitungskraft selbst.

In einer solchen Konstellation ist es wichtig, dass die Rolle im Einsatz klar ist: Man agiert als Teamkollegin oder Teamkollege, auf Augenhöhe, gemeinsam für das Wohl der Patientinnen und Patienten. Die Führungsrolle tritt in den Hintergrund, ohne jedoch vollständig ausgeblendet zu werden. Die Kunst besteht darin – für alle Beteiligten – diese Rollenmischung bewusst anzunehmen und gemeinsam zu gestalten.

Ein offener, dialogorientierter Umgang mit dieser Konstellation – insbesondere in der Anfangszeit – kann helfen, Missverständnisse und Irritationen zu vermeiden. Eine Gesprächseröffnung wie „Ich weiß, dass das auch für euch erstmal ungewohnt ist – für mich übrigens auch" zeigt menschliche Nähe, signalisiert Augenhöhe und schafft eine gemeinsame Grundlage für den weiteren Weg.

2.2 Rollenverständnis und Rollenkonflikte

Mit der Übernahme einer Führungsrolle verändern sich nicht nur Aufgaben und Verantwortlichkeiten – es verändert sich auch die Art und Weise, wie man wahrgenommen wird. Führungskräfte bewegen sich nicht in einem festen Rollenbild, sondern in einem Rollengefüge, das geprägt ist von Erwartungen, Beziehungsmustern, betrieblichen Strukturen und individuellen Persönlichkeiten.

Im Rettungsdienst – mit seiner hohen Einsatztaktung, engen Teamstruktur und oft langjähriger kollegialer Zusammenarbeit – entstehen besondere Anforderungen an die Rollenklarheit. Führungskräfte sind zugleich Organisatorinnen und Ansprechpartner, Richtungsgeber und Unterstützer, Mittler zwischen Team und Organisation. Wer sich dieser Vielschichtigkeit nicht bewusst stellt, läuft Gefahr, in Rollenkonflikte zu geraten oder in widersprüchliche Erwartungen aufgerieben zu werden.

Der folgende Abschnitt beleuchtet zentrale Rollenaspekte im Führungsalltag, typische Spannungsfelder und die Bedeutung generationendiverser Perspektiven. Ziel ist es, die eigene Führungsrolle nicht nur funktional auszufüllen, sondern reflektiert, wirksam und authentisch zu gestalten.

2.2.1 Die Leitungskraft als Vorbild, Koordinator, Unterstützer

Führung im Rettungsdienst verlangt mehr als das bloße Ausfüllen einer formalen Position. Leitungskräfte prägen durch ihr Verhalten, ihre Haltung und ihre Entscheidungen wesentlich die Kultur und Qualität des Arbeitsalltags. Dabei nehmen sie unterschiedliche Rollen ein – je nach Situation, Teamdynamik und strukturellem Kontext. Drei Rollenbilder sind besonders zentral und spiegeln sich in nahezu allen Führungssituationen wider: die Leitungskraft als Vorbild, als Koordinatorin oder Koordinator und als Unterstützerin oder Unterstützer.

Vorbild sein – gelebte Werte statt idealisierter Anspruch Leitungskräfte im Rettungsdienst wirken – ob beabsichtigt oder nicht – als Vorbilder. Mitarbeitende orientieren sich an ihrer Kommunikationsweise, am Umgang mit Stress, an der

Haltung gegenüber Patientinnen und Patienten (wenn man nicht freigestellt ist und zwischendurch Rettungsmittel besetzt), Kolleginnen und Kollegen sowie Vorgesetzten. Wer Pünktlichkeit, Sorgfalt und Verbindlichkeit einfordert, wird daran gemessen, ob er oder sie diese Werte selbst vorlebt.

Dabei geht es nicht um Perfektion, sondern um Konsistenz und Authentizität. Auch der reflektierte Umgang mit eigenen Fehlern kann vorbildlich sein – wenn daraus Lernen und Entwicklung sichtbar werden (Abschn. 2.4.4). Führungskräfte, die transparent, ruhig und fair agieren, prägen nicht nur das direkte Teamklima, sondern beeinflussen auch die Haltung der Mitarbeitenden untereinander.

Eine besondere Herausforderung ergibt sich dann, wenn das frühere eigene Verhalten im Kollegenkreis nicht immer vorbildlich war. Wer sich als Besatzung selbst mal etwas länger auf der „8" am Krankenhaus aufgehalten hat, muss heute womöglich genau dieses Verhalten bei anderen ansprechen und korrigieren. Solche Situationen können zu Spannungen führen – mit Aussagen wie: „Der war doch früher auch nicht besser – und jetzt will er uns was vorschreiben?"

Der Rollenwechsel verlangt in solchen Fällen einen bewussten Schritt: Weg von früheren Routinen – hin zu einer verantwortlichen Haltung. Diese Transformation offen und reflektiert zu kommunizieren, kann helfen, Glaubwürdigkeit zurückzugewinnen und das eigene Führungsverständnis zu verdeutlichen.

▶ **Praxistipp**

Scheuen Sie sich nicht davor, den Rollenwechsel und die damit verbundene Veränderung in Ihrem Verhalten offen anzusprechen – z. B. mit einer Formulierung wie: *„Ich weiß, dass ich früher manches selbst nicht immer so gemacht habe, wie es heute richtig und notwendig wäre. Aber meine Rolle hat sich verändert – und ich stehe jetzt in der Verantwortung, Dinge anders anzugehen."*

Solche Aussagen erfordern Mut, stärken aber Authentizität und Glaubwürdigkeit. Sie zeigen, dass Führung aus Entwicklung entsteht – und machen deutlich, dass frühere Verhaltensmuster nicht das Maß der Dinge bleiben müssen.

Koordination als Führungsaufgabe – Struktur geben, Prozesse sichern Ein weiteres zentrales Rollenmerkmal ist die Fähigkeit zur Koordination. Leitungskräfte im Rettungsdienst sind verantwortlich dafür, dass Material, Fahrzeuge, Personal, Dienstpläne, Übergaben, Kommunikation mit angrenzenden Schnittstellen und administrative Anforderungen ineinandergreifen. Sie schaffen Strukturen, in denen sich andere orientieren und sicher arbeiten können.

Dabei geht es nicht um Kontrolle im klassischen Sinne, sondern um das aktive Gestalten von Rahmenbedingungen. Eine gute Leitung im Rettungsdienst sorgt dafür, dass Informationsflüsse klar geregelt sind, Abläufe nachvollziehbar bleiben und Zuständigkeiten transparent sind. Gerade im dynamischen Alltag mit wechselnden Dienstzeiten, Personalengpässen oder kurzfristigen Planänderungen ist Koordination nicht nur eine organisatorische Aufgabe, sondern auch ein Ausdruck von Führungskompetenz.

Ein zentraler Bestandteil wirksamer Koordination ist die klare Zuweisung von Verantwortlichkeiten für besondere Aufgabenbereiche (Abschn. 4.3).

Dazu gehören unter anderem die Zuständigkeit für Fahrzeuge, Material und Medikamente, die Begleitung neuer Mitarbeitender (Patensystem), die Verantwortung für das Onboarding sowie die Koordination von Ausbildungsprozessen. Letztere umfasst sowohl die operative Planung mit Praxisanleitenden als auch die strukturelle Steuerung durch leitende Praxisanleiterinnen und Praxisanleiter. Auch deren Vertretungen sollten benannt und in Abläufe eingebunden sein.

Durch eindeutige Zuordnungen werden Rollen geklärt, Arbeitsprozesse stabilisiert und die Eigenverantwortung im Team gestärkt – bei gleichzeitiger Entlastung der Leitung im operativen Tagesgeschäft.

> **Praxistipp**
> Reflektieren Sie regelmäßig, wie gut die Abläufe und Zuständigkeiten im Team tatsächlich koordiniert sind – nicht nur aus Ihrer eigenen Perspektive, sondern auch gemeinsam mit dem Team. Wo bestehen Unklarheiten? Gibt es Aufgabenbereiche, in denen Verantwortlichkeiten nicht klar geregelt oder unvollständig abgesichert sind?
>
> **Ein besonderer Fokus sollte auf den Stellvertretungsregelungen liegen:** Sind die benannten Stellvertretungen so eingearbeitet, dass sie ihre Aufgaben im Bedarfsfall vollumfänglich und selbstständig übernehmen können? Wenn nicht, stellt sich die Frage, welche Kompetenzen fehlen, welche Übergaben nötig sind oder ob strukturelle Barrieren bestehen.
>
> Diese Überprüfung ist nicht nur eine Führungsaufgabe, sondern auch ein Beitrag zur Risikominimierung und zur Stabilität im Alltag. Wertvolle Impulse zur Stärkung der Stellvertretungsfunktion finden sich in Abschn. 8.4 des Buches.

Unterstützen, ohne zu entmündigen – Entwicklung ermöglichen Leitungskräfte sind nicht nur steuernde Instanzen, sondern auch Ansprechpersonen, Begleitende und Impulsgeber. Eine unterstützende Haltung zeigt sich in der Art, wie Rückhalt gegeben, wie bei Herausforderungen reagiert oder wie Entwicklung gefördert wird. Insbesondere neue Mitarbeitende oder Auszubildende benötigen eine Führung, die ermutigt, Fehler als Lerngelegenheiten zu begreifen, und gleichzeitig klare Orientierung bietet.

Unterstützen bedeutet nicht, Probleme zu übernehmen oder Aufgaben zu entziehen. Vielmehr geht es darum, Mitarbeitende zu befähigen, selbst handlungsfähig zu bleiben – und dabei die Sicherheit zu spüren, im Zweifelsfall Rückendeckung zu haben. Diese Balance zwischen „Freiheit geben" und „da sein" ist ein zentrales Merkmal wirksamer Führung im Rettungsdienst. Eine konkrete Vertiefung findet sich in Abschn. 2.4.

▶ **Praxistipp**

Reflektieren Sie regelmäßig, in welchen Situationen Sie eher als Vorbild, Koordinatorin oder Unterstützer gefragt sind – und ob Sie diesen Rollen bewusst gerecht werden.

Viele Leitungskräfte integrieren dazu bewusst kleine Rituale in ihren Arbeitsalltag. Besonders im Tagesdienst bietet sich erfahrungsgemäß der Freitag an, da dieser im Vergleich zu anderen Tagen häufig etwas ruhiger verläuft. Probieren Sie doch ein persönliches Reflexionsritual zum Wochenausklang: Legen Sie sich eine wiederkehrende Erinnerung in Ihrem Kalender an – nur für Sie sichtbar – und beantworten Sie darin schriftlich oder gedanklich folgende Fragen:

In welchen Situationen war ich diese Woche besonders gefragt – als Vorbild, Koordinator oder Unterstützer?

- Wo bin ich meiner Rolle gerecht geworden – wo nicht?
- Habe ich meinen Mitarbeitenden Orientierung und Rückhalt gegeben?
- Habe ich konsequent, fair und verständlich kommuniziert?
- Habe ich Entwicklung gefördert – oder ungewollt behindert?
- Welche Erkenntnisse nehme ich mit – und was will ich kommende Woche bewusst anders machen?

Diese kurze, aber regelmäßige Selbstreflexion stärkt die Führungskompetenz, fördert persönliche Klarheit – und wirkt sich positiv auf die Wahrnehmung im Team aus.

2.2.2 Spannungsfelder zwischen fachlicher Nähe und Führungsdistanz

Während in Abschn. 2.1.3 vor allem persönliche und beziehungsbezogene Herausforderungen beim Rollenwechsel thematisiert wurden, richtet sich der Blick hier stärker auf die strukturellen Spannungsfelder, die sich aus der organisatorischen Verankerung von Leitung im Rettungsdienst ergeben. Diese Spannungen entstehen insbesondere dort, wo Leitungskräfte weiterhin operativ eingebunden sind, gleichzeitig aber Führungsaufgaben übernehmen und institutionelle Anforderungen erfüllen müssen.

Diese Konstellation ist im Rettungsdienst keine Ausnahme, sondern in vielen Strukturen die Regel – insbesondere bei Leitungen von Rettungswachen, die sowohl für den Schichtbetrieb als auch für übergeordnete Themen wie Dienstplanung, Qualitätssicherung oder Ausbildungskoordination zuständig sind. Die Herausforderung besteht darin, fachlich nah am Team zu bleiben, ohne die notwendige Führungsdistanz zu verlieren, die für Steuerung, Klarheit und Verlässlichkeit erforderlich ist.

Zwischen Kollegialität und Hierarchie: Leitung auf Augenhöhe Die Idee von „Führung auf Augenhöhe“ ist ein oft bemühtes Ideal – doch ihre Umsetzung erfordert Differenzierung. **Auf Augenhöhe kommunizieren bedeutet nicht, auf Rollenunterschiede zu verzichten.** Gerade im Rettungsdienst, wo viele Leitungskräfte selbst aus dem Team hervorgegangen sind, stellt sich täglich die Frage: Wie kann ich nahbar bleiben, ohne meine Leitungsfunktion zu untergraben?

Hier gilt es, eine bewusste Führungshaltung zu entwickeln: Klar in der Sache, transparent in der Kommunikation und gleichzeitig respektvoll im Ton. **Augenhöhe bedeutet, die Perspektiven des Teams ernst zu nehmen – nicht aber, sich in Entscheidungsprozessen dem Konsensdruck zu beugen.** Führung verlangt gelegentlich auch Unbequemes – und die Fähigkeit, dies nachvollziehbar zu vertreten.

Gleichzeitigkeit von Fach- und Führungsverantwortung Ein strukturelles Spannungsfeld ergibt sich aus der Tatsache, dass Leitungskräfte im Rettungsdienst häufig gleichzeitig Fachaufgaben wahrnehmen und Führungsverantwortung tragen. Sie besetzen Dienste, führen Gespräche, treffen Personalentscheidungen und arbeiten an strategischen Themen – oft alles innerhalb derselben Woche. Diese Gleichzeitigkeit führt nicht nur zu zeitlicher Überlastung, sondern auch zu Rollenunklarheiten: Wann bin ich Kollegin oder Kollege – wann Vorgesetzte oder Vorgesetzter?

Je weniger klar diese Rollen voneinander abgegrenzt sind, desto größer ist die Gefahr von Missverständnissen, Rollenkonflikten und ungewollten Loyalitätserwartungen. Wer beispielsweise in der Leitung Entscheidungen trifft und gleichzeitig selbst Teil des Dienstplans ist, muss sich seiner wechselnden Rollen bewusst sein – und diese auch gegenüber dem Team klar kommunizieren.

Beispiel aus der Praxis

Die Leitung einer Rettungswache übernimmt aus Personalmangel kurzfristig eine Nachtschicht auf dem RTW. Noch am selben Tag hat sie im Tagesdienst einer Kollegin wegen häufiger Unpünktlichkeit ein Kritikgespräch angekündigt. In der Schicht sitzen beide dann gemeinsam auf dem Fahrzeug – in einem sehr engen Raum, über viele Stunden hinweg.

Während der Einsatz professionell abläuft, spürt die Leitungskraft eine spürbare Distanz – und merkt selbst, wie schwer es fällt, zwischen kollegialer Zusammenarbeit und der Rolle als Vorgesetzte zu wechseln. ◄

Solche Situationen sind kein Ausdruck von Schwäche, sondern ein Spiegel struktureller Herausforderungen. Wer sie erkennt, kann lernen, sie bewusst zu gestalten – etwa durch transparente Kommunikation, Reflexion im Nachgang oder vorbereitende Gespräche vor der Schicht.

Unklare Strukturen und fehlende Entscheidungsspielräume Ein weiteres Spannungsfeld entsteht dort, wo formale Verantwortung nicht mit klaren Befugnissen hinterlegt ist. Wenn Leitungskräfte für Abläufe und Ergebnisse verantwortlich gemacht werden, aber keine klaren Entscheidungs- oder Gestaltungsspielräume haben – etwa in Fragen der Personalbesetzung, des Budgets oder der strategischen Ausrichtung –, führt dies zu **Frustration, Rollenkonflikten und sinkender Führungseffektivität.**

Hier zeigt sich die Bedeutung klar definierter Führungsstrukturen:

- Leitung muss strukturell verankert, legitimiert und handlungsfähig sein – sonst bleibt sie ein zahnloses Instrument.

Transparenz über Kompetenzen, Zuständigkeiten und Entscheidungsgrenzen hilft dabei, Erwartungen realistisch zu steuern und die Position der Leitungskraft zu stärken.

▶ **Praxistipp** Verschaffen Sie sich regelmäßig Klarheit darüber, in welchen Rollen Sie im Alltag agieren – und ob diese Rollen für Ihr Team erkennbar sind. **Nutzen Sie z. B. eine einfache Übersicht, in der Sie Ihre Aufgaben nach „fachlich", „leitend" oder „strategisch" kategorisieren.** Diese Reflexion hilft dabei, die Balance zwischen Nähe und Führungsrolle aktiv zu gestalten – und die eigene Position gegenüber dem Team transparent zu machen.

Zudem empfiehlt sich ein offener Dialog mit der übergeordneten Führungsebene: Welche Kompetenzen habe ich? Wo brauche ich Entscheidungsspielräume? Welche Unterstützung fehlt mir, um meiner Leitungsrolle gerecht zu werden? Derartige Gespräche können helfen, strukturelle Spannungsfelder zu entschärfen – bevor sie zur Belastung werden.

2.2.3 Umgang mit Erwartungen und Loyalitätskonflikten

Führung im Rettungsdienst ist geprägt von vielfältigen – teils widersprüchlichen – Erwartungen. Das Team erwartet Verlässlichkeit, Unterstützung und gerechte Entscheidungen. Die Organisation verlangt Effizienz, Stabilität und die Umsetzung übergeordneter Vorgaben. Vorgesetzte fordern Zahlen, Strukturen und Loyalität. Hinzu kommt die eigene Vorstellung davon, was gute Führung ausmacht. **Zwischen diesen Polen entstehen regelmäßig Loyalitätskonflikte,** die nicht nur belastend sind, sondern auch handlungsleitend wirken.

Erwartungen erkennen – und ernst nehmen Der erste Schritt im Umgang mit Loyalitätskonflikten liegt darin, sich der unterschiedlichen Erwartungsebenen bewusst zu werden. Oft sind diese nicht offen formuliert, sondern zeigen sich in Zwischentönen, Haltungen oder impliziten Botschaften. Wer die Erwartungen des Teams, der Organisation und der eigenen Führung reflektiert, kann frühzeitig Spannungen identifizieren – bevor sie zum Problem werden.

Dazu gehört auch, eigene Loyalitätsmuster zu hinterfragen: Fühlt man sich dem Team besonders verpflichtet, weil man lange Teil davon war? Neigt man dazu, Anforderungen der Geschäftsführung kritiklos weiterzugeben, um nicht anzuecken? Oder will man es allen recht machen – und bleibt dabei in der Entscheidungsschwäche stecken?

▶ **Praxistipp**
Machen Sie Erwartungen sichtbar, indem Sie regelmäßig bewusst ins Gespräch mit dem Team gehen – z. B. im Rahmen kurzer Übergabe- oder Dienstbesprechungen. Fragen Sie aktiv: „Was erwartet ihr aktuell von mir – und was braucht ihr?" Solche niedrigschwelligen Rückfragen im Alltag helfen, unausgesprochene Erwartungen aufzudecken und das Team in Verantwortung zu bringen. Wenn das Vertrauen stimmt, ist auch ehrliches Feedback möglich.

Spannungsfelder benennen und transparent handeln Widersprüchliche Erwartungen lassen sich selten auflösen – aber sie lassen sich sichtbar und besprechbar machen. Wer Konflikte erkennt und sie offen, aber professionell anspricht, schafft Klarheit. Es hilft, Entscheidungen nachvollziehbar zu begründen, auch wenn sie nicht auf Zustimmung stoßen. Gerade in angespannten Situationen wirkt ein Satz wie: „Ich verstehe euren Unmut – gleichzeitig bin ich in der Verantwortung, diese Linie umzusetzen" oft deeskalierend.

Führung bedeutet in solchen Momenten nicht, sich auf eine Seite zu schlagen, sondern eine vermittelnde Haltung einzunehmen, bei der die Interessen aller Beteiligten respektvoll abgewogen werden. Auch die Organisation hat berechtigte Anforderungen – und auch das Team hat Erwartungen, die gehört werden sollten. Entscheidend ist, nicht aus Angst vor Ablehnung zu schweigen, sondern sich positionieren zu können – sachlich, ruhig und mit Blick auf das Ganze.

▶ **Praxistipp**
Wenn Sie organisatorische Entscheidungen vertreten müssen, z. B. bei Dienstplananpassungen oder Materialeinsparungen, erläutern Sie nicht nur das „Was", sondern auch das „Warum". Ein kurzer Aushang, ein Eintrag ins digitale Kommunikationstool oder ein persönliches Wort zur Schichtübergabe („Ich weiß, das ist keine beliebte Entscheidung – aber sie ist notwendig, weil...") kann Missverständnissen vorbeugen und zeigt Haltung. Erklären schafft Akzeptanz – auch ohne Zustimmung.

Loyalität gegenüber dem Team und gegenüber der Organisation – kein Widerspruch Loyalität wird oft als entweder–oder erlebt: entweder gegenüber dem Team oder gegenüber der Geschäftsführung. In der Realität ist es aber eine Führungsaufgabe, beide Ebenen zu verbinden. Wer ausschließlich teamzentriert handelt, riskiert eine Entfremdung von der Gesamtstruktur. Wer nur organisatorisch argumentiert, verliert das Vertrauen des Teams.

Die Lösung liegt im Balanceakt: Leitungskräfte, die ihre Entscheidungen einordnen, kommunizieren und – wo möglich – den Dialog zwischen den Ebenen fördern, handeln loyal in beide Richtungen. Dabei geht es nicht um bloßen Ausgleich, sondern um eine glaubwürdige Führungsposition, die Brücken baut, ohne sich selbst zu verlieren.

▶ **Praxistipp**
Nutzen Sie bewusst Ihre Rolle als Bindeglied – z. B. indem Sie Themen aus dem Team gebündelt und lösungsorientiert an die nächste Führungsebene herantragen. Verdeutlichen Sie auch gegenüber dem Team, dass Sie nicht nur „weiterleiten", sondern aktiv vermitteln: „Ich habe eure Rückmeldung aufgenommen und bringe sie mit in die nächste Runde – ich halte euch auf dem Laufenden." Damit zeigen Sie Loyalität in beide Richtungen – und positionieren sich als ernstzunehmende Stimme.

Führung lernen heißt, mit Spannungen umgehen lernen Die Vielzahl an Erwartungen, das Austarieren von Loyalitäten und das Ringen um Entscheidungen mögen auf den ersten Blick komplex erscheinen – besonders für neue Leitungskräfte. Doch genau hier liegt ein zentraler Lernbereich von Führung: **Spannungen nicht zu vermeiden, sondern professionell mit ihnen umzugehen.**

Es braucht dafür keine aufwendigen Konzepte, sondern vor allem **Reflexionsbereitschaft, Kommunikationsklarheit** und **innere Haltung.** Viele dieser Fähigkeiten lassen sich mit kleinen, kontinuierlichen Schritten entwickeln – etwa durch bewusste Rückfragen im Alltag, durch transparente Entscheidungen oder durch Austausch mit anderen Führungskräften.

Führung ist kein statischer Zustand, sondern ein Prozess, der mit jedem Konflikt, jeder Rückmeldung und jeder Entscheidung reifen kann – wenn man sich erlaubt, dazuzulernen.

▶ **Praxistipp**
Machen Sie regelmäßig eine Erwartungsanalyse – idealerweise schriftlich. Notieren Sie sich:

- Was wird aktuell vom Team erwartet?
- Was wird von der Organisation oder den Vorgesetzten erwartet?
- Was erwarte ich selbst von mir als Führungskraft?

Fragen Sie sich dann: Wo stehen diese Erwartungen im Widerspruch? Wo ergänzen sie sich? Und wo muss ich als Leitung klar Stellung beziehen – auch auf die Gefahr hin, nicht allen Erwartungen gleichzeitig gerecht zu werden?

Solche Reflexionen helfen, innere Klarheit zu gewinnen, Entscheidungen besser zu vertreten – und Loyalitätskonflikte aktiv zu gestalten, anstatt sich von ihnen lähmen zu lassen.

2.2.4 Generationendiverse Führung

Rettungsdienste sind heute zunehmend generationenübergreifend besetzt. Erfahrene Mitarbeitende mit langjähriger Praxis stehen Berufseinsteigenden gegenüber, die teilweise direkt nach der Schule in die Ausbildung starten. Dazwischen finden sich viele weitere Altersgruppen mit unterschiedlichen Lebensphasen, beruflichen Erfahrungen und Haltungen zur Arbeit. Diese Vielfalt kann eine große Stärke sein – vorausgesetzt, sie wird aktiv geführt.

▶ Ein besonders sensibles Spannungsfeld zeigt sich derzeit im Übergang zwischen zwei Ausbildungswegen: Auf der einen Seite stehen erfahrene Rettungsassistentinnen und Rettungsassistenten, die über die Ergänzungsprüfung den Status als Notfallsanitäterin bzw. Notfallsanitäter erreicht haben – oft nach vielen Jahren im Einsatz. Auf der anderen Seite stehen junge Kolleginnen und Kollegen, die eine vollständige dreijährige Ausbildung nach NotSanG durchlaufen haben – mit aktuellem schulischem Hintergrund, hoher theoretischer Durchdringung und einem starken Anspruch an evidenzbasiertes Handeln.

Nicht selten führt diese Konstellation zu Spannungen im kollegialen Miteinander: Die erfahrene Praxis trifft auf neue Ausbildungsstandards, implizites Wissen auf formale Kompetenz. Führungskräfte stehen vor der Aufgabe, diese Unterschiede nicht zu bewerten, sondern produktiv zu gestalten – im Sinne eines gegenseitigen Lernens.

Darüber hinaus wirkt der demografische Wandel als tiefergreifender Treiber dieser Entwicklung. Die Veränderung der Altersstruktur und der damit verbundenen Erwerbsbevölkerung erfordert neue Denk- und Führungsansätze. Jüngere Generationen fordern transparente Kommunikation, digitale Prozesse, flexible

Arbeitsmodelle und Feedback auf Augenhöhe. Viele ältere Führungskräfte begegnen diesen Veränderungen jedoch noch zurückhaltend, was zu Spannungen, Vorbehalten und Missverständnissen im Arbeitsalltag führen kann.

Führung wird damit zunehmend zur verbindenden Aufgabe: Unterschiedliche Verhaltens- und Arbeitsweisen sollen nicht nur toleriert, sondern gezielt in produktive Zusammenarbeit überführt werden. Besonders für jüngere Führungskräfte eröffnet sich hier die Chance, durch generationenverbindende Führungsansätze – im Sinne eines „Young Professional Leadership" – nicht nur Konflikte zu minimieren, sondern aktiv zur Zukunftsfähigkeit der Organisation beizutragen (Kaiser, D. 2023, S. 13–15; Franken, S., 2019).

Generationendiversität bringt zusätzlich weitere Herausforderungen mit sich: **Werte, Erwartungen und Arbeitsstile unterscheiden sich oft deutlich**. Während manche Generationen Wert auf Hierarchien, Verbindlichkeit und langfristige Betriebszugehörigkeit legen, sind für andere Flexibilität, Work-Life-Balance und Feedback auf Augenhöhe zentrale Anliegen. Diese Unterschiede können zu Missverständnissen, Spannungen und Konflikten führen – insbesondere dann, wenn sie unausgesprochen bleiben.

Ein Blick auf die demografische Zusammensetzung der Bevölkerung in Deutschland zeigt, dass sich aktuell mehrere Generationen gleichzeitig im Erwerbsleben befinden. Laut Daten von Statista (2024; Statistisches Bundesamt 2024) entfallen etwa:

- 12,35 Mio. Personen auf die Generation Z (Geburtsjahre ca. 1996–2009),
- 16,45 Mio. auf die Generation Y (Millennials) (ca. 1981–1995),
- 16,68 Mio. auf die Generation X (ca. 1966–1980),
- und 12,38 Mio. auf die Babyboomer (ca. 1956–1965).

► Gruppen von Menschen lassen sich jedoch nicht ausschließlich anhand ihres Alters beschreiben. Auch unterschiedliche Lebensphasen, Werthaltungen und Lebensstile – etwa im Sinne der Sinus-Milieus – prägen Einstellungen, Verhalten und Erwartungen im Berufsalltag. Für Führungskräfte ist daher eine ausgewogene, differenzierte Betrachtung entscheidend: Es geht nicht um das Schubladendenken in Generationen, sondern um das Verständnis für individuelle Unterschiede und die Fähigkeit, diese konstruktiv in die Teamführung zu integrieren.

Sinus-Milieus

Die Sinus-Milieus sind ein sozialwissenschaftliches Modell zur Beschreibung unterschiedlicher gesellschaftlicher Gruppen in Deutschland. Sie kombinieren soziodemografische Merkmale (wie Bildung, Einkommen, Alter) mit Wertorientierungen und Lebensstilen. Dadurch entstehen sogenannte „Milieus", die zeigen, wie Menschen denken, leben und handeln.

Ergänzend zu den allgemeinen Milieus hat das Sinus-Institut auch spezielle Sinus-Jugendmilieus entwickelt, die auf die Lebenswelten von 14- bis 17-Jährigen bzw. 14- bis 29-Jährigen ausgerichtet sind. Diese zeigen, wie junge Menschen ticken, worauf sie Wert legen, wie sie sich zur Gesellschaft positionieren – und sind besonders relevant bei der gezielten Ansprache und Begleitung von Auszubildenden im Rettungsdienst.

Mehr Informationen finden Sie hier: Sinus-Institut (2023): Die Sinus-Milieus in Deutschland 2023 sowie Sinus-Jugendmilieus. Online verfügbar unter: https://www.sinus-institut.de/sinus-milieus

Einordnung vorab: Über Altersbilder und individuelle Realität Im Folgenden werden wiederholt Unterschiede zwischen jüngeren und älteren Mitarbeitenden thematisiert. Dabei wird – teils sprachlich zugespitzt – mit Gegensätzen wie „jung" und „alt" gearbeitet. **Diese Formulierungen dienen der Verständlichkeit und basieren auf real beobachtbaren Mustern,** wie sie in generationendiversen Teams auftreten können.

Gleichzeitig soll an dieser Stelle deutlich gemacht werden: **Nicht alle älteren Kolleginnen und Kollegen sind strukturverhaftet oder technikskeptisch** – im Gegenteil: Viele sind offen, neugierig und bereit, neue Wege mitzugehen. Ebenso sind **nicht alle jüngeren Teammitglieder automatisch anpassungsfähig oder motiviert.** Auch unter ihnen gibt es Zurückhaltung gegenüber Veränderungen – sei es bei digitalen Dokumentationssystemen oder der konsequenten Umsetzung eines Feedbackprozesses.

Deshalb gilt für alle nachfolgenden Abschnitte: **Es geht nicht um Altersgruppen – sondern um Haltung.** Führung bedeutet, individuell wahrzunehmen, was Menschen brauchen, wo sie stehen und wie sie in ihrer Unterschiedlichkeit mitgenommen werden können – ganz gleich, ob es die Babyboomerin ist, die offen für agile Methoden ist, oder der Kollege Mitte Zwanzig, der „keine Lust auf regelmäßige Teambesprechungen oder strukturierte Einarbeitungskonzepte" zeigt.

Spannungsfelder erkennen – Führung zwischen Generationen aktiv gestalten Die Akzeptanz von Führungskräften entsteht nicht automatisch durch Position oder Qualifikation – sie wird im Alltag durch das Verhalten der Führungskraft und die Reaktionen des Teams bestimmt. Gerade in einer generationsdiversen Arbeitswelt, wie sie im Rettungsdienst zunehmend anzutreffen ist, gilt dies in besonderem Maße.

Jüngere Führungskräfte (Young Professionals), die in Leitungspositionen aufrücken, begegnen dabei häufig einer gewissen Zurückhaltung oder Skepsis durch Mitarbeitende aus den Vorgängergenerationen – insbesondere der Generation X und der Babyboomer. Hintergrund ist die schrittweise Umkehr des lange vorherrschenden Senioritätsprinzips: Erfahrung allein ist nicht mehr das zentrale Kriterium für Führungsverantwortung – fachliche, soziale und methodische Kompetenzen gewinnen an Gewicht.

Für ältere Mitarbeitende kann dies zu Irritation, stiller Ablehnung oder sogar offenen Vorbehalten führen, insbesondere wenn die neue Führungskraft deutlich jünger ist oder ein anderes Führungsverständnis mitbringt. Sozialpsychologisch lässt sich dieses Verhalten mit dem „Ähnlichkeits-Attraktions-Paradigma" erklären: Menschen fühlen sich tendenziell von Personen angezogen, die ihnen ähnlich sind – und begegnen abweichendem Verhalten oder Führungsstil zunächst mit Dissonanz.

Die Folge können Spannungsfelder sein, die das Arbeitsklima belasten. Für junge Führungskräfte ist es daher entscheidend, diese Spannungsfelder nicht als persönlichen Angriff zu interpretieren, sondern als Ausdruck unterschiedlicher Prägungen, Denkweisen und Erfahrungen. Wer diese erkennt, aktiv gestaltet und den Dialog sucht, kann ein motivierendes, vertrauensvolles Arbeitsklima schaffen – auch in altersgemischten Teams.

Eine generationsdiverse Personalführung nach dem **Leitprinzip der Machtverteilung** unterstützt genau diesen Prozess: Verantwortung wird nicht zentralisiert, sondern geteilt – in einem Klima gegenseitiger Wertschätzung. Dabei zeigt sich: Die Generation Z, die als Nachfolger der Young Professionals gilt, akzeptiert deren Führungsstil in der Regel ohne große Vorbehalte. Die eigentlichen Reibungsflächen entstehen häufig im Verhältnis zu den älteren Generationen (Kaiser, D., 2023, S. 132; Franken, S., 2019).

Die bewusste Auseinandersetzung mit den folgenden sechs Spannungsfeldern kann insbesondere jungen Führungskräften im Rettungsdienst helfen, diese Herausforderung zu meistern – und sich frühzeitig generationenbewusst aufzustellen.

Spannungsfeld 1: Aktionismus Junge Führungskräfte wollen häufig schnell Wirkung zeigen – nicht zuletzt, um ihre Führungsfähigkeit unter Beweis zu stellen. Besonders in den ersten Wochen im Amt kann daraus ein starkes Bedürfnis entstehen, sichtbare Veränderungen anzustoßen, Prozesse zu optimieren oder eingefahrene Routinen zu hinterfragen. Doch genau hier entsteht ein zentrales Spannungsfeld: Aktionismus wird von erfahrenen Mitarbeitenden häufig nicht als Gestaltungswille, sondern als Überforderung oder Missachtung ihrer bisherigen Leistungen wahrgenommen.

Im Rettungsdienst, wo Arbeitsroutinen sicherheitsrelevant sind und sich über Jahre hinweg etabliert haben, kann eine schnelle Umstellung – etwa bei Materialabläufen, Schichtplänen oder Fahrzeugzuweisungen – große Verunsicherung auslösen. Wenn diese Veränderungen zudem mit unausgesprochenem Leistungsdruck verbunden sind, entsteht schnell Widerstand – bis hin zur Ablehnung der Führungsperson selbst (Kaiser, D., 2023, S. 133; Franken, S., 2019).

Beispiel

Eine junge Leitungskraft übernimmt die Führung einer mittelgroßen Rettungswache. In den ersten Wochen initiiert sie ohne vorherige Teamgespräche mehrere Neuerungen: ein neues Rückmeldeformat zur Schichtauslastung, einen digitalen Feedbackbogen für den Dienstverlauf und einen Vorschlag zur Neustrukturierung der Spinde. Zusätzlich lädt sie das Team zu einem Workshop „Zukunft der Wache“ ein, verbunden mit der Bitte, Verbesserungsvorschläge im Vorfeld schriftlich einzureichen.

Parallel dazu nimmt sie Veränderungen im Dienstplan vor, insbesondere bei den Fahrzeugbesetzungen: ältere Kolleginnen und Kollegen werden bevorzugt auf das NEF eingeteilt, während jüngere Mitarbeitende vermehrt auf den RTW rotieren. Im Team wird die Maßnahme als unausgesprochenes Leistungsurteil wahrgenommen – einige empfinden sie als Herabstufung, andere als unfaire Bevorzugung.

Viele Mitarbeitende reagieren irritiert. Ein Großteil ignoriert die Vorbereitungsbitte – manche erscheinen erst gar nicht zum Workshop. In den Pausen wird deutlich: Das Team fühlt sich überrollt, zum Teil sogar in seiner bisherigen Arbeitsweise entwertet. Einige Mitarbeitende äußern offen Zweifel an der Leitungskompetenz der neuen Führungskraft. Nicht die Vorschläge selbst werden kritisiert – sondern die Art, wie sie eingebracht wurden.◀

▶ **Praxistipp**

Vermeiden Sie vorschnelle Aktionismus-Signale, gerade in den ersten Wochen. Beobachten Sie zunächst, bevor Sie bewerten oder verändern. Nehmen Sie sich Zeit, bestehende Strukturen zu verstehen und zu würdigen. Wenn Sie Veränderungsbedarf erkennen, binden Sie das Team ein: Nicht als Pflichtaufgabe mit Fristen, sondern als Einladung zum Mitdenken. Verdeutlichen Sie, warum etwas verändert werden soll – und was Sie sich davon konkret erhoffen.

Ein langsamer, beteiligungsorientierter Wandel wird nachhaltiger akzeptiert – und stärkt langfristig Ihre Position als Führungskraft.

Spannungsfeld 2: Kooperative Entscheidungsfindung Viele junge Führungskräfte erleben, dass schnelles, klares Handeln als Führungsstärke gewertet wird – von Vorgesetzten, von außenstehenden Akteuren oder im Vergleich mit „klassischen" Führungsbildern. Doch genau hier entsteht ein Spannungsfeld: **Entscheidungen allein zu treffen, ohne das Erfahrungswissen des Teams einzubeziehen, kann in generationendiversen Teams zu Frustration und Rückzug führen** – insbesondere bei älteren Kolleginnen und Kollegen, die sich bis dahin stark eingebracht haben.

Partizipatives Führungsverhalten – also die aktive Beteiligung des Teams an Entscheidungsprozessen – ist kein Zeichen von Unsicherheit, sondern Ausdruck von Wertschätzung und professioneller Haltung. Besonders im Rettungsdienst, wo viel Erfahrungswissen implizit vorhanden ist, kann der Verzicht auf Einbindung als Abwertung verstanden werden (Kaiser, D., 2023, S. 134; Franken, S., 2019).

Beispiel

Die junge Leitung einer Rettungswache möchte das Onboarding neuer Mitarbeitender verbessern und entwickelt eigenständig ein neues Einarbeitungskonzept. Die Struktur, Begrüßungsgespräche, Checklisten und Ablaufpläne werden zentral entworfen – ohne Rücksprache mit den langjährig tätigen Praxisanleitenden. Als das Konzept vorgestellt wird, ist die Reaktion verhalten. Einige erfahrene Kolleginnen und Kollegen äußern hinter vorgehaltener Hand, dass „alles über ihre Köpfe hinweg entschieden" wurde. Obwohl das Konzept fachlich durchdacht ist, sinkt die Motivation zur Mitarbeit. Zwei Praxisanleitende ziehen sich spürbar zurück, bringen keine Ideen mehr ein – und übernehmen nur noch „Dienst nach Vorschrift".◀

▶ **Praxistipp**

Beziehen Sie das Erfahrungswissen des Teams bewusst ein – nicht aus Unsicherheit, sondern aus Stärke. Erklären Sie, welche Entscheidungsräume offen sind – und wo Vorgaben bestehen. Besonders bei Themen, die den Alltag direkt betreffen (z. B. Dienstabläufe, Einarbeitung, Materialverwaltung), ist Beteiligung ein Schlüssel zur Akzeptanz.

Partizipation bedeutet nicht Beliebigkeit – sondern kluge Führung, die das Wissen des Teams nutzt. Zeigen Sie auf, dass Entscheidungen mitgedacht, mitgetragen und gemeinsam reflektiert werden dürfen – ohne Ihre Verantwortung als Leitung zu verlieren.

Spannungsfeld 3: Generationsorientierte Delegation Delegation ist ein zentrales Führungsinstrument – nicht nur zur Entlastung der Leitungskraft, sondern auch zur Förderung von Verantwortung, Entwicklung und Motivation im Team. Entscheidend dabei ist: Delegation bedeutet nicht nur die Abgabe von Aufgaben, sondern auch die Übertragung von Verantwortung und Entscheidungsbefugnissen.

Gerade junge Führungskräfte neigen dazu, komplexere oder prestigeträchtigere Aufgaben an Personen zu delegieren, deren Arbeitsweise, Kommunikationsstil oder Dynamik ihnen vertraut erscheint – also häufig an Gleichaltrige oder jüngere Mitarbeitende. Ältere Kolleginnen und Kollegen hingegen erhalten häufig eher Routineaufgaben, obwohl sie über langjährige Erfahrung verfügen. Diese implizite Delegationsverzerrung – oft unbewusst durch Altersbilder oder persönliche Nähe gesteuert – kann zu Frust, Rückzug oder Leistungsverweigerung führen (Kaiser, D., 2023, S. 134–135; Franken, S., 2019).

Beispiel

Eine junge Leitungskraft teilt bei der Organisation einer internen Fortbildung zur Traumaversorgung die Planung, Durchführung und Nachbereitung an zwei jüngere Kollegen aus ihrer Ausbildungszeit zu. Beide sind motiviert, aber fachlich noch relativ unerfahren. Zwei ältere Mitarbeitende, beide mit umfangreicher Einsatzerfahrung und langjähriger Fortbildungstätigkeit, erhalten keine aktive Rolle. Als die Fortbildung durchwachsen verläuft und wichtige Inhalte fehlen, äußert sich einer der älteren Kollegen in der Übergabe: „Wozu soll ich überhaupt noch was sagen – ihr macht das ja eh unter euch aus." Die Leitungskraft erkennt: Die Auswahl wirkte unbeabsichtigt ausschließend – und hat wertvolle Ressourcen übersehen.◀

▶ **Praxistipp**

Reflektieren Sie regelmäßig, nach welchen Kriterien Sie Aufgaben im Team delegieren. Achten Sie darauf, ob unbewusste Vorannahmen – z. B. über Alter, Motivation oder Anpassungsfähigkeit – Ihre Entscheidungen beeinflussen. Fragen Sie sich: Delegiere ich ausgewogen? Fördere ich gezielt? Oder bevorzuge ich bestimmte Personen, weil sie mir näherstehen?

Sichtbare Delegation an verschiedene Altersgruppen signalisiert Vertrauen, Wertschätzung und fördert ein inklusives Teamklima. Binden Sie erfahrene Kolleginnen und Kollegen gezielt ein – nicht nur bei operativen Aufgaben, sondern auch in Projekten, Fortbildungen oder Mentoringformaten. So nutzen Sie das gesamte Potenzial Ihres Teams – unabhängig vom Geburtsjahr.

Eine vertiefte Auseinandersetzung mit dem Thema Delegation – inklusive konkreter Prinzipien und Anwendungsbeispiele – finden Sie in Abschn. 4.3 „Loslassen: Richtig delegieren“ dieses Buches.

Spannungsfeld 4: Kommunikation und Kommunikationskanäle Unterschiedliche Generationen unterscheiden sich nicht nur in ihren Werten oder Arbeitsstilen, sondern auch in ihren Kommunikationsgewohnheiten. Jüngere Führungskräfte, geprägt durch digitale Tools, kurze Feedbackzyklen und informelle Abstimmungen, setzen oft voraus, dass diese Kommunikationsformen allgemein akzeptiert und verstanden werden. Doch gerade ältere Mitarbeitende tun sich häufig schwer mit plötzlichen Veränderungen in Tempo, Ton und Medium der Kommunikation.

Wenn Informationen ausschließlich über digitale Kanäle wie Messenger-Dienste, Cloud-Dokumente oder Kommentarfunktionen in digitalen Schichttools laufen, fühlen sich Mitarbeitende, die mit direkter Kommunikation vertraut sind, schnell abgehängt. Die Folge: Rückzug, Missverständnisse, Frustration – und ein Vertrauensverlust gegenüber der neuen Leitung (Kaiser, D., 2023, S. 135; Franken, S., 2019).

Beispiel

Eine junge Führungskraft ersetzt den bisherigen physischen „Infoordner“ im Aufenthaltsraum durch ein digitales Schwarzes Brett via Cloud-Plattform. Dienstliche Hinweise, Anweisungen und Rückmeldungen zum Materialverbrauch erfolgen fortan ausschließlich online. Rückmeldungen der älteren Mitarbeitenden bleiben aus – die Beteiligung am Verbesserungsprozess sinkt spürbar. Gleichzeitig häufen sich Missverständnisse, z. B. bei Medikamentenbestellungen oder Fahrzeugmeldungen. Auf Nachfrage erklärt ein älterer Kollege: *„Ich guck da gar nicht rein – ich warte, bis man es mir direkt sagt.“* ◀

▶ **Praxistipp**
Stellen Sie sich die Frage: Erreiche ich wirklich alle mit dem, was ich wie kommuniziere? Unterschiedliche Kommunikationskanäle sind

kein Hindernis – sondern eine Führungsaufgabe. Wählen Sie Kommunikationsformen, die sowohl die digitalen Gewohnheiten der Jüngeren als auch das Bedürfnis nach persönlichem Austausch der Älteren berücksichtigen.

Nutzen Sie bewusst mehrere Wege der Informationsweitergabe: kurze Notizen, digitale Plattformen, direkte Gespräche. Wichtig ist nicht nur die Botschaft, sondern auch das Signal: *„Ich möchte, dass du informiert bist – und zwar auf dem Weg, den du nutzen kannst und möchtest."*

Auch die Häufigkeit von Rückmeldungen sollte gut abgestimmt sein: Während jüngere Mitarbeitende häufig nach regelmäßigem Feedback verlangen, erleben Ältere das mitunter als Kontrolle. Finden Sie eine Balance – und besprechen Sie Kommunikationswünsche bewusst im Team.

Spannungsfeld 5: Konfliktbewusstsein Konflikte gehören zum Führungsalltag – gerade in generationendiversen Teams. Auch wenn das Ziel immer eine konstruktive, kollegiale Zusammenarbeit ist, entstehen Reibungen durch unterschiedliche Erwartungen, Kommunikationsstile oder Erfahrungswelten. Insbesondere die Umkehr des traditionellen Senioritätsprinzips – wenn jüngere Führungskräfte ältere Mitarbeitende führen – kann Spannungsfelder schaffen, die nicht ignoriert werden sollten (Kaiser, D., 2023, S. 135–136; Franken, S., 2019).

► Viele junge Führungskräfte versuchen zunächst, Konflikten auszuweichen – aus Sorge, als „schwierig" oder „überfordert" zu gelten. Doch Konfliktvermeidung wird schnell als Führungsschwäche interpretiert, vor allem von erfahrenen Mitarbeitenden. Ein ignoriertes Problem wird dadurch nicht kleiner, sondern gräbt sich tiefer in das Teamklima ein. Die Folge: Rückzug, Frustration, passive Verweigerung – und eine spürbare Distanz zur Führungskraft.

Beispiel

Zwischen einer jungen Leitungskraft der Rettungswache und einem langjährigen Notfallsanitäter kommt es wiederholt zu Spannungen: Der Mitarbeitende ignoriert wiederholt neue Abläufe beim monatlichen Materialcheck, äußert sich abfällig über „neue Ideen" im Pausenraum und verweigert schriftliches Feedback zu Fortbildungen. Die Leitungskraft nimmt dies zwar wahr, versucht aber, durch Freundlichkeit und Zurückhaltung zu deeskalieren. Ein klärendes Gespräch findet nicht statt. Nach einigen Wochen mehren sich die Stimmen im Team, dass die Leitungskraft „keinen Standpunkt" habe. Die Situation wird immer belastender – nicht nur für die beiden Betroffenen, sondern für das gesamte Team. ◀

Persönliche Erfahrung aus meiner Führungspraxis
Auch ich selbst bin in jungen Jahren in eine Führungsrolle hineingewachsen. Als Kreisgeschäftsführer eines DRK-Kreisverbands war ich verantwortlich für eine zentrale Verwaltung, in der die meisten Mitarbeitenden deutlich älter waren als ich.

Anfangs begegnete ich Konflikten mit viel Freundlichkeit und deeskalierendem Verhalten – so, wie ich es aus Einsätzen im Rettungsdienst gewohnt war. Ich wollte niemanden vor den Kopf stoßen, sondern Vertrauen aufbauen. Doch im Rückblick erkannte ich, dass sich genau die oben beschriebene Situation einstellte: Mein Verhalten wurde nicht als Stärke wahrgenommen, sondern als Unsicherheit gedeutet.

Erst durch ein begleitendes Führungskräftecoaching wurde mir dieser blinde Fleck bewusst. Ich verstand, dass Führung auch bedeutet, Konflikte auszuhalten – und sich klar zu positionieren. Als ich eine konkrete Situation zum ersten Mal offen ansprach und konsequent klärte, veränderte sich die Dynamik spürbar: Die Reaktion meines Teams war nicht Ablehnung, sondern Respekt. Die Wertschätzung, die mir entgegengebracht wurde, war deutlich spürbar – und hat sich bis heute in meiner Haltung als Führungskraft eingeprägt.

▶ **Praxistipp**

Lassen Sie Konflikte nicht „auslaufen". Gerade in altersgemischten Teams ist Führung auch Konfliktfähigkeit. Nehmen Sie Spannungen ernst, auch wenn sie nicht offen ausgesprochen werden. Wählen Sie einen wertschätzenden, ruhigen Ton – aber suchen Sie die Klärung bewusst.

Ein frühzeitiges Gespräch wirkt stärker als eine späte Eskalation. Zeigen Sie, dass Sie Haltung haben – und dass Ihnen das Miteinander wichtig ist. Auch ältere Mitarbeitende erwarten Klarheit – nicht Härte, aber Standfestigkeit. Ein professioneller Umgang mit Konflikten stärkt Ihre Führungsrolle – und das Teamgefühl.

Spannungsfeld 6: Persönliche Nähe von Young Professionals Führung lebt von Beziehung. Doch wie viel persönliche Nähe ist richtig – und wie viel professionelle Distanz nötig? Gerade jüngere Führungskräfte sind oft hin- und hergerissen zwischen der Sorge, zu privat zu wirken, und dem Wunsch, sich nicht angreifbar zu machen. Insbesondere im Verhältnis zu älteren Mitarbeitenden kann daraus ein als kühl oder emotionslos wahrgenommenes Führungsverhalten entstehen.

Wenn Kommunikation ausschließlich formell bleibt und Gespräche auf Fachliches reduziert werden, entsteht rasch der Eindruck: „Die interessiert sich nicht für uns – nur für Prozesse." Das kann bei erfahrenen Mitarbeitenden zu Rückzug oder Skepsis führen – auch wenn die Führungskraft selbst einfach nur vorsichtig oder zurückhaltend agieren möchte (Kaiser, D., 2023, S. 136).

Beispiel

Ein junger Wachleiter, neu in der Position, hält sich in den Pausen bewusst zurück. Er vermeidet persönliche Gespräche, um nicht den Eindruck zu erwecken, einzelne Teammitglieder zu bevorzugen. Seine Kommunikation ist klar, sachlich – aber auch sehr nüchtern. Nach einigen Wochen stellt er fest, dass sich ältere Kolleginnen und Kollegen zunehmend abkapseln: Er wird kaum noch angesprochen, Rückfragen werden eher untereinander geklärt. Im Feedback äußert eine Kollegin schließlich: *„Du wirkst so distanziert – wir wissen gar nicht, wer du eigentlich bist."* ◀

▶ **Praxistipp**

Persönliche Nähe bedeutet nicht Privates teilen – sondern Persönlichkeit zeigen. Gerade im generationendiversen Team ist es hilfreich, sich als Mensch erkennbar zu machen: ein kurzer Satz über ein Hobby, eine sportliche Aktivität, ein ehrliches „Das war auch für mich neu" reicht oft schon aus, um Distanz abzubauen.

Pflegen Sie bewusst persönliche Momente im Alltag – am Fahrzeug, bei der Übergabe, im Pausenraum. Zeigen Sie sich als zugängliche, authentische Führungskraft, die sich weder versteckt noch aufdrängt. Ihre Offenheit ist kein Risiko – sondern ein Beziehungssignal.

Konklusion Die Führungsrolle im Rettungsdienst ist geprägt von Vielschichtigkeit: Leitungskräfte bewegen sich zwischen strukturellen Anforderungen, individuellen Erwartungen und den Dynamiken eines generationendiversen Teams. Rollenverständnis entsteht dabei nicht automatisch durch die Positionsbeschreibung – es entwickelt sich im Zusammenspiel aus Selbstbild, Fremdbild, gelebtem Verhalten und situativer Anpassung.

Wer bewusst mit diesen Rollenmustern umgeht, Spannungsfelder reflektiert und sich auch in herausfordernden Situationen klar positioniert, schafft die Grundlage für Vertrauen, Orientierung und Wirkung als Führungskraft. Wichtig ist dabei nicht Perfektion, sondern Haltung: die Bereitschaft zur Selbstklärung, zur aktiven Kommunikation und zur kontinuierlichen Weiterentwicklung.

Gerade in altersgemischten Teams braucht es Führung, die verbindet, statt trennt – die Unterschiede anerkennt, statt nivelliert – und die sich selbst als lernende

Instanz begreift. Das Zusammenspiel aus Vorbildfunktion, klarer Koordination, gezielter Unterstützung und professioneller Nähe bildet dafür das Fundament.

Im nächsten Kapitel stehen nun verschiedene Führungsstile und ihre Wirkung im Mittelpunkt – und damit die Frage: Wie können Leitungskräfte ihren Führungsstil wirksam gestalten, um den beschriebenen Herausforderungen mit Klarheit und Flexibilität zu begegnen?

2.3 Führungsstile und ihre Wirkung

Bevor verschiedene Führungsstile vorgestellt und auf ihre Wirkung im Rettungsdienst hin betrachtet werden, ist eine Begriffsklärung notwendig: Was genau ist eigentlich Führung – und worin unterscheidet sie sich von Leadership oder Management?

Im engeren Sinne bezeichnet Leadership (Führung) den prozesshaften Einfluss auf Individuen oder Gruppen, um gemeinsam definierte Ziele zu erreichen. Führung ist dabei zielgerichtet, strukturierend und verbindlich – sie umfasst die aktive Gestaltung von Beziehungen, Kommunikation und Orientierung innerhalb von Organisationen. Dabei wirkt Führung sowohl über formale Macht, die sich aus einer zugewiesenen Position ergibt, als auch über informelle Einflussnahme, etwa durch persönliche Autorität, Glaubwürdigkeit oder Beziehungsgestaltung. (Helmhold, M., 2021, 2022).

Management hingegen bezieht sich auf die systemische Gestaltung und Steuerung von Organisationen, mit Fokus auf Planung, Ressourceneinsatz, Kennzahlen und strukturelle Effizienz. Während Leadership stärker am Menschen ausgerichtet ist, richtet sich Management primär an Abläufen, Prozessen und Systemlogiken aus (Franken, S., 2019).

Praxisbeispiel aus dem Rettungsdienst

Eine Bereichsleitung entscheidet, ein neues digitales Übergabesystem einzuführen. Die Wahl der Software, die Einbindung des Datenschutzes und die Verteilung der Tablets erfolgen im Rahmen des Managements. Gleichzeitig nimmt die Wachleitung die Rolle wahr, den Veränderungsprozess zu begleiten, Fragen im Team aufzugreifen, Skepsis ernst zu nehmen und den Nutzen in persönlichen Gesprächen zu vermitteln – das ist Leadership.◄

Führung ist nie statisch – sie lebt vom Kontext. Je nach Organisation, Zielsetzung, Teamkonstellation oder Situation kann sie ganz unterschiedlich wirken und gestaltet werden. Besonders im Rettungsdienst braucht es eine Führung, die anpassungsfähig, klar und zugleich menschlich ist. Hier zählen nicht nur Strukturen, sondern vor allem Haltung, Kommunikation und die Fähigkeit, verschiedene Führungsstile je nach Lage sinnvoll zu kombinieren (Giles, S., 2016).

Aufbau dieses Abschnitts
Im folgenden Abschnitt werden drei zentrale Perspektiven auf Führungsstile dargestellt:

- Zunächst werden klassische Führungsstile (autoritär, kooperativ, laissez-faire) erläutert – inklusive einer kritischen Einordnung für den Führungsalltag im Rettungsdienst.
- Anschließend wird das Modell des situativen Führens vorgestellt, das Führung als anpassungsfähigen Prozess begreift.
- Abschließend folgt die Gegenüberstellung von transaktionaler und transformationaler Führung – mit besonderem Fokus auf den Wandel von Kontrolle zu Entwicklung, wie er für moderne Führung im Gesundheitswesen zunehmend bedeutsam wird.

2.3.1 Klassische Führungsstile: autoritär, kooperativ, laissez-faire

Der Führungsstil beschreibt die Art und Weise, wie Führungskräfte mit ihren Mitarbeitenden umgehen – also mit welcher Haltung, welchem Maß an Kontrolle und welchem Vertrauen sie führen. Er ist damit nicht nur Ausdruck von Persönlichkeit, sondern auch ein bewusst einsetzbares Führungsinstrument, das zeigt, wie Führungskräfte auf Verhalten, Leistung und Zusammenarbeit Einfluss nehmen (Staehle, W. H., 1999. S. 334; Meyer, F., & Becker, R., 2024).

In der Führungsforschung haben sich über die Jahrzehnte verschiedene Modelle herausgebildet. Eine der bekanntesten Einteilungen geht auf Kurt Lewin und seine Kollegen zurück, die bereits in den 1930er-Jahren drei Grundformen von Führung beschrieben: den autoritären, den kooperativen und den laissez-fairen Führungsstil (Lewin, K. et al. 1939, S. 271–299). Diese Unterscheidung bietet bis heute eine nützliche Orientierung – auch wenn moderne Führung oft deutlich differenzierter gedacht wird.

Autoritärer Führungsstil

Die Führungskraft trifft Entscheidungen zentralisiert und erwartet die Umsetzung ohne Diskussion. Kommunikation erfolgt meist von oben nach unten, Kontrolle ist eng geführt.

Stärken

- Klarheit, Struktur, schnelle Umsetzung
- Handlungsfähigkeit in Stresssituationen
- Gute Steuerbarkeit bei unerfahrenen Teams

Risiken

- Geringe Eigenverantwortung
- Gefahr von Demotivation
- Abhängigkeit vom Verhalten der Führungskraft

Beispiel

Während eines Massenanfalls von Verletzten entscheidet die Einsatzleitung kurzfristig über die Aufteilung der Teams, Materialverteilung und Kommunikationskanäle. Diskussionen sind in dieser Phase nicht möglich. Ein autoritärer Stil sichert hier Effizienz und Struktur – ohne dass dies als negativ empfunden wird. In der anschließenden Nachbesprechung erfolgt dann ein bewusster Wechsel in den kooperativen Stil.◀

Kooperativer (demokratischer) Führungsstil

Die Führungskraft bezieht das Team aktiv in Entscheidungsprozesse ein. Kommunikation erfolgt auf Augenhöhe. Vorschläge und Rückmeldungen sind ausdrücklich erwünscht.

Stärken:

- Höhere Motivation und Zufriedenheit
- Nutzung der Kompetenzen im Team
- Stärkung der Bindung und Identifikation

Risiken:

- Längere Entscheidungswege
- Gefahr der Unverbindlichkeit, wenn Führung nicht klar bleibt

Beispiel

Die Rettungsdienstleitung entwickelt gemeinsam mit den Mitarbeitenden ein neues Onboarding Konzept. Vorschläge aus dem Team werden gesammelt, bewertet und in das Konzept integriert. Die Leitung behält den Überblick, trifft aber Entscheidungen auf Basis der Gruppenrückmeldungen. Die Beteiligung schafft Akzeptanz – auch wenn nicht alle Wünsche berücksichtigt werden können.◀

Laissez-faire-Führungsstil

Die Führungskraft hält sich bewusst zurück. Mitarbeitende entscheiden eigenständig, strukturieren ihre Arbeit selbst und organisieren Abläufe unabhängig. Es gibt kaum Kontrolle, wenig Rückmeldung und kaum Vorgaben.

Stärken

- Hohe Freiheit und Kreativität
- Förderung von Eigenverantwortung
- Geeignet für hochkompetente, selbstorganisierte Teams

Risiken:

- Orientierungslosigkeit
- Rollenkonflikte oder Machtverschiebung im Team
- Widersprüche in Standards und Qualität

Beispiel

Die Leitung eines Rettungsdienstbereichs überträgt dem leitenden Praxisanleiter bewusst ein hohes Maß an Eigenverantwortung bei der Gestaltung der praktischen Ausbildung. Die Führung erfolgt dabei im Laissez-faire-Stil – nicht aus Desinteresse, sondern aus Vertrauen in die fachliche und persönliche Kompetenz. Der Praxisanleiter verfügt über eine pädagogische Qualifikation (PAL) sowie eine spezifische Führungskräfteweiterbildung für leitende Praxisanleiterinnen und Praxisanleiter.

Die Rettungsdienstleitung greift nicht aktiv in die Ausgestaltung von Rotationen, Kommunikation mit der Berufsschule oder Organisation der Praxisanleitenden ein, solange keine Hinweise auf Probleme auftreten. Rückmeldungen von Auszubildenden, Kolleginnen und Kollegen sowie der Berufsschule werden regelmäßig eingeholt. Solange keine Kritik geäußert wird, bleibt die Verantwortung vollständig beim leitenden Praxisanleiter – inklusive Entscheidungsbefugnis und Organisation.

Das Modell funktioniert gut: Der leitende Praxisanleiter entwickelt eigene Standards, etabliert Reflexionsformate und sorgt für einen transparenten Austausch im Kreis der PAL. Der Laissez-faire-Stil wird hier nicht als Rückzug, sondern als Ausdruck von Vertrauen und Anerkennung verstanden.◄

Führung ist situationsabhängig und dynamisch. Keine Führungsform ist per se gut oder schlecht – entscheidend ist die Passung zur Situation, zur Aufgabe und zum Team. Gute Führung bedeutet, bewusst zu wählen: Klar zu führen, wo Struktur gefragt ist – aber offen zu sein, wo Beteiligung gebraucht wird.

Die folgenden Abschnitte zeigen, wie sich dieser Gedanke weiterentwickeln lässt – insbesondere im Modell des situativen Führens und im Wandel vom transaktionalen zum transformationalen Führungsstil.

2.3.2 Situativer Führungsstil im Kontext des Rettungsdienstes

Der situative Führungsstil nach **Hersey und Blanchard** (1982) gehört zu den bekanntesten und praxistauglichsten Modellen moderner Führung. Der zentrale Gedanke: Führung muss sich anpassen – an die jeweilige Aufgabe und an die „Reife" der Mitarbeitenden. Es gibt keinen Führungsstil, der für alle Menschen, Situationen und Herausforderungen gleichermaßen geeignet ist. Entscheidend ist vielmehr, **den passenden Führungsstil zur richtigen Zeit und für die richtige Person** zu wählen.

Grundlagen des Modells: Aufgaben- vs. Beziehungsorientierung
Hersey und Blanchard unterscheiden zwei zentrale Verhaltensdimensionen:

- **Aufgabenorientierung:** Die Führungskraft gibt detaillierte Anweisungen, formuliert klare Erwartungen und definiert, was bis wann wie zu erledigen ist.
- **Beziehungsorientierung:** Die Führungskraft legt Wert auf persönliche Nähe, bietet Unterstützung an, lobt, ermutigt und führt im Dialog.

Beide Orientierungen bilden ein Kontinuum – je nach Situation kann es sinnvoll sein, stark strukturierend zu führen oder den Fokus stärker auf Motivation und Entwicklung zu legen.

Der Reifegrad der Mitarbeitenden

Der sogenannte Reifegrad der Mitarbeitenden ist das zweite zentrale Element im Modell. Er wird als Kombination aus:

- **fachlicher Kompetenz** (z. B. Wissen, Erfahrung, Fähigkeit zur Selbststeuerung)
- **psychologischer Reife** (z. B. Motivation, Engagement, Eigenverantwortung)

verstanden – und **ist nicht absolut,** sondern immer **aufgabenspezifisch.** Eine Mitarbeitende kann z. B. bei der Versorgung von Trauma-Patienten hoch kompetent und motiviert sein, sich jedoch bei der Nutzung neuer Software noch unsicher fühlen und wenig Engagiert sein. Führung muss sich also flexibel auf wechselnde Konstellationen einstellen.

Das Modell unterscheidet dabei vier Reifegrade, aus denen jeweils ein passender Führungsstil abgeleitet wird:

- **Reifegrad 1 (M1):** nicht fähig und nicht willig oder nicht fähig und unsicher → Telling (anweisen/autoritärer Führungsstil)
- **Reifegrad 2 (M2):** nicht fähig, aber willig oder nicht fähig, aber vertrauensvoll → Selling (überzeugen/integrierender Führungsstil)
- **Reifegrad 3 (M3):** fähig, aber nicht willig oder fähig, aber unsicher → Participating (beteiligen/partizipativer Führungsstil)
- **Reifegrad 4 (M4):** fähig und willig oder fähig und vertrauensvoll → Delegating (delegieren)

Die vier Führungsstile nach Hersey & Blanchard

Je nach Reifegrad empfehlen Hersey und Blanchard vier Führungsverhaltensweisen:

1. „Telling" (anleiten): Niedrige Reife → hohe Aufgabenorientierung, geringe Beziehungsorientierung → klare Vorgaben, enge Anleitung (z. B. bei neuen Mitarbeitenden)
2. „Selling" (überzeugen): Geringe bis mittlere Reife → hohe Aufgaben- und Beziehungsorientierung → motivieren, erklären, mitnehmen (z. B. in der Einarbeitungsphase)
3. „Participating" (beteiligen): Mittlere bis hohe Reife → niedrige Aufgaben-, hohe Beziehungsorientierung → Einbindung in Entscheidungen, Motivation stärken
4. „Delegating" (übertragen): Hohe Reife → geringe Aufgaben- und Beziehungsorientierung → Aufgaben und Verantwortung selbstständig übertragen

Beispiele

Reifegrad 1 (M1) im Rettungsdienst – Telling (anweisen)

Ein Auszubildender im ersten Lehrjahr beginnt seine erste Woche im Rettungsdienst. Es fällt auf, dass er sich trotz vorheriger Einweisung nicht sicher im Umgang mit dem Material auf dem RTW fühlt und zudem zögerlich auf Ansprache reagiert. Bei der Vorbereitung zur Übergabe an den Nachtdienst zeigt er Unklarheiten im Ablauf und vergisst wesentliche Schritte wie die Kontrolle der Medikamentenbestände. Rückfragen beantwortet er nur vage, und die Motivation wirkt deutlich eingeschränkt – vermutlich aus Unsicherheit.

- Die Praxisanleitung entscheidet sich für einen autoritären Führungsstil nach dem Prinzip „Telling“: Sie gibt klare, kleinschrittige Anweisungen, begleitet die Ausführung engmaschig und überprüft die Ergebnisse sofort. Dabei formuliert sie konkrete Erwartungen („Bitte kontrolliere jetzt die Medikamente im oberen Fach – nimm dir die Checkliste zur Hand“), korrigiert direkt bei Abweichungen und erläutert den nächsten Schritt.
- **Ziel:** Sicherheit vermitteln, Überforderung vermeiden, strukturierte Anleitung geben – bei gleichzeitig enger Kontrolle.

Reifegrad 2 (M2) im Rettungsdienst – Selling (überzeugen)

- Ein Auszubildender im ersten Ausbildungsjahr hat bereits solide Grundlagen im Bereich Diagnostik und Patientenansprache entwickelt. Er zeigt viel Motivation, möchte aktiv mitarbeiten und bringt sich engagiert ein. Allerdings fehlt ihm noch Routine in der strukturieren Patientenversorgung, insbesondere in stressigen Situationen – etwa beim schnellen Erfassen kritischer Vitalparameter oder beim parallelen Dokumentieren während eines Einsatzes.
- Die Praxisanleitung wählt den Führungsstil „Selling“: Sie gibt weiterhin klare fachliche Anleitung, bezieht den Auszubildenden jedoch aktiv in die Entscheidungsfindung ein. So erklärt sie z. B. bei der Übergabe im Krankenhaus nicht nur den Ablauf, sondern auch die Gründe für die gewählte Reihenfolge der Maßnahmen. Sie ermuntert zu Rückfragen und erklärt: „Ich übernehme heute die erste Übergabe, du hörst zu – dann wechseln wir. Wir besprechen danach, wie du’s beim nächsten Mal machst.“
- Die Verantwortung für die Entscheidung liegt noch bei der Anleitung – aber der Auszubildende wird motivierend einbezogen, seine Fähigkeiten werden gezielt entwickelt, ohne ihn zu überfordern.

Reifegrad 3 (M3) im Rettungsdienst – Participating (beteiligen)

- Ein Auszubildender im letzten Ausbildungsjahr zeigt fachlich ein hohes Niveau: Er beherrscht die gängigen Versorgungsschemata, dokumentiert sicher, und seine Patientenkommunikation ist souverän. Trotzdem lässt seine Eigeninitiative nach – er beteiligt sich nur zurückhaltend an Fahrzeugchecks, Desinfektionen etc. und meldet sich bei Fallbesprechungen kaum. Auf Nachfrage erklärt er, dass er „einfach durchkommen will" und gerade „wenig Kopf für Extras" habe.
- Die Praxisanleitung erkennt: Es fehlt nicht an Kompetenz, sondern an Motivation. Deshalb wird der Führungsstil bewusst partizipativ gewählt: Die Anleitung sucht das Gespräch auf Augenhöhe, fragt gezielt nach Verbesserungsideen und lädt den Auszubildenden ein, z. B. die Nachbesprechung eines Einsatzes zu moderieren. Dabei erklärt sie auch offen ihre Wahrnehmung: *„Ich sehe, dass du viel draufhast – ich möchte, dass du dir wieder mehr zutraust. Was brauchst du von mir, damit das gelingt?"*
- **Ziel:** Den Auszubildenden emotional wieder stärker einbinden, Mitverantwortung geben und Motivation durch Beteiligung stärken – ohne Druck, aber mit gezielter Aktivierung.

Reifegrad 4 (M4) im Rettungsdienst – Delegating (delegieren)

- Ein Auszubildender im letzten Ausbildungsjahr hat sich über die gesamte Ausbildungszeit hinweg als zuverlässig, fachlich sicher und engagiert erwiesen. Er bringt nicht nur medizinisches Know-how mit, sondern zeigt auch Eigeninitiative bei der Mitgestaltung des Arbeitsalltags.
- Die Rettungsdienstleitung überträgt ihm daher eigenverantwortlich die Aufgabe, den „Welcome Day" für neue Auszubildende für die Rettungswachen neu zu konzipieren. Ziel ist es, den Einführungstag für den kommenden Jahrgang praxisnäher, strukturierter und teamorientierter zu gestalten.
- Der Auszubildende plant die Inhalte, stimmt sich eigenständig mit Praxisanleiterinnen und Praxisanleitern ab, erstellt einen Ablaufplan, organisiert Räume, stellt Materialien zusammen und entwickelt kurze Kennenlernformate. Die Rettungsdienstleitung steht lediglich als Ansprechpartner zur Verfügung, greift aber nicht aktiv ein.
- Die Verantwortung liegt vollständig beim Auszubildenden – sowohl die Planung als auch die Umsetzung erfolgen selbstständig. Im Nachgang wird die Durchführung gemeinsam reflektiert. Die Rückmeldungen sind durchweg positiv – und zeigen: Der gewählte Führungsstil war der Reife angemessen.◀

Fazit: Flexibilität und Fingerspitzengefühl Der situative Führungsstil fordert von Leitungskräften ein hohes Maß an Selbstreflexion, Beobachtungsgabe und kommunikativer Stärke. Wer erkennt, wo Mitarbeitende gerade stehen, und sein Verhalten entsprechend anpasst, führt nicht nur effektiv – sondern auch wertschätzend, entwicklungsorientiert und praxisnah.

Im Rettungsdienst – mit seiner Mischung aus Routine, Dynamik und multiprofessionellen Teams (RS, RS Plus, NFS, PAL, QMB etc.) – ist diese Form der Führung von besonderer Bedeutung.

Kritische Einordnung Die Theorie des situativen Führens nach Hersey und Blanchard ist in der Praxis weit verbreitet – gerade weil sie intuitiv nachvollziehbar und handlungsnah erscheint. In der wissenschaftlichen Literatur wird sie jedoch kritisch betrachtet: Zentrale Begriffe wie „Reifegrad" oder „Beziehungsorientierung" sind kaum empirisch messbar, und viele Studien konnten keinen eindeutigen Zusammenhang zwischen Führungsstil und Mitarbeiterzufriedenheit oder Leistung nachweisen (Johansen, B.-C., 1990, 2020).

▶ Dennoch hat das Modell seinen Wert im Führungsalltag – nicht als starre Theorie, sondern als Reflexionshilfe: Wo steht mein Team? Wie stark strukturiere ich? Wo kann ich loslassen? Wer das Modell als Denkanstoß und nicht als dogmatische Wahrheit versteht, kann es sinnvoll nutzen – besonders in dynamischen und heterogenen Teams wie im Rettungsdienst.

2.3.3 Transaktionale und transformationale Führung

Moderne Führung in Organisationen beschränkt sich längst nicht mehr auf das Erreichen von Zielen durch klare Aufgabenverteilung und Kontrolle. Vielmehr gewinnt die Frage an Bedeutung, wie Mitarbeitende motiviert, inspiriert und langfristig gebunden werden können – gerade in sozialen Berufen wie dem Rettungsdienst, in denen emotionale Belastung, Sinnsuche und Teamdynamik eine zentrale Rolle spielen.

Ein zukunftsorientierter Ansatz ist die transformationalen Führung, die sich von rein sachlich-funktionalen Führungsmodellen abhebt. Im Unterschied zur klassischen charismatischen Führung versteht sich transformationale Führung nicht als alleinige Ausstrahlung der Führungskraft, sondern als ein auf Werte, Beziehung und Entwicklung ausgerichteter Führungsstil.

Ziel ist es, das Verhalten der Mitarbeitenden nachhaltig zu verändern – weg von einem rein austauschorientierten „Dienst nach Vorschrift“, hin zu innerer Beteiligung, Verantwortungsübernahme und emotionaler Verbundenheit mit der Aufgabe, dem Team und der Organisation. Führungskräfte, die transformational führen, wirken durch individuelle Zuwendung, intellektuelle Stimulierung und das Vorleben gemeinsamer Werte (Rybnikova, I. & Lang, R., 2021, S. 513; Bundesamt, 2024).

Merkmale, Unterschiede und Wandel der Führungskultur
Der *transaktionale Führungsstil* ist ein Leadershipkonzept, das auf einem klaren Austauschverhältnis zwischen Führungskraft und Mitarbeitenden beruht. **Typisch dafür sind Zielvereinbarungen** (z. B. „Management by Objectives“), in denen geregelt ist, welche Erwartungen an die Mitarbeitenden gestellt werden – und welche Vorteile oder Konsequenzen bei Zielerreichung bzw. -verfehlung folgen. Diese Art der Führung basiert auf **klaren Regeln, Leistungsbewertung und Belohnungssystemen.** Sie schafft Handlungssicherheit, insbesondere bei Routinetätigkeiten, und vermittelt Mitarbeitenden ein Gefühl von Transparenz und Fairness.

Ein Nachteil der transaktionalen Führung liegt in der starken Orientierung an extrinsischer Motivation. Belohnungssysteme können auf Dauer abstumpfen, Handlungsspielräume werden eingeschränkt, und Innovationskraft kann gehemmt werden. Die Führung wird sachlich und zielbezogen – emotionales Engagement oder kreative Mitgestaltung geraten in den Hintergrund.

Der *transformationale Führungsstil* (Lat.: transformare – umformen, umgestalten) hingegen zielt auf eine **Veränderung der inneren Haltung.** Führungskräfte versuchen, Mitarbeitende **intrinsisch zu motivieren,** etwa durch die Vermittlung einer gemeinsamen Vision, durch **Vorbildverhalten** und durch individuelle Förderung. Ziel ist es, dass sich Mitarbeitende aus Überzeugung und Verbundenheit mit den übergeordneten Zielen des Teams oder der Organisation identifizieren – nicht allein aufgrund äußerer Anreize wie Gehalt oder Karriereperspektiven.

Transformational führende Personen setzen auf vier zentrale Prinzipien:

- **Inspirierende Motivation:** Visionen vermitteln und Begeisterung schaffen
- **Idealisierter Einfluss:** Vorbild sein und Vertrauen aufbauen
- **Intellektuelle Stimulierung:** Eigenständigkeit und Kreativität fördern
- **Individuelle Berücksichtigung:** Mitarbeitende gezielt unterstützen und entwickeln

Tab. 2.1 Vergleich transaktionale und transformationale Führung. (Quelle: eigene Erstellung)

Aspekt	Transaktionale Führung	Transformationale Führung
Zielsetzung	Zielerreichung durch Austausch	Entwicklung durch Sinn und Motivation
Beziehungsebene	Vertraglich, funktional	Wertschätzend, emotional
Führungsinstrumente	Kontrolle, Belohnung, Vorgaben	Vorbild, Inspiration, Förderung
Motivation	Extrinsisch (Anreize, Sanktionen)	Intrinsisch (Sinn, Identifikation)
Sichtweise auf Mitarbeitende	Mitarbeitende als Leistende	Mitarbeitende als Mitgestaltende

Beide Führungsstile haben das Erreichen organisationaler Ziele im Blick, unterscheiden sich jedoch in der Art und Weise der Umsetzung: Während transaktionale Führung auf einem sachlich-rationalen Austausch beruht, basiert transformationale Führung auf einer werteorientierten Beziehung zwischen Führungskraft und Mitarbeitenden (Helmold, M., 2022, S. 25–26).

Tab. 2.1 veranschaulicht zentrale Unterschiede zwischen transaktionaler und transformationaler Führung – bezogen auf Zielsetzung, Beziehungsgestaltung, Führungsinstrumente, Motivation und die Sichtweise auf Mitarbeitende. Sie macht deutlich, dass beide Führungsansätze unterschiedliche Schwerpunkte setzen, sich jedoch im Alltag sinnvoll ergänzen können.

Der **Wandel in der Führungskultur** besteht heute darin, beide Führungsansätze nicht gegeneinanderzustellen, sondern gezielt zu kombinieren. Während transaktionale Elemente für Verlässlichkeit sorgen, ermöglichen transformationale Ansätze Wachstum, Innovationsbereitschaft und emotionale Bindung – besonders in komplexen und mitarbeiterzentrierten Arbeitsfeldern wie dem Rettungsdienst.

Relevanz für die moderne Rettungsdienstführung

Der Rettungsdienst ist traditionell durch klare Strukturen, Hierarchien und festgelegte Prozesse geprägt – ein klassisches Feld für transaktionale Führung. Allerdings werden in der Praxis **häufig weder Kennzahlen noch Zielvereinbarungen systematisch genutzt,** nicht einmal auf Ebene der Teamleitungen oder Leitungen von Rettungswachen. Diese geringe Steuerungstiefe stellt eine besondere Herausforderung dar: **Führung wird oft aus der Routine heraus gestaltet,** ohne strukturierte Rückkopplung oder transparente Zielausrichtung.

Zugleich steigen die Anforderungen:

- Junge Generationen fordern Sinn, Beteiligung und Feedback
- Der Fachkräftemangel verlangt nach Bindung statt bloßer Kontrolle
- Teams arbeiten multiprofessionell, divers und oft unter hohem Druck

In diesem Spannungsfeld reicht eine rein transaktionale Steuerung nicht mehr aus. Führung im Rettungsdienst muss heute **Sicherheit und Sinn verbinden** – mit klaren Rahmenbedingungen, aber auch mit Raum für Entwicklung, Dialog und persönliche Wertschätzung.

Beispiel

Eine Wachleitung entwickelt gemeinsam mit dem Team ein neues Feedbackkonzept. Dabei werden nicht nur strukturierte Rückmeldebögen eingeführt, sondern auch regelmäßige kollegiale Fallbesprechungen etabliert. Die Leitung bringt sich aktiv ein, lässt aber das Team über Form und Ablauf mitentscheiden. Sie gibt Orientierung, lebt Offenheit vor – und fördert so eine Kultur des Miteinanders, die über das Tagesgeschäft hinausreicht.◄

2.4 Agile Führung: Mit Feedback- und Fehlerkultur wirksam führen

Führen in Zeiten von VUCA, VUCADD und BANI

Die Rahmenbedingungen für Führung haben sich in den letzten Jahren tiefgreifend verändert. Die Welt, in der Organisationen heute agieren, lässt sich längst nicht mehr mit klassischen Managementkonzepten steuern. Stattdessen helfen sogenannte Sensemaking-Modelle – Denkrahmen, die helfen, das zunehmend Unübersichtliche zu strukturieren.

Ein bekanntes Modell ist das Akronym VUCA:

- **Volatility** – hohe Schwankungsbreiten, ständiger Wandel
- **Uncertainty** – Unsicherheit und begrenzte Planbarkeit
- **Complexity** – Vernetzung und vielschichtige Abhängigkeiten
- **Ambiguity** – Mehrdeutigkeit und fehlende Eindeutigkeit

VUCA wurde ursprünglich im militärischen Kontext geprägt, hat aber durch Globalisierung, Digitalisierung und Krisenerfahrungen wie Pandemie, Klimawandel und geopolitische Instabilität auch in der zivilen Welt an Relevanz gewonnen. Im Rettungsdienst zeigt sich VUCA beispielsweise in der Einsatzplanung, in politischen Rahmenbedingungen oder bei plötzlichen Veränderungen wie Blackout- oder Großschadensszenarien (Herget, J. & Strobl, H., 2024, S. 264–265; Johansen, 1990) und (Kutz, A., 2023, S. 3–5; Marketagent, 2019).

▶ Als Weiterentwicklung gilt **VUCADD,** das zusätzlich **Dynamik** und **Disruption** berücksichtigt. *Es beschreibt eine Welt, in der nicht nur vieles gleichzeitig passiert, sondern auch mit großer Geschwindigkeit und plötzlichen Umbrüchen.* Der Angriffskrieg auf die Ukraine, globale Lieferkettenkrisen oder der abrupte Wandel durch **digitale Technologien wie Künstliche Intelligenz (KI) sind Ausdruck dieser Realität.**

Parallel dazu wurde 2020 das Modell BANI entwickelt. Es beschreibt eine Welt, die zunehmend als fragil und überfordernd wahrgenommen wird:

- **Brittle** – Brüchigkeit ehemals stabiler Systeme
- **Anxious** – steigende kollektive Verunsicherung
- **Non-linear** – unvorhersehbare Kausalitäten
- **Incomprehensible** – Unverständlichkeit trotz Informationsflut

Gerade KI trägt zur Ambivalenz dieser Welt bei: Sie schafft enorme Chancen – etwa für die Analyse großer Datenmengen, die Unterstützung von Entscheidungen oder die Automatisierung komplexer Prozesse. Gleichzeitig stellt sie viele tradierte Rollen, ethische Fragen und Sicherheitslogiken infrage. Für den Rettungsdienst und auch den Bevölkerungsschutz bedeutet das: Entscheidungen werden komplexer, Anforderungen an Kommunikation, Ethik und Technologieverständnis steigen – und **Führung muss in der Lage sein, mit Widersprüchen, Tempo und Unsicherheit umzugehen**.

▶ Führungskräfte in dieser Welt brauchen nicht nur Fachwissen – sondern vor allem eine Haltung, die mit Komplexität umgehen kann: Resilienz, systemisches Denken, Empathie, Transparenz und Reflexionsfähigkeit.

Die Antwort auf diese Komplexität kann nicht im Versuch liegen, alles zu kontrollieren. Stattdessen braucht es ein Führungsverständnis, das auf Selbstorganisation, Dezentralität und Anpassungsfähigkeit setzt – kurz: **agile Führung**. Sie verschiebt Verantwortung näher an die Praxis, fördert Vertrauen in Teams und eröffnet Räume für aktives Lernen und schnelles Reagieren.

Agilität ist dabei kein Selbstzweck – und auch kein reines Methodenbündel. **Es geht um eine innere Haltung, die davon ausgeht, dass Menschen dann am wirksamsten sind, wenn sie in einem klaren Rahmen Verantwortung übernehmen, mitdenken und mitgestalten dürfen.** Gerade im Rettungsdienst – mit seiner Mischung aus Routine, Unvorhersehbarkeit und hoher Systemrelevanz – bietet agile Führung ein tragfähiges Modell für die Zukunft.

2.4.1 Prinzipien agiler Führung: Vertrauen, Selbstorganisation, Reaktionsfähigkeit

Agile Führung bedeutet, dass sich eine Organisation möglichst schnell und flexibel an veränderte Bedingungen anpassen kann – ohne dabei ihre Orientierung zu verlieren. Sie schafft Strukturen, in denen Mitarbeitende auf Augenhöhe gemeinsam Lösungen entwickeln. Entscheidungsprozesse werden dezentralisiert, Hierarchien flacher gedacht, Führung neu verstanden – nicht als Anweisung, sondern als Ermöglichung.

Nach Helmold (2022, S. 28–30; Hiller et al., 2025) basiert agile Führung auf dem Zusammenspiel von Mindset und Methode – also dem **„Being Agile“** und dem **„Doing Agile“**. Während „Doing Agile“ konkrete Ansätze wie Scrum oder Kanban beschreibt, steht „Being Agile“ für Haltungen wie Offenheit, Kundenzentrierung, Eigenverantwortung und Lernbereitschaft.

Agile Organisationen beruhen auf sechs Säulen

1. eine klare Mission
2. Kundenzentrierung als strategisches Prinzip
3. eine (neu) gedachte Führungskultur
4. die Anwendung agiler Methoden
5. kontinuierliche Verbesserung (Kaizen)
6. eine gelebte agile Unternehmenskultur

► Agilität bedeutet nicht Planlosigkeit, sondern strukturierte Flexibilität: Große Ziele werden in kleine Schritte zerlegt, Zwischenziele überprüft, Rückmeldungen integriert. Entscheidungen sollen dort getroffen werden, wo das Problem entsteht – nah an der Praxis.

Gerade im Rettungsdienst bietet dieser Ansatz enormes Potenzial: Teams auf den einzelnen Wachen oder Teams in Arbeitsgruppen übernehmen Verantwortung, erkennen Veränderungen frühzeitig und gestalten Schnittstellen – etwa zur Leitstelle oder Klinik – aktiver mit. Agile Führung wird so zur zeitgemäßen Antwort auf komplexe Herausforderungen: klar in der Richtung, offen im Weg.

Exkurs Scrum und Kanban

Scrum ist ein **Vorgehensmodell für komplexe Projekte,** bei dem ein Team in kurzen, fest definierten Zeitintervallen (sogenannten „Sprints") selbstorganisiert an konkreten Aufgaben arbeitet. Es gibt klare Rollen (z. B. Team, Moderator, Produktverantwortlicher), tägliche kurze Abstimmungen („Dailys") und regelmäßige Rückblicke zur Verbesserung der Zusammenarbeit. Im Rettungsdienst könnte ein solches Vorgehen beispielsweise bei der Entwicklung eines neuen Einarbeitungskonzepts oder bei der Einführung eines digitalen Dokumentationssystems sinnvoll eingesetzt werden.

Kanban hingegen ist ein flexibles System zur **Visualisierung und Steuerung von Aufgaben.** Es arbeitet meist mit einem **Aufgaben-Board** (physisch oder digital), auf dem klar ersichtlich ist, welche Aufgaben „offen", „in Bearbeitung" oder „erledigt" sind. So entsteht Transparenz im Team, Engpässe werden sichtbar und die Arbeitslast kann gleichmäßig verteilt werden.

Es gibt viele verschiedene Arten von Kanban-Boards – abhängig von Aufgaben, Teamgrößen und Branchen. Für die Organisation im Rettungsdienst hat sich eine Variante mit fünf Spalten als besonders praxistauglich erwiesen:

- **Backlog** – Aufgaben, die grundsätzlich anstehen
- **ToDo** – Aufgaben, die im aktuellen Monat erledigt werden sollen
- **Besprechen** – Aufgaben, die im Team oder mit der Leitung noch geklärt werden müssen
- **Doing** – Aufgaben, die aktuell in Bearbeitung sind
- **Done** – abgeschlossene Aufgaben

Ein einfaches, praxisnahes Beispiel für ein solches Board im Rahmen der Leitung einer Rettungswache (Leitung, Stellvertretung und entsprechende Themenverantwortliche) könnte so aussehen:

Einfache Darstellung eines Kanban-Board am Beispiel Aufgabenverteilung Wachleitung, stellvertretende Wachleitung und Themenverantwortliche. eigene Erstellung

Backlog	ToDo (diesen Monat)	Besprechen	Doing (in Bearbeitung)	Done
Entwicklung Buddy-Konzept	Medikamentenliste aktualisieren	Entscheidung Materialbudget	Urlaubsplanung	Überarbeitung Hygieneplan
Fortbildungsplanung 2026	Begrüßung Azubis vorbereiten	Dienstplananpassung	Fahrzeugpate RTW 2 einarbeiten	Dienstplanung August
Lager neu einteilen	Verschönerung Aufenthaltsraum Außenwache 1	Dienstanweisung Umgang mit Social Media	Praktikumsplätze abstimmen	Protokoll Wachleitersitzung aufbereiten und verteilen

Ein solches Kanban-Board kann ganz unterschiedlich umgesetzt werden: als einfaches Whiteboard im Aufenthaltsraum, das mit beschrifteten Post-its (die auch farblich verschiedenen Bereichen/Rollen zugeordnet sein können) beklebt wird, oder als digitales Tool mit Benutzerrechten und automatisierten Erinnerungen. Wichtig ist vor allem die Transparenz für alle Beteiligten, die klare Priorisierung und die regelmäßige Aktualisierung.◄

2.4.2 Agile Mitarbeitergespräche: Dialoge statt Jahresgespräch

In vielen Organisationen – auch im Rettungsdienst – sind klassische Jahresgespräche weiterhin fest verankert. Sie erfüllen eine wichtige Funktion, etwa bei Zielvereinbarungen oder Entwicklungsdokumentation. Agile Mitarbeitergespräche verstehen sich nicht als Ersatz, sondern als Ergänzung zu diesen formalen Formaten. Sie bieten die Möglichkeit, im Alltag niedrigschwellig und regelmäßig in den Dialog zu treten, ohne umfangreiche Vorbereitung oder Protokollierungspflicht.

Vorab soll noch erwähnt werden, dass Kommunikation und Gesprächsführung in Kap. 6 ausführlich behandelt wird.

► Im Rettungsdienst, wo Wachleitungen häufig durch das operative Tagesgeschäft stark eingebunden sind, wirkt die Vorstellung „zusätzlicher Gespräche“ auf den ersten Blick abschreckend. Hier hilft ein Perspektivwechsel: Es geht nicht um große Gesprächsformate, sondern um kontinuierliche, kurze Gespräche, die Vertrauen aufbauen, Entwicklungen begleiten und Rückmeldungen ermöglichen – oft reichen bereits 10–15 min pro Monat.

Agile Mitarbeitergespräche unterscheiden sich vom traditionellen Format durch folgende Merkmale:

- **Regelmäßigkeit statt Einmaligkeit:** Gespräche finden nicht einmal jährlich statt, sondern in kurzen Abständen – etwa monatlich, quartalsweise oder situativ.
- **Beteiligung & Selbstverantwortung:** Mitarbeitende bereiten sich selbst vor, bringen eigene Themen ein und übernehmen Verantwortung für ihren Entwicklungsweg.

- **Entwicklung & Zukunftsorientierung:** Es geht nicht nur um Rückblicke, sondern um Potenziale, Ressourcen und den nächsten Schritt – ein zentrales Prinzip ist hier das *Feedforward.*

Feedback & Feedforward – eine sinnvolle Ergänzung
Während Feedback auf vergangenes Verhalten reagiert („Was ist gut/verbesserungswürdig gelaufen?"), zielt Feedforward auf die Zukunft: *„Was brauchst du, um dich weiterzuentwickeln?" – „Was kann ich als Führungskraft künftig tun, um dich besser zu unterstützen?"*

Feedforward ist lösungsfokussiert, handlungsorientiert und ermutigend – und gerade für junge Mitarbeitende oder Auszubildende besonders hilfreich, weil es Ressourcen aktiviert statt Defizite betont.

Praxisinput: Leitfaden für agile Gespräche
Ein agiles Mitarbeitergespräch kann kurz und effektiv sein – z. B. anhand folgender Leitfragen:

- Was lief in letzter Zeit gut? Worauf bist du stolz?
- Wo hast du im Moment Herausforderungen?
- Was möchtest du im nächsten Monat ausprobieren oder lernen?
- Was brauchst du dafür? Was kann ich dir als Führungskraft anbieten?
- Was wünschst du dir vom Team/der Struktur/der Organisation?

In der Praxis bewährt sich ein einfacher Gesprächsrahmen mit Notizen auf einem gemeinsamen Gesprächsblatt – gerne digital oder analog, ohne formale Bewertung, aber mit einer festen Verabredung zum nächsten Termin.

Beispiel

Ein Notfallsanitäter, der seit mehreren Jahren im Team ist, hat sich in letzter Zeit auffällig zurückgezogen. Er beteiligt sich weniger an Gesprächen im Pausenraum, übernimmt kaum freiwillige Zusatzaufgaben und wirkt in Teamsitzungen distanziert. Die Wachleitung nimmt dies wahr und lädt ihn zu einem kurzen, bewusst offenen Entwicklungsgespräch ein.

Statt mit klassischen Rückfragen wie „Was ist los?" oder „Warum beteiligst du dich nicht mehr?" zu beginnen, nutzt die Leitungskraft **Feedforward-Fragen:**

- „Was würde dir helfen, dich im Team wieder wohler zu fühlen?"

- „Wie kann ich dich in der nächsten Zeit unterstützen – fachlich oder persönlich?“
- „Gibt es etwas, das du dir wünschst, aber bisher nicht ansprechen konntest?“
- „Wenn du auf die nächste Zeit schaust: Womit würdest du gerne starten oder wieder beginnen?“

Durch diese **lösungsorientierte, zukunftsgerichtete Haltung** entsteht ein Raum für echte Begegnung. Der Mitarbeitende öffnet sich und spricht über eine private Belastung, die ihn emotional erschöpft hat. Gemeinsam verabreden sie einen flexibleren Dienstplan für die kommenden Wochen – und einen weiteren Gesprächstermin zur Reflexion. Die Führungskraft hat nicht „analysiert“ oder „bewertet“, sondern zugehört, angeboten und begleitet.◀

Gerade das letzte Beispiel zeigt, wie wirkungsvoll achtsame Kommunikation und zukunftsorientierte Gesprächsführung sein können – auch dann, wenn keine konkreten Leistungen im Vordergrund stehen. Feedback in agilen Strukturen ist mehr als das klassische „Lob und Tadel“ – es wird zum Führungsinstrument im Alltag. Es geht um Orientierung, Beziehung und Entwicklung.

Im folgenden Abschnitt steht daher das Thema Feedback als Führungsinstrument im Mittelpunkt: Wie gelingt es, Rückmeldungen so zu gestalten, dass sie stärken statt schwächen? Welche psychologischen Grundlagen spielen dabei eine Rolle? Und wie lässt sich eine echte Feedbackkultur im Rettungsdienst etablieren.

2.4.3 Feedback als Führungsinstrument: strukturiert, wertschätzend, entwicklungsorientiert

In komplexen, dynamischen Arbeitswelten – wie dem Rettungsdienst – ist Feedback weit mehr als ein Kommunikationsmittel. Es ist ein zentrales Führungsinstrument, das Orientierung, Entwicklung und Zusammenhalt ermöglicht. Feedback ist Beziehungsgestaltung. Es entscheidet darüber, ob Menschen sich gesehen, gehört und wertgeschätzt fühlen – oder nicht.

Psychologische Grundlagen von Feedback

Feedback fördert persönliches Wachstum und Lernprozesse. Es macht Erwartungen, Wahrnehmungen und Bedürfnisse transparent, stärkt Beziehungen im Team durch gegenseitiges Vertrauen und unterstützt eine proaktive Fehler- und Dialogkultur.

Zugleich erfüllt Feedback mehrere psychologische Grundbedürfnisse:

- Anerkennung („Ich werde wahrgenommen.“)
- Sicherheit („Ich weiß, woran ich bin.“)
- Zugehörigkeit („Ich bin Teil eines Teams.“)

Gelingendes Feedback spricht diese Bedürfnisse an – misslingendes Feedback kann sie verletzen. Deshalb kommt es nicht nur auf Worte an, sondern auf Timing, Beziehung, Tonfall und Haltung.

Bewährte Feedbackmethoden
Wer Feedback als Führungsinstrument nutzen will, braucht Klarheit, Empathie und Handwerkszeug.

- **Die 3 W-Formel:**
  - Wahrnehmung („Mir ist aufgefallen …“),
  - Wirkung („Das hat zur Folge, dass …“),
  - Wunsch („Ich wünsche mir künftig …“)
- **Ich-Botschaften statt Du-Vorwürfen:** *„Ich habe wahrgenommen…“* statt *„Du hast immer …“*
- **Feedback zeitnah, konkret und im Dialog:**Nicht aufstauen oder pauschal kritisieren
- **Feedforward** (siehe Abschn. 2.4.2 und Beispielfragen)

Bewährte Feedbackformate

- **Kurzrunden im Team:** z. B. *„Was lief gut, was war herausfordernd?“* – 5-min-Check-in nach Schicht
- **Peer-Feedback:** Kollegiales Feedback untereinander, z. B. in Tandems oder nach Einsätzen
- **Feedback auf Probezeiten:** Regelmäßige Reflexionen statt einmaligem Gespräch nach sechs Monaten
- **Anonyme Blitzumfragen:** Kurze Onlineabfragen zu Stimmung, Führung oder Verbesserungsideen
- **Strukturierte Einzelgespräche:** Mit Leitfaden, z. B. für Feedback an Praxisanleiter, Teamleitungen etc.

► Nicht jede Methode passt zu jedem Team. Wichtig ist, dass das gewählte Format zur Kultur, zur Führungskraft und zum Anlass passt. Offenheit, Wertschätzung und Verlässlichkeit sind dabei wichtiger als Methode und Ablauf.

Feedbackkultur im Rettungsdienst – Besonderheiten
Im Rettungsdienst sind die Bedingungen für Feedback oft erschwert:

- wenig Zeit
- hohe Anspannung
- enge Zusammenarbeit auf engem Raum
- Hierarchien und Rollenerwartungen

Gerade deshalb braucht es eine **bewusste Entscheidung für Feedback als Kultur** – nicht nur als Technik. Es sollte selbstverständlich sein, nach Einsätzen gemeinsam zu reflektieren, Rückmeldungen bei Übergaben zu geben oder in Teamsitzungen offenes Feedback zu ermöglichen.

Führungskräfte haben hier eine Vorbildfunktion: Wer selbst Feedback offen annimmt, ermöglicht auch anderen, es zu geben. Wer Rückmeldung einfordert – nicht nur verteilt –, lebt Beziehung auf Augenhöhe.

Gleichzeitig gibt es verschiedene Arten von Feedback
- **Motivierendes Feedback** (Lob, Bestärkung)
- **Kritisches Feedback** (konstruktive Kritik, Reflexionsanstoß)
- **Entwicklungsorientiertes Feedback** (Feedforward)
- **Beziehungs-Feedback** (z. B. Rückmeldung zum Miteinander)

Beispielfragen für agile Feedforward-Gespräche

Ein zentrales Element agiler Entwicklungsgespräche ist der Einsatz von Feedforward-Fragen. Diese richten den Blick bewusst auf die Zukunft und ermöglichen es Mitarbeitenden, Ressourcen zu aktivieren und Entwicklungsimpulse zu setzen. Je nach Gesprächsanlass können unterschiedliche Fragen hilfreich sein:

Regelmäßige Entwicklungsgespräche
- Was möchtest du im nächsten Quartal dazulernen oder vertiefen?
- Welche Aufgabe würde dich fachlich oder persönlich weiterbringen?
- In welchen Situationen möchtest du künftig mehr Verantwortung übernehmen?
- Was brauchst du von mir, damit du dich sicherer in deiner Rolle fühlst?

Nach belastenden Einsätzen

- Was war in der Situation für dich besonders herausfordernd?
- Was würde dir helfen, beim nächsten Mal besser damit umzugehen?
- Gibt es etwas, das du dir für ähnliche Situationen künftig wünschst?

Nach dem Einstieg (z. B. bei neuen Leitungen, Themenverantwortlichen etc.)

- Wie möchtest du dich in den nächsten Wochen einbringen?
- Welche Abläufe möchtest du bald selbstständig übernehmen?
- Was wäre für dich ein guter nächster Entwicklungsschritt?
- Was fehlt dir aktuell noch, um dich sicher und angekommen zu fühlen?

Vor oder nach Teamveränderungen (z. B. neue Team-/Wachleitung, Umstrukturierung)

- Was ist dir im Team besonders wichtig, worauf sollen wir gemeinsam achten?
- Wo siehst du Chancen, dich künftig stärker einzubringen?
- Was erwartest du von mir als Leitung – gerade in dieser Phase?
- Was können wir als Team tun, damit du dich weiterhin wohlfühlst?

Zur Förderung von Eigenverantwortung

- Welche Aufgabe würdest du dir gerne selbstständig zutrauen?
- Was möchtest du gestalten oder verändern?
- Welche Idee möchtest du in die Praxis bringen – und was brauchst du dafür?
- Wer oder was könnte dir dabei helfen, das umzusetzen?

Exkurs Ausbildungssituation: Führen Sie das Feedforward ruhig als Ritual nach Einsätzen ein: *„Lass uns zum Abschluss jeder noch eine Idee teilen, was wir beim nächsten Mal besser oder anders machen können."* ◀

2.4.4 Fehlerkultur als Erfolgsfaktor: Umgang mit Fehlern, psychologische Sicherheit im Team

Eine moderne Fehlerkultur ist kein nettes Zusatzthema – sie ist ein zentraler Erfolgsfaktor für Lernen, Entwicklung und Vertrauen in Organisationen. Besonders im Rettungsdienst, wo Entscheidungen unter Zeitdruck getroffen und Risiken bewertet werden müssen, ist ein bewusster und professioneller Umgang mit Fehlern unverzichtbar.

Die Perspektive der Generation Z

Eine repräsentative Umfrage der Wirtschaftsjunioren Deutschland zeigt: Für fast ein Drittel der 15–25-Jährigen ist eine „**moderne und faire Fehlerkultur**" eines der wichtigsten Merkmale guter Führung (WJD, 2023; n = 1012 Befragte, bevölkerungsrepräsentativ). Das bedeutet: Wer auch künftig junge Menschen binden und führen möchte, muss sich mit der eigenen Fehlerkultur ernsthaft auseinandersetzen.

Ambivalente Realität in Organisationen

Dass Anspruch und Wirklichkeit nicht immer übereinstimmen, zeigt eine weitere Umfrage: In einer Studie unter 1920 Berufstätigen gaben 73 % an, bei Fehlern werde in ihrem Unternehmen gemeinsam nach Lösungen gesucht – aber fast 38 % erklärten gleichzeitig, dass Fehler eher vertuscht als angesprochen würden (Marketagent, 2019).

► Diese Zahlen laden zur Selbstreflexion ein: Wie offen wird in der eigenen Organisation mit Fehlern umgegangen? Wie werden Rückmeldungen gegeben – und angenommen? Und wie sicher fühlen sich Mitarbeitende, wenn sie Schwächen eingestehen?

Fehlerkultur als emotionale Erfahrung Pohr (2023, S. 135–136) beschreibt eindrücklich, wie tief Fehler mit emotionalen Mustern verbunden sind: Scham, Schuld und Reue sind häufige Begleiter – nicht nur bei offensichtlichen Fehlleistungen, sondern bereits bei dem Gedanken, sich sichtbar zu machen oder mit einer ungewohnten Idee hervorzutreten. Ihre Beobachtung: Viele Menschen halten sich zurück, nicht aus Desinteresse, sondern aus Angst, „etwas Falsches" zu sagen. Diese Angst lähmt. Sie behindert Innovation, Teamarbeit und Lernprozesse.

Besonders deutlich wird dies in Pohrs Beschreibung universitärer Seminare: Erst nach Wochen vertrauensvoller Atmosphäre beginnen Studierende, sich frei zu äußern. Eine offene Fehlerkultur braucht also nicht nur Aussagen wie „Hier darf man Fehler machen", sondern erlebte Sicherheit, empathische Reaktionen und klare Rollenmodelle – insbesondere aufseiten der Führungskräfte.

Was eine positive Fehlerkultur ausmacht
Niekerken (2023, S. 107–108) unterscheidet drei Arten von Fehlerkultur:

1. **Positive Fehlerkultur:** Fehler werden analysiert, nicht bestraft. Der Fokus liegt auf Lernen und Weiterentwicklung.
2. **Neutrale Fehlerkultur:** Fehler haben keine spürbaren Konsequenzen – weder sanktionierend noch entwicklungsfördernd.
3. **Negative Fehlerkultur:** Fehler werden vertuscht, geahndet oder mit Schuldzuweisungen beantwortet.

Lernen funktioniert über Versuch und Irrtum – **Trial and Error** (Niekerken, A., 2023 S. 106). Fehler sind Teil jedes Fortschritts. Trotzdem führt in vielen Organisationen ausgerechnet das Streben nach Fehlervermeidung zu mehr Fehlern: Aus Angst zu scheitern, werden Chancen nicht ergriffen, Ideen nicht geäußert, Risiken nicht benannt. Eine gesunde Fehlerkultur schafft Raum für genau diese Ambivalenz – ohne die Verantwortung auszublenden.

Führung und Fehlerkultur
Fehlerkultur ist Führungsaufgabe. Das bedeutet: Nicht nur über Fehler reden, sondern sie vorleben. Dazu gehört die Fähigkeit, eigene Fehlentscheidungen offen zu benennen – nicht dramatisierend, sondern sachlich und ehrlich.

Pohr (2023, S. 137) betont: **Wer sich als Führungskraft verletzlich zeigt, öffnet anderen die Tür, ebenfalls offen mit Fehlern umzugehen.** Das erzeugt Vertrauen. Gleichzeitig braucht es einen professionellen Umgang mit Emotionen wie Scham und Reue. Wer diese Gefühle durch Sprache, Empathie und Achtsamkeit enttabuisiert, stärkt die Resilienz der ganzen Organisation.

Niekerken (2023, S. 110) verweist zusätzlich auf Stressmechanismen im Gehirn: Fehler passieren – oder wirken – häufig unter hoher Anspannung. Stress blockiert rationale Entscheidungen und fördert Kurzschlussreaktionen.

► Führung bedeutet daher auch: erst reagieren, wenn der eigene Stresslevel gesunken ist. Eine „Runde um den Block", Abstand oder eine kurze Vertagung des Gesprächs können helfen, in die Handlungsfähigkeit zurückzukehren.

Zwei Praxisbeispiele aus dem Rettungsdienst

- **Fehlerhafte Dienstplanung:** Eine Wachleitung übersieht bei der Dienstplanung einen hinterlegten Freiwunsch. Der Plan wird veröffentlicht – die betroffene Person kann nicht tauschen und ist enttäuscht. Die Leitung gesteht den Fehler offen ein, entschuldigt sich und dokumentiert den Wunschprozess künftig anders. Trotz des Missgeschicks wird die offene Kommunikation als vertrauensfördernd erlebt.
- **Fast-Medikationsfehler im Einsatz:** Ein Rettungssanitäter zieht ein Medikament auf, verdünnt es aber versehentlich im falschen Verhältnis. Der Notfallsanitäter bemerkt es vor der Verabreichung und korrigiert die Situation ruhig und kollegial. Später sprechen beide gemeinsam über den Vorfall. Es entsteht kein Vorwurf – sondern Lernen.◄

Reflexion und Entwicklung im Team

Basierend auf Pohr (2023, S. 139–140) und weiteren Impulsen bietet sich eine regelmäßige, strukturierte Reflexion zur gelebten Fehlerkultur an. Dabei helfen Fragen wie:

Individuelle Fehlerkultur

- Wie gehe ich mit eigenen Fehlern um?
- Kann ich mir Fehler selbst verzeihen?
- Welche Muster habe ich von früher übernommen?

Fehlerkultur im Team

- Wie reagieren wir im Team, wenn jemand einen Fehler macht?
- Gibt es Formate, in denen offen darüber gesprochen wird?
- Fühlen sich alle gleichermaßen sicher, Fehler zuzugeben?

Wege zur Etablierung einer positiven Fehlerkultur im Rettungsdienst

Fehlerkultur entsteht nicht von heute auf morgen – sie ist ein langfristiger Prozess, der Haltung, Strukturen und Routinen erfordert. Folgende Schritte haben sich in der Praxis bewährt:

1. **Mit kleinen Schritten beginnen:** Eine offene Fehlerkultur braucht keinen großen Umbruch. Oft reicht es, im Alltag kleine Formate einzuführen:
   - kurze Nachbesprechungen nach Einsätzen *(„Was war gut? Was lernen wir?")*
   - Fehler oder Beinahefehler aktiv ansprechen – ohne Schuldzuweisung
   - kleine „Lernfenster" in Teamsitzungen integrieren

▶ **Fuck-up-Runden etablieren**
In einem sicheren Rahmen erzählen Führungskräfte oder Teammitglieder bewusst von einem Fehler – mit dem Fokus auf das, was sie daraus gelernt haben. Diese kurzen, persönlichen Beiträge entstigmatisieren Fehler, fördern Vertrauen und machen Mut zur Offenheit. Besonders kraftvoll wirken solche Runden, wenn sie mit einem Augenzwinkern und einer Prise Selbstironie verbunden sind – z. B. als fester Punkt bei Monatsbesprechungen oder Teamtagen.

Hinweis: Der Begriff „Fuck-up-Runde" ist geläufig, aber je nach Organisationskultur kann auch ein neutralerer Begriff gewählt werden – z. B. *„Lernmoment-Runde"*, *„Ausrutscher mit Erkenntnis"* oder *„Team-Echtzeit"*.

2. **Als Führungskraft Vorbild sein:** Die wichtigste Botschaft ist nicht: *„Ihr dürft Fehler machen"*, sondern: *„Auch ich mache Fehler – und gehe offen damit um."* Das signalisiert Sicherheit und reduziert Druck. Besonders wichtig: bei eigenen Fehlern die Reaktion des Teams positiv verstärken (*„Danke, dass du's gesagt hast"* statt *„Wie konnte das passieren?"*).
3. **Strukturen schaffen:** Fehlerkultur braucht klare Rahmenbedingungen:
   - Eine definierte Ansprechperson bei kritischen Ereignissen
   - Niedrigschwellige Meldewege (auch anonym möglich)
   - Verzicht auf disziplinarische Konsequenzen bei „ehrlichen" Fehlern
   - Integration in QM-Prozesse, Teambesprechungen, Einarbeitungsphasen
3. **Sprache und Fragen verändern:** Sprache prägt Kultur. Statt:
   - „Warum hast du das gemacht?"
   - besser: „Was können wir daraus lernen?" „Wie gehen wir beim nächsten Mal vor?"
   - Diese Art der Sprache lenkt die Aufmerksamkeit weg von Schuld – hin zur Lösung.
4. **Erfolge sichtbar machen:** Wenn aus einem Fehler eine Verbesserung entsteht – sichtbar machen! Ob neue SOP, optimierte Kommunikation oder eine kleine Änderung im Ablauf: Jeder Schritt zählt. Eine positive Fehlerkultur wächst mit jedem Lernerfolg.

2.5 Selbstführung: Resilienz und Stressbewältigung im Führungsalltag

Führung im Rettungsdienst bedeutet nicht nur, Verantwortung für andere zu übernehmen, sondern auch für sich selbst. In einem Berufsfeld, das von Zeitdruck, hoher Einsatzdichte, belastenden Situationen und organisatorischer Komplexität geprägt ist, stößt Selbstführung schnell an Grenzen. Gerade Leitungskräfte, die zwischen strategischen Anforderungen und operativem Alltag stehen, sind häufig mehrfach belastet – durch die Anforderungen der Organisation, des Teams und durch die Ansprüche an sich selbst.

Selbstführung ist unter diesen Bedingungen kein Wohlfühlthema, sondern eine notwendige Voraussetzung für langfristige Gesundheit, Handlungsfähigkeit und Führungswirksamkeit. Wer selbst ständig überlastet ist, kann schwer Orientierung geben, fördern oder Sicherheit ausstrahlen. Umso wichtiger ist es, die eigenen Belastungen zu kennen, wirksame Strategien der Stressbewältigung zu entwickeln und Resilienz als Fähigkeit aktiv zu stärken.

Der folgende Abschnitt zeigt typische Stressoren im Führungsalltag des Rettungsdienstes auf und bietet praxisnahe Impulse zur Entwicklung einer gesunden, reflektierten Selbstführung. Dabei werden auch wissenschaftlich fundierte Stressmodelle und konkrete Interventionsansätze berücksichtigt, wie sie in aktuellen Fachveröffentlichungen beschrieben werden (z. B. Hiller, L. et al., 2025).

2.5.1 Typische Stressoren für Leitungskräfte im Rettungsdienst

Die Belastungen im Rettungsdienst sind vielfältig – und sie treffen Führungskräfte oft in einer besonderen Doppelrolle: Einerseits tragen sie Verantwortung für Abläufe, Qualität und Mitarbeitende, andererseits sind sie oft weiterhin im operativen Einsatz gebunden und erleben dieselben emotionalen, physischen und organisatorischen Stressfaktoren wie ihr Team.

Häufig zeigen sich drei zentrale Kategorien von Belastungsfaktoren (Hiller, L. et al., 2025):

Körperliche Belastungen

- unregelmäßige Arbeitszeiten, Nachtdienste und Schichtsysteme
- chronischer Schlafmangel und daraus resultierende Erschöpfung
- physische Anforderungen beim Tragen schwerer Patienten und von Material, Reanimationen oder längeren Einsätzen

- mangelnde Regenerationszeiten, auch aufgrund personeller Engpässe

Emotionale Belastungen

- Konfrontation mit Tod, Leid, Gewalterfahrung oder schweren Unfällen
- emotionale Ansteckung durch belastete Kolleginnen und Kollegen
- „Moral Injury": das Gefühl, ethisch nicht richtig handeln zu können (z. B. durch systemische Grenzen, Ressourcenmangel oder widersprüchliche Erwartungen)
- fehlende Entlastung oder Anerkennung im Führungskontext

Organisatorische Belastungen

- Doppelbelastung durch operative Einsätze und administrative Aufgaben
- ständige Erreichbarkeit, auch außerhalb regulärer Arbeitszeiten
- unklare Zuständigkeiten und Schnittstellenprobleme
- konflikthafte Personalführung (z. B. bei Fehlverhalten, Konflikten, Ausfällen)
- Verantwortungsdiffusion und Entscheidungsdruck in komplexen Situationen

Diese Stressoren wirken häufig nicht isoliert, sondern kumulieren – insbesondere, wenn kurzfristige Ausfälle, politische Anforderungen oder strukturelle Unterbesetzung hinzukommen. Führungskräfte und Mitarbeitende im Rettungsdienst sind damit häufig einem hohen Maß an chronischem Stress ausgesetzt, das langfristig zu Erschöpfung, Zynismus oder Rückzug führen kann.

2.5.2 Eigene Grenzen erkennen, Prioritäten setzen

In einem Berufsalltag, der durch ständige Einsatzbereitschaft, hohe Verantwortung und organisatorische Anforderungen geprägt ist, verschwimmen Grenzen schnell – besonders für Führungskräfte. Viele berichten, dass sie „immer erreichbar", „ständig gebraucht" oder „nie ganz raus" seien. Die Folgen sind nicht nur Überlastung und Erschöpfung, sondern auch ein schleichender Verlust an Klarheit und Führungskraft.

Gerade in leitender Funktion gilt: **Wer keine Grenzen kennt, kann auch keine Orientierung geben.**

Warum Grenzarbeit Führungskompetenz ist: Eigene Grenzen zu erkennen und zu setzen, ist keine Schwäche – es ist ein Ausdruck von professioneller Selbstführung. Grenzen ermöglichen:

- realistische Einschätzung der eigenen Ressourcen
- Schutz vor Überforderung durch Fremdansprüche
- Vorbildfunktion für gesunde Selbststeuerung im Team
- Konzentration auf das Wesentliche, statt reaktives Abarbeiten

Grenzarbeit beginnt mit Reflexion:
- Was sind meine Belastungsschwellen?
- Woran merke ich, dass ich über meine Grenzen gehe?
- In welchen Situationen sage ich „Ja", obwohl ich „Nein" denke?

Priorisieren statt funktionieren
Es ist nicht alles gleich wichtig – auch wenn es oft so erscheint. Führung bedeutet, unterscheiden zu können zwischen:

- Dringlich vs. wichtig
- Reaktiv vs. strategisch
- Fremdbestimmt vs. selbst gesteuert

Hilfreich sind Werkzeuge wie die *Eisenhower-Matrix* oder das bewusste Festlegen täglicher *„Top 3"-Prioritäten.* Auch *Check-ins am Wochenbeginn* („Was ist diese Woche wirklich entscheidend?") oder tägliche Mini-Routinen („Was lasse ich heute bewusst liegen?") helfen, sich nicht im Operativen zu verlieren. Diese Inhalte werden intensiv in Kap. 4 behandelt.

► **Praxisimpuls: Mikropausen & persönliche Stoppschilder**
Führungskräfte, die ihre Grenzen nicht mehr spüren, verlieren langfristig Zugang zu sich selbst – und zu ihrer Wirkung. Hilfreich sind kleine, feste Routinen:

- eine feste Mittagspause, ohne Telefon
- eine bewusst gesetzte Feierabendzeit, auch wenn das Smartphone klingelt
- das Recht auf Nachdenkzeit bei schwierigen Entscheidungen („Ich gebe dir morgen eine Rückmeldung.")
- regelmäßige Reflexionsfragen: „Was hat mich heute erschöpft?" – „Wofür war ich dankbar?"

2.5.3 Resilienz entwickeln: Selbstreflexion, Achtsamkeit, Strategien

Resilienz stammt von Lat.: resiliere ab und bedeutet abprallen, nicht anhaften. Resilienz beschreibt die Fähigkeit, mit Herausforderungen, Krisen und Belastungen konstruktiv umzugehen – ohne daran zu zerbrechen. Für Führungskräfte im Rettungsdienst ist diese Fähigkeit zentral: Sie erleben Stress auf mehreren Ebenen gleichzeitig – organisatorisch, emotional und körperlich. Resilienz ist dabei keine angeborene Eigenschaft, sondern eine entwickelbare Kompetenz.

Was Resilienz im Führungskontext bedeutet

Resilienz heißt nicht, „alles auszuhalten" oder „sich nichts anmerken zu lassen". Im Gegenteil: Resiliente Menschen sind in der Lage,

- Belastungen wahrzunehmen und einzuordnen,
- ihre Reaktionen bewusst zu steuern,
- und aus Herausforderungen Lernprozesse zu gestalten.

Resiliente Führung zeigt sich nicht im Vermeiden von Stress, sondern im reflektierten Umgang mit ihm – auch unter Druck.

Sieben Bausteine der Resilienz

- **Selbstwahrnehmung** – Was fühle ich, was brauche ich?
- **Selbstwirksamkeit** – Ich kann etwas verändern.
- **Selbstregulation** – Ich finde zurück ins Gleichgewicht.
- **Soziale Unterstützung** – Ich bin nicht allein.
- **Optimismus** – Ich glaube an eine Lösung.
- **Zukunftsplanung** – Ich habe Perspektiven.
- **Akzeptanz** – Ich kann nicht alles kontrollieren.

Diese Faktoren lassen sich trainieren – nicht in Form starrer Programme, sondern über alltägliche Routinen, Haltungsarbeit und bewusste Reflexion (Rönnau-Böse, M. & Fröhlich-Gildhoff, K., 2012).

Achtsamkeit ist ein zentraler Bestandteil resilienter Selbstführung. Sie bedeutet, das wahrzunehmen, was ist – ohne sofort zu bewerten oder automatisch zu reagieren. Achtsamkeit bietet einen Gegenpol: einen inneren Anker im Außenstress.

Praktische Formen sind:

- **Atempausen** (3 tiefe Atemzüge vor dem nächsten Termin)
- **Mini-Momente der Gegenwärtigkeit** (z. B. bewusst einen Kaffee trinken, ohne Handy)
- **Reflexionsfragen am Tagesende**
  - Was war heute herausfordernd?
  - Was hat mir Kraft gegeben?
  - Worauf bin ich stolz?

Strategien im Führungskontext
Basierend auf Hiller, Heinz & Pietsch (2025) haben sich im Rettungsdienst folgende resilienzfördernde Maßnahmen für Führungskräfte bewährt:

- **Peer-Support:** kollegiale Begleitung nach belastenden Situationen, auch unter Führungskräften.
- **Supervision/Coaching:** Raum für Reflexion, Konflikte und Entwicklung
- **Klare Kommunikationsstrukturen:** Entlastung durch Transparenz und Zuständigkeiten
- **Auszeiten mit Sinn:** bewusst geplante Erholungsphasen, nicht nur Urlaub „zwischen den Einsätzen"
- **Teamkultur stärken:** wertschätzende Kommunikation, gemeinsame Rituale, echtes Zuhören

2.5.4 Gesunde Selbststeuerung und Vorbildfunktion im Team

Selbstführung endet nicht bei der eigenen Gesundheit – sie wirkt in den Arbeitsalltag hinein. **Führungskräfte prägen nicht nur durch Anweisungen, sondern durch ihr Verhalten,** ihren Umgang mit Druck und ihren Einsatz von Ressourcen. Wer selbst permanent unter Spannung steht, sendet an das Team eine klare, wenn auch oft unbeabsichtigte Botschaft: *„Belastung ist normal – und Erholung Schwäche."*

Dabei gilt das Gegenteil: Gerade im Rettungsdienst ist es entscheidend, dass Leitungskräfte mit gutem Beispiel vorangehen und gesunde Selbststeuerung sichtbar leben.

Was Selbststeuerung im Führungsalltag bedeutet:

- Arbeit strukturieren statt reaktiv „alles machen"
- Emotionen wahrnehmen und einordnen, nicht unterdrücken

- Prioritäten setzen und auch „Nein“ sagen können
- Reflexionsräume aktiv suchen, nicht nur „funktionieren“
- Erholung integrieren, bevor sie erzwungen wird

Diese Haltungen lassen sich im Alltag oft durch kleine Signale zeigen: Eine klar formulierte Pause, das bewusste Vertagen eines Gesprächs unter Stress oder der Satz *„Ich denke eine Nacht darüber nach“* sind einfache, aber wirksame Führungszeichen.

Führung ist immer auch Vorbild
Mitarbeitende orientieren sich an ihren Vorgesetzten – nicht nur fachlich, sondern auch emotional. Wer als Führungskraft:

- offen mit eigenen Grenzen umgeht,
- um Unterstützung bittet, wenn es nötig ist,
- sich Raum für Erholung nimmt,
- oder nach Einsätzen reflektierend vorgeht,

… sendet ein starkes Signal: Gesunde Führung ist erlaubt – und erwünscht.

2.6 Die ersten 90 Tage als Führungskraft

In den ersten Wochen ist es entscheidend, die neue Rolle als Führungskraft im Rettungsdienst bewusst einzunehmen. Dies bedeutet, sich mit den bestehenden Strukturen, Abläufen und dem Team vertraut zu machen. Ein offenes Ohr für die Anliegen der Mitarbeitenden und das Beobachten von Arbeitsprozessen helfen, ein umfassendes Bild der aktuellen Situation zu gewinnen.

Beziehungsgestaltung und Vertrauensaufbau im Team Der Aufbau von Vertrauen ist ein zentraler Aspekt erfolgreicher Führung. Durch transparente Kommunikation, das Einhalten von Zusagen und das Zeigen von Wertschätzung gegenüber den Mitarbeitenden wird eine solide Basis für die Zusammenarbeit geschaffen. Regelmäßige Gespräche und Feedbackrunden fördern das gegenseitige Verständnis und stärken die Teamdynamik.

Erste Entscheidungen, Quick Wins und Kommunikation Frühe Erfolge, sogenannte **„Quick Wins“**, können das Vertrauen in die neue Führungskraft stärken.

Dies könnten beispielsweise die Optimierung von Dienstplänen oder die Einführung kleiner Verbesserungen im Arbeitsalltag sein. **Wichtig ist, diese Erfolge klar zu kommunizieren und die Mitarbeitenden in die Prozesse einzubeziehen.**

Typische Fehler vermeiden, langfristig denken Zu den häufigsten Fehlern in den ersten 90 Tagen zählen überhastete Entscheidungen ohne ausreichende Informationsgrundlage und das Vernachlässigen der Beziehungspflege im Team. Ein langfristiger Erfolg als Führungskraft im Rettungsdienst erfordert Geduld, kontinuierliche Reflexion und die Bereitschaft, aus Erfahrungen zu lernen.

Checkliste für den perfekten Einstieg und Wechsel in den ersten 90 Tagen Die ersten 90 Tage in einer neuen Führungsposition sind prägend – nicht nur für neue Führungskräfte, sondern auch für das Team. Die folgenden Handlungsempfehlungen bieten eine praxisnahe Orientierung, wie dieser Zeitraum strukturiert und reflektiert gestaltet werden kann. Sie lassen sich individuell anpassen – unabhängig davon, ob es sich um den Einstieg in eine Führungsrolle, einen Wechsel der Wachleitung oder einen Wechsel innerhalb des Führungssystems handelt. Auch erfahrene Leitungskräfte können diese Checkliste nutzen, um eigene Routinen zu reflektieren oder neue Impulse zu gewinnen.

Vorab noch ein Praxistipp zum ersten Vorstellen mittels eines Elevator Pitch. Der Begriff „Elevator Pitch" stammt ursprünglich aus dem wirtschaftlichen Kontext und beschreibt eine kurze, prägnante Selbstpräsentation – so überzeugend, dass sie in der Zeit einer Aufzugsfahrt (Engl. Elevator) – in den Hochhäusern der USA also rund 60–90 s – Wirkung entfaltet. Im Führungskontext lässt sich diese Technik hervorragend nutzen, um bei der ersten Begegnung mit dem Team Klarheit, Orientierung und Haltung zu vermitteln.

Der Pitch sollte folgende Punkte in einfacher Sprache enthalten:

- Wer bin ich – beruflich und persönlich?
- Wie verstehe ich meine neue Rolle?
- Was können die Mitarbeitenden von mir erwarten?
- Was wünsche ich mir für die Zusammenarbeit?

Optional kann eine persönliche Note oder ein Leitsatz ergänzt werden, der in Erinnerung bleibt.

▶ **Praxistipp: Elevator Pitch für die erste Vorstellung im neuen Team**
Wer bin ich – beruflich und persönlich?

(z. B. „Ich war die letzten fünf Jahre als Notfallsanitäter tätig, zuletzt in der Funktion der stellvertretenden Wachleitung. Privat lebe ich mit meiner Familie in …").

Wie verstehe ich meine neue Rolle?
(z. B. „Ich möchte klare Strukturen schaffen, offen kommunizieren und Verantwortung im Team stärken.")

Was können die Mitarbeitenden von mir erwarten?
(z. B. „Ich höre zu, gebe ehrliches Feedback – und stehe für eine Fehlerkultur, in der wir gemeinsam besser werden.")

Was erwarte ich vom Team?
(z. B. „Ich wünsche mir Offenheit, gegenseitige Unterstützung und dass wir gemeinsam gestalten.").

Optional: eine persönliche Note oder etwas, das hängen bleibt – z. B. ein persönlicher Leitsatz oder ein humorvoller Bezug („Ich trinke schwarzen Kaffee, stehe auf klare Worte – und mag strukturierte Übergaben.")

Die Erstellung eines Elevator Pitches ist dabei nicht nur eine Vorbereitung auf die Vorstellungssituation, sondern auch eine hilfreiche Übung zur Selbstklärung: Wer bin ich als Führungskraft? Was ist mir wichtig? Wie möchte ich wirken? Die bewusste Auseinandersetzung mit diesen Fragen schärft das eigene Führungsverständnis – und schafft innere Klarheit, die sich nach außen überträgt.

Hinweis: Auch in Kap. 4 (Zeitmanagement) begegnet uns der Elevator Pitch erneut – dann im Zusammenhang mit der Frage, wie man sich im Alltag besser gegen ständige Unterbrechungen abgrenzt und klare Kommunikationsfenster etabliert („*Hast du mal fünf Minuten?*").

► **Checkliste: Die ersten 90 Tage**
Woche 1–2: Orientierung und Auftreten

- Persönlich vorstellen – intern und extern:
  - Im Team: persönlich, transparent, auf Augenhöhe
  - Bei Funktionsträgern: Bereichsleitung, ärztliche Leitung, Betriebsrat, benachbarte Wachen
  - Bei externen Partnern: Klinik-Kontakte, Hausmeisterei, Verwaltung

- Eigene Rolle, Werte und Führungsverständnis darstellen (z. B. in der Vorstellungsrunde):
  - Wie interpretiere ich meine neue Rolle?
  - Was wird sich zunächst nicht ändern?
  - Wie möchte ich führen – und was können die Mitarbeitenden von mir erwarten?
- Überblick über die Organisationsstruktur:
  - Wer übernimmt welche Aufgaben im Tagesbetrieb?
  - Welche Entscheidungswege sind formell – welche informell?
- Arbeitsplatz einrichten:
  - Zugriff auf relevante Dokumente, SOPs, Pläne
  - E-Mail-Signatur, digitale Ablagestruktur, Kalenderführung
  - Klare Kommunikationswege etablieren (z. B. Teamgruppen, Protokollablage)

Woche 3–6: Zuhören, analysieren, Vertrauen aufbauen

- Einzelgespräche mit Mitarbeitenden führen:
  - Wie geht es dir aktuell im Team?
  - Was läuft gut, was wünschst du dir?
  - Was brauchst du für deine Arbeit?
- Analyse der Teamstruktur:
  - Gibt es etablierte Rituale, unausgesprochene Regeln?
  - Wer sind formelle und informelle Meinungsführer?
- Einführung kleiner vertrauensbildender Maßnahmen:
  - Kaffeegespräche, zu Feedback einladen
- „Quick Wins" identifizieren:
  - Gibt es kleine, leicht umsetzbare Veränderungen mit großer Wirkung?
  - Welche Wünsche oder Missstände lassen sich schnell adressieren?
- Selbstbeobachtung dokumentieren:
  - Was fällt auf? Welche Muster wiederholen sich? Welche Konflikte sind spürbar?

Woche 7–12: Struktur geben und Richtung entwickeln

- Bestehende Prozesse überprüfen:
  - Wie läuft die Dienstplanung? Gibt es strukturelle Probleme oder Unzufriedenheit?

  - Welche Herausforderungen gibt es bei Materialbestellung, Übergaben, Kommunikation?
- Verbindlichkeit etablieren:
  - Aufgaben und Zuständigkeiten klar benennen
  - Rückmeldeschleifen einführen: „Wer macht was bis wann – und wie überprüfen wir?"
- Erste strategische Impulse setzen:
  - Gemeinsame Werte oder Zielbilder im Team thematisieren
  - Beteiligung ermöglichen: Mitarbeitende für Themen verantwortlich machen (z. B. Material, Hygiene, Azubi-Onboarding)
- Feedbackroutinen einführen:
  - Kurze Feedbackrunden nach Schichten oder bei Besprechungen
  - Persönliche Feedbackgespräche als Führungsinstrument nutzen

Sonderthemen frühzeitig klären

- Erwartungen der Bereichsleitung und ggf. des Trägers
- Bestehende Konflikte oder akute Themen, die übernommen werden müssen
- Einarbeitung neuer Kolleginnen und Kollegen oder Auszubildender
- Eigene Ressourcen im Blick behalten: Delegation und Priorisierung prüfen

Persönliche Reflexion

- Welche Begegnungen und Rückmeldungen haben mich besonders beschäftigt?
- Was habe ich über mich selbst als Führungskraft gelernt?
- Wo bin ich ins Handeln gekommen – wo habe ich gezögert?
- Welche ersten Erfolge habe ich erreicht?
- Was nehme ich mir für den nächsten Monat konkret vor?

Diese strukturierte Annäherung an die neue Führungsrolle stärkt Orientierung, Sicherheit und Vertrauen – für alle Beteiligten. Die Checkliste versteht sich nicht als starres Raster, sondern als praxisnahe Begleitung für eine starke und reflektierte Führungsarbeit im Rettungsdienst.

Literatur

Franken, S. (2019). *Verhaltensorientierte Führung. Handeln, Lernen und Diversity in Unternehmen.* Springer Gabler.

Giles, S. (2016). Leadership. The most important leadership competencies, according to leaders around the world. Harvard Business Review. https://hbr.org/2016/03/the-most-importantleadership-competencies-according-to-leaders-around-the-world Zugegriffen: 15. Febr. 2025.

Helmold, M. (2021). *New Work, transformational and virtual leadership. Lessons from COVID-19 and other crises.* Springer Cham.

Helmold, M. (2022). *Leadership. Agile, virtuelle und globale Führungskonzepte in Zeiten von neuen Megatrends.* Springer Gabler. https://doi.org/10.1007/978-3-658-36364-2.

Herget, J., & Strobl, H. (2024). *Unternehmenskultur als Strategie. Eine Orientierung für Führungskräfte.* Springer Gabler.

Hersey, P. & Blanchard, K. H. (1982). *Management of organizational behavior. Utilizing Human Resources* (4. Aufl.). Prentice-Hall.

Hiller, L., Heinz, A., & Pietsch, M. (2025). Herausforderungen und Interventionen im Rettungsdienst. *Notfall Rettungsmed.* https://doi.org/10.1007/s10049-025-01518-3.

Johansen, B.-C. P. (1990). *Situational leadership: A reviews of the research.* In: Human Resource Development Quarterly. Vol. 1, No. 1. S. 73–85. https://doi.org/10.1002/hrdq.3920010109

Kaiser, D. (2023). *Generationendivers führen.* Stuttgart: Schäffer-Poeschel.

Kutz, A. (2023). *Systemik für ganzheitliche Resilienz im permanenten Wandel der agilen VUCA/BANI-Welt. Wieso der systemische Ansatz so heil- und wirksam ist für die nötigen Anpassungen in der digitale VUCA/BANI- und KI-Welt.* Springer-Gabler.

Lewin, K., Lippit, R., & White, R. K. (1939). Patterns of aggressive behaviour in experimentally created social climates. *Journal of Social Psychology, 10*, 271–301. https://doi.org/10.1080/00224545.1939.9713366.

Marketagent. (2019). Inwieweit stimmen Sie folgenden Aussagen zum Umgang mit Fehlern in Ihrem Unternehmen zu? In Statista. https://de.statista.com/statistik/daten/studie/1067554/umfrage/fehlerkultur-in-unternehmen-in-oesterreich/. Zugegriffen: 17. Apr. 2025.

Meyer, F., & Becker, R. (2024). *FANOMICS – Mitarbeiter zu Fans machen. Wie Sie von der Ökonomie des Fan-Prinzips profitieren.* Springer Gabler.

Niekerken, A. (2023). *Das Natural-Leadership-Prinzip. Mit bewusster Selbstführung zur Führungspersönlichkeit.* Springer Gabler. https://doi.org/10.1007/978-3-658-40931-9.

Pohr, N. (2023). *Warum Achtsamkeit? Coachingimpulse zur (Selbst-)Führung.* Springer. https://doi.org/10.1007/978-3-658-42140-3.

Rönnau-Böse, M. & Fröhlich-Gildhoff, K. (2012). Das Konzept der Resilienz und Resilienzförderung. In Klaus Fröhlich-Gildhoff, Jutta Becker & Sibylle Fischer (Hrsg.), *Gestärkt von Anfang an. Resilienzförderung in der Kita* (S. 9–29). Beltz.

Rybnikova, I., & Lang, R. (2021). *Aktuelle Führungstheorien und -konzepte* (2. Aufl.). Springer Gabler.

Staehle, W. H., Conrad, P., & Sydow, J. (1999). *Management* (8. Aufl.). Vahlen.
Statistisches Bundesamt. (2024). Anzahl der Einwohner in Deutschland nach Generationen am 31. Dezember 2023 (in Millionen). In Statista. https://de.statista.com/statistik/daten/studie/1130193/umfrage/bevoelkerung-in-deutschland-nach-generationen/. Zugegriffen: 11. Febr. 2025.
WJD. (2023). Was ist Dir bei Führungskräften und Vorgesetzten im beruflichen Kontext besonders wichtig? In Statista. https://de.statista.com/statistik/daten/studie/1453822/umfrage/gen-z-erwartungen-an-fuehrungskraefte/. Zugegriffen: 17. Apr. 2025.

3 Dienstplanung als Führungsinstrument

Zusammenfassung

Kap. 3 zeigt, warum Dienstplanung weit mehr ist als das Verteilen von Schichten. Im Rettungsdienst ist der Dienstplan ein zentrales Führungsinstrument – mit direkter Wirkung auf Motivation, Fairness und Mitarbeiterbindung. Das Kapitel beleuchtet praxisnah, wie gute Dienstplanung gelingt, wie Mitarbeitende sinnvoll beteiligt werden können und was sie als gerecht empfinden. Es zeigt typische Stolperfallen, gibt konkrete Gestaltungstipps und verdeutlicht, wie durchdachte Planung die Stimmung im Team, den Krankenstand und die Fluktuation positiv beeinflussen kann.

Sätze wie *„Der neue Dienstplan ist raus, da muss mein Hausarzt erstmal drübergucken“* oder *„Hast du gesehen, mit wem ich Sonntag fahre? Da habe ich gar keine Lust drauf. Da melde ich mich krank“* sind im Rettungsdienst keine Seltenheit – und sie sind mehr als bloße Floskeln. Sie verweisen auf tieferliegende Probleme: fehlende Beteiligung, empfundene Ungerechtigkeit oder strukturelle Überlastung. Solche Aussagen können ernsthafte Folgen haben – von Krankmeldungen über die kurzfristige Notbesetzung ganzer Schichten, Abmeldung von Fahrzeugen, bis hin zu chronischer Unzufriedenheit im Team. Besonders kritisch wird es, wenn beide Teammitglieder auf einem 24-h-RTW ähnlich denken – und eine komplette Besatzung plötzlich entfällt.

Der Dienstplan ist daher weit mehr als eine bloße Übersicht über Dienstzeiten. **Er ist ein zentrales Führungsinstrument – mit direkter Wirkung auf Motivation, Teamklima, Zufriedenheit und langfristige Bindung von Mitarbeitenden.**

D. Heine, *Leadership und Management im Rettungsdienst*,
https://doi.org/10.1007/978-3-662-71657-1_3

In kaum einem anderen Bereich zeigt sich so deutlich, wie gut Kommunikation, Beteiligung und Führungsverantwortung ineinandergreifen.

Was die Beurteilung klassischer Dienstplanverfahren im Rettungsdienst in einem zunehmend kritischen Licht erscheinen lässt, ist eine **zentrale Erkenntnis:**

> ▶ **Die bisher gängigen Planungsmethoden** – so bewährt sie lange Zeit im Einsatzdienst waren – **passen in vielen Fällen nicht mehr zu den heutigen Anforderungen.** Dabei haben sich die Rahmenbedingungen selbst häufig nur teilweise verändert. Was sich jedoch grundlegend gewandelt hat, sind die **Erwartungen und Ansprüche der Beteiligten:** Mitarbeitende fordern mehr Mitsprache, Flexibilität und individuelle Berücksichtigung. Gleichzeitig steigt der organisatorische Druck auf die Planung, beispielsweise durch Fachkräftemangel, Krankenstand oder kurzfristige Ausfälle.

Viele Dienstplanverantwortliche erleben diese Entwicklung als zunehmende Belastung: Der Aufwand für die Planung wächst – und trotzdem äußern Mitarbeitende häufiger Unzufriedenheit. Nicht selten entsteht der Eindruck, man könne es ohnehin niemandem recht machen. Die Arbeit an „gerechten" Plänen gerät zur **Quadratur des Kreises.** Dabei ist klar: Dienstplanung braucht neue Ansätze – abgestimmt auf die realen Belastungen im Rettungsdienst und auf die gewachsenen Erwartungen der Teams (Herrmann, L. & Woodruff, C., 2019, S. 3).

Dieses Kapitel beleuchtet die strategische und zwischenmenschliche Bedeutung von Dienstplanung im Rettungsdienst. Es geht dabei nicht um arbeitsrechtliche Rahmenbedingungen oder Planungssoftware, denn hierzu existiert bereits umfangreiche Literatur und klare Vorgaben durch Gesetzgebung und Tarifverträge. Vielmehr geht es um die Frage: Wie kann Dienstplanung so gestaltet werden, dass sie gerecht, motivierend und verbindend wirkt?

3.1 Bedeutung der Dienstplanung für Motivation und Bindung

Der Dienstplan ist der Taktgeber des Alltags im Rettungsdienst. Er entscheidet darüber, wann Menschen schlafen, Zeit mit Familie verbringen, Sport treiben, sich erholen oder soziale Kontakte pflegen können. Gerade in einem Schichtsystem mit Nacht- und Wochenenddiensten, Feiertagsarbeit und spontanen Einsätzen ist der Dienstplan daher nicht nur organisatorisches Werkzeug, sondern ein Faktor mit tiefgreifender Wirkung auf Lebensqualität, Gesundheit und persönliche Zufriedenheit.

Mitarbeitende im Rettungsdienst empfinden den Dienstplan häufig als „sichtbarstes Zeichen von Führung“. Dabei geht es nicht nur darum, ob Schichten fair verteilt sind, sondern auch darum, ob die persönliche Lebenssituation, gesundheitliche Einschränkungen oder besondere Belastungen gesehen und berücksichtigt werden.

Führungskräfte, die den Dienstplan als Führungsinstrument verstehen, nutzen ihn nicht nur zur Sicherstellung des Dienstbetriebs, sondern auch zur aktiven Gestaltung von Motivation und Bindung. Das bedeutet beispielsweise:

- Mitarbeitende nicht ausschließlich nach Verfügbarkeit, sondern auch nach individueller Belastbarkeit und Stärken einzuplanen,
- gerechte Rotation bei belastenden Diensten sicherzustellen
- Möglichkeiten der Mitgestaltung zu schaffen (z. B. durch Wunschdienste)
- und planbare Erholungsphasen aktiv zu ermöglichen.

Ein guter Dienstplan signalisiert: „Du wirst gesehen. Wir achten aufeinander.“ Dieses Gefühl fördert nicht nur die Motivation, sondern ist auch ein **zentraler Baustein der Mitarbeiterbindung** in einem Arbeitsfeld mit hoher Fluktuationsgefahr.

3.2 Beteiligung der Mitarbeitenden: Vom Wunschfrei zum Wunschdienstplan

Die Einbindung von Mitarbeitenden in die Dienstplanung ist ein wichtiger Schritt hin zu mehr Selbstbestimmung, Wertschätzung und Verantwortungsübernahme im Team. Je nach Größe und Struktur der Rettungswache sowie nach Organisationskultur gibt es unterschiedliche Modelle:

1. **Wunschfrei-Modell:** Mitarbeitende dürfen Wunschfreitage oder -zeiträume benennen. Die Führungskraft versucht, diese im Rahmen der Einsatzplanung zu berücksichtigen. Dieses Modell ist einfach umsetzbar, erfordert aber eine klare Kommunikation darüber, was möglich ist – und was nicht.

2. **Wunschdienstplan:** Hier planen die Mitarbeitenden aktiv ihre Dienste vor. Der Dienstplan wird vom Team erstellt – die Führungskraft prüft, ergänzt und gleicht ab. Dieses Modell erfordert eine gewisse Reife im Team, fördert jedoch Eigenverantwortung, Kooperation und Transparenz.
3. **Hybride Modelle:** Häufig haben sich Mischformen bewährt. Etwa: Mitarbeitende planen ihre Dienste für einen Kernzeitraum eigenverantwortlich, kritische Tage (z. B. Feiertage, Ferienzeiten) werden zentral koordiniert. Wichtig ist, dass Spielräume, Grenzen und Verfahrensregeln allen bekannt sind.

Ein zentrales Prinzip guter Dienstplanung lautet: Alle dienstplanbezogenen Wünsche und Anforderungen der Mitarbeitenden sollten dann berücksichtigt werden, wenn sie mit dem tatsächlichen Besetzungsbedarf und der vorhandenen Personalkapazität vereinbar sind. Dieser Grundsatz ist ebenso einfach wie essenziell – und bildet die Grundlage für eine Planung, die sowohl betrieblichen Anforderungen als auch den Bedürfnissen des Teams gerecht wird (Herrmann, L. & Woodruff, C., 2019, S. 165).

Varianten individueller Zeitwünsche und Einschränkungen

Individuelle Verfügbarkeiten der Mitarbeitenden beeinflussen die Dienstplanung maßgeblich. Je nach Art und Ursache lassen sich dabei vier unterschiedliche Kategorien zeitlicher Einschränkungen oder Wünsche unterscheiden (Herrmann, L. & Woodruff, C., 2019, S. 165–166):

1. **Akute persönliche Notfälle**
   Wenn Mitarbeitende kurzfristig durch schwerwiegende private Ereignisse – etwa einen Todesfall in der Familie, einen Wohnungsbrand oder eine medizinische Ausnahmesituation – betroffen sind, muss im Sinne kollegialer Fürsorge und Führungshaltung eine schnelle Lösung gefunden werden. In solchen Fällen sollte unbürokratisch reagiert werden, sei es durch Freistellung, verkürzte Schichtdauer oder eine rasche Umorganisation der Besetzung. Hierbei kann es in Ausnahmefällen auch notwendig sein, den regulären Besetzungsbedarf zu hinterfragen – immer vorausgesetzt, die Versorgungssicherheit bleibt gewährleistet.
2. **Rechtlich begründete Einschränkungen**
   Hierzu zählen z. B. Nachtarbeitsuntauglichkeiten, Atteste mit zeitlichen Vorgaben oder vertraglich fixierte Einschränkungen wie „nur Tagesdienste“. Solche Regelungen basieren in der Regel auf gesundheitlichen oder sozialen Gründen und müssen bei der Planung vorrangig berücksichtigt werden – sie sind rechtlich

bindend. Gleichzeitig sollte geprüft werden, ob und wann diese Einschränkungen entfallen können. Viele Situationen sind zeitlich befristet: Das Kind wird älter, eine Genesung tritt ein, Lebenssituationen ändern sich.

3. **Teilzeit und flexible Arbeitszeitmodelle**
   Dienstpläne müssen die Realität unterschiedlicher Arbeitszeitvolumina abbilden – von dauerhaft reduzierten Arbeitszeiten bis hin zu sogenannten Wahlarbeitszeiten, bei denen Beschäftigte je nach Lebensphase variieren („zeitweise aufstocken", „nach Elternzeit reduzieren", „später wieder erhöhen"). Gerade im Rettungsdienst wird dies durch den hohen Anteil an Teilzeitkräften zu einer planerischen Herausforderung. Die Dienstplanung muss hier durchlässig und anpassungsfähig sein.
4. **Persönliche Zeitwünsche und individuelle Präferenzen**
   Ob Wunsch nach freien Geburtstagen, keine Spätdienste am Dienstag oder monatlich planbare Wochenenden – immer mehr Mitarbeitende bringen persönliche Vorstellungen zur Verteilung ihrer Arbeitszeit mit. Diese Form individueller Zeitinteressen wird häufig unter dem Begriff „Work-Life-Balance" zusammengefasst. Für Dienstplanverantwortliche entsteht daraus die Aufgabe, nachvollziehbare Regeln für den Umgang mit sich überschneidenden Interessen zu entwickeln. Denn nicht alle Wünsche können gleichzeitig erfüllt werden – insbesondere dann, wenn sie mit denen anderer kollidieren. Deshalb sollte auch bei besonderen Arbeitszeitregelungen auf eine transparente, kollektiv abgestimmte Lösung gesetzt werden – statt auf stillschweigende Sonderabsprachen im Einzelvertrag. Letztere bergen das Risiko, Ungleichbehandlung zu verfestigen.

Erfolgsfaktoren partizipativer Planung

- klare Planungszyklen (z. B. X Wochen im Voraus)
- transparente Spielregeln für Wünsche und Tauschverfahren
- Kommunikation von Kriterien, warum bestimmte Wünsche nicht erfüllt werden konnten
- Reflexion: Was lief gut? Wo braucht es Korrektur?

Je mehr Beteiligung möglich ist, desto höher ist die Akzeptanz – selbst bei Belastung oder eingeschränkter Planbarkeit.

3.3 Wahrnehmung und Fairness: Was als gerecht empfunden wird

Fairness in der Dienstplanung bedeutet nicht immer Gleichverteilung – sondern Gleichwertigkeit. Es geht darum, unterschiedliche Lebensphasen, Belastungen und Bedürfnisse im Team zu berücksichtigen und nachvollziehbar zu planen. Ein junger Mitarbeitender ohne familiäre Verpflichtungen kann sich über freie Tage unter der Woche freuen – für eine alleinerziehende Kollegin ist ein freier Samstag vielleicht existenziell.

Mitarbeitende empfinden Dienstplanung als fair, wenn

- Entscheidungen nachvollziehbar sind,
- alle nach den gleichen Regeln behandelt werden,
- kein/e Kolleg:in dauerhaft bevorzugt oder benachteiligt wird,
- eigene Wünsche gesehen werden – auch wenn sie nicht immer erfüllt werden können,
- und wenn sie ihre Perspektive in den Planungsprozess einbringen dürfen.

Ein weiterer zentraler Aspekt fairer Planung ist die **gerechte Verteilung von besonders attraktiven Diensten** – etwa NEF-Schichten, attraktive Standorte oder Feiertagsdienste mit Zulagen. Hier empfiehlt es sich, eine transparente Übersicht zu führen, aus der hervorgeht, wie viele solcher Dienste die jeweiligen Mitarbeitenden innerhalb eines definierten Zeitraums (z. B. Quartal oder Kalenderjahr) übernommen haben. Diese Übersicht kann direkt in die Dienstplanung integriert oder separat als Tabelle gepflegt werden.

Fehlt eine solche Transparenz, besteht die Gefahr, dass Mitarbeitende selbstständig Dienstpläne analysieren – mitunter fehlerhaft – und daraus Unmut oder Misstrauen entsteht.

Beispiel

Ein Beispiel aus der Praxis: Ein Mitarbeitender fühlte sich im aktuellen Monat benachteiligt, weil er zwei NEF-Dienste weniger hatte als Kolleg:innen. Er äußerte seinen Unmut gegenüber der Leitung und forderte mehr NEF-Dienst im nächsten Dienstplan – was ihm auch gewährt wurde.

Erst später stellte sich heraus, dass er im Gesamtjahresvergleich bereits deutlich mehr NEF-Schichten als andere erhalten hatte. Nun war er erneut überrepräsentiert – was wiederum andere Teammitglieder verärgerte. **Die Leitung wurde nun als inkonsequent und beeinflussbar wahrgenommen** – mit Folgen für das Vertrauen.◀

Zusätzlich ist im Rettungsdienst zu berücksichtigen, dass Mitarbeitende häufig viele Stunden auf engstem Raum miteinander verbringen – sei es auf dem Rettungsmittel oder in der Wache. In diesen Konstellationen ist nicht nur fachliche Kompetenz gefragt, sondern auch zwischenmenschliche Passung. Spannungen, Antipathien oder schwelende Konflikte können die Einsatzfähigkeit beeinträchtigen, die Stimmung drücken und im schlimmsten Fall zu Krankmeldungen führen – insbesondere, wenn zwei Personen einander meiden und gleichzeitig für eine gemeinsame Schicht auf einem Fahrzeug eingeplant werden.

▶ Ein vorausschauender Dienstplan erkennt solche Konstellationen – und nutzt im Gegenzug positive Dynamiken. Gut eingespielte Teams, die sich verstehen, aufeinander verlassen können und vielleicht sogar befreundet sind, freuen sich häufig auf gemeinsame Dienste. Es entstehen Routinen, kleine Rituale – man plant vielleicht das gemeinsame Essen oder organisiert eine Fahrgemeinschaft und ein gemeinsames Frühstück nach dem Nachtdienst. Diese Form der informellen Teamstärkung kann sich positiv auf die Motivation und die Krankheitsquote auswirken.

Natürlich ist ein Dienstplan kein Wunschkonzert, und nicht alle Wünsche lassen sich realisieren. **Dennoch: Wer als Leitung solche Aspekte bewusst einplant, nutzt den Dienstplan als wirksames Führungsinstrument.** Eine gute Stimmung im Team, geringere Ausfallquoten und niedrigere Fluktuation sind kein Zufall – sie sind das Ergebnis guter Planung mit Blick auf das Ganze.

Übertragbare Impulse aus der Pflege: Was andere Bereiche vormachen
Eine aktuelle Studie aus dem Bereich der Pflege (Hofer, C., Schmid, E., Renggli, F.J. et al., 2024) bestätigt in weiten Teilen, was sich auch im Rettungsdienst zunehmend zeigt: Dienstplanung ist längst mehr als bloße Einsatzsteuerung – sie ist ein zentrales Führungsinstrument. Die dort identifizierten vier Grundprinzipien lassen sich in wesentlichen Aspekten auch auf die Realität im Rettungsdienst übertragen:

1. **Planungssicherheit statt permanenter Flexibilität:** Mitarbeitende wünschen sich verlässliche Pläne, die nicht kurzfristig verändert werden. Gerade im

Schichtsystem des Rettungsdienstes ist Verlässlichkeit zentral für Gesundheit, Familienleben und Motivation.

2. **Beteiligung und Mitbestimmung:** Wer an der Dienstplanung mitwirken kann – etwa durch Wunschdienste oder Feedbackformate – identifiziert sich stärker mit dem Plan und erlebt weniger Frust bei Kompromissen.
3. **Lebensphasenorientierung:** Unterschiedliche Lebenssituationen (z. B. junge Eltern, pflegende Angehörige oder Mitarbeitende mit gesundheitlichen Einschränkungen) erfordern flexible, aber nachvollziehbare Planungsansätze – ohne die Gerechtigkeit im Team zu gefährden.
4. **Transparenz durch Teamübersichten („Teamcockpits"):** Übersichten, in denen z. B. alle Feiertagsdienste oder NEF-Schichten je Mitarbeitenden sichtbar sind, fördern Vertrauen und verhindern Fehlwahrnehmungen. Sie ermöglichen der Leitung eine bessere Steuerung – und stärken das Gefühl von Fairness im Team.

Wichtig für Führungskräfte

- Regelmäßige Reflexion: Stimmen Verteilungen über Monate hinweg?
- Wahrnehmung abgleichen: Welche Empfindungen gibt es im Team?
- Ausgewogene Besetzung: Wer ist wie oft auf welchen Funktionen?
- Kommunikationsstil: Werden auch „nein"-Entscheidungen transparent begründet?

Fairness in der Dienstplanung ist ein Prozess – kein Zustand. Sie erfordert Dialog, Verlässlichkeit und Führungsklarheit.

▶ **Beispiel: Gerechte Verteilung von Funktionen und Wachen**

In einem Rettungsdienst mit drei Standorten (städtisch, ländlich, hochfrequentiert) klagten einzelne Mitarbeitende über eine dauerhafte Zuteilung zu unbeliebten Wachen. Besonders der Standort mit hoher Einsatzdichte und schwieriger Erreichbarkeit wurde als „Abstellgleis" wahrgenommen. Die neue Wachleitung analysierte die Planungen der letzten sechs Monate und stellte fest: Es gab tatsächlich eine Überlastung bestimmter Kolleg:innen.

Daraufhin wurde ein transparentes Rotationssystem eingeführt:

- Jede:r Mitarbeitende durchläuft innerhalb von vier Wochen alle Standorte,
- Beliebte und unbeliebte Dienste werden fair verteilt,

- Dienstüberhänge (z. B. zusätzliche Fernverlegungen aus dem Frei) werden rollierend geplant.

Gleichzeitig wurde ein anonymes Rückmeldetool eingeführt, über das Wahrnehmungen zur Planung abgegeben werden konnten. **Ergebnis:** Höhere Zufriedenheit, bessere Ausgewogenheit und ein gestärktes Vertrauensverhältnis zwischen Team und Leitung.

3.4 Stolperfallen und typische Fehler in der Dienstplanung

Trotz guter Absicht, Beteiligung und Struktur kann es in der Dienstplanung zu Fehlern kommen – mit oft unterschätzten Folgen. Denn wie bereits beschrieben, wird kaum ein Thema im Arbeitsalltag so aufmerksam beobachtet, verglichen und kommentiert wie der Dienstplan. Schon kleine Unstimmigkeiten oder gefühlte Ungerechtigkeiten können Unzufriedenheit, Frust oder Spannungen im Team auslösen. Die häufigsten Probleme entstehen dabei nicht aus bösem Willen, sondern aus Intransparenz, mangelnder Kommunikation oder unbeabsichtigter Ungleichbehandlung.

Die folgenden Stolperfallen treten in vielen Organisationen wiederkehrend auf – und lassen sich mit klarer Planung, bewusster Reflexion und guter Kommunikation vermeiden.

- **Unklare Kriterien:** Warum wurde jemand an einem bestimmten Tag eingeplant – und nicht jemand anderes? Ohne Transparenz entsteht schnell Unmut.
- **Bevorzugung oder „Gewohnheitsplanung":** Wer gutmütig ist, landet häufiger im Spätdienst. Wer oft krank ist, wird „sicherheitshalber" geschont – mit Folgen fürs Teamgefühl.
- **Schlechte Erreichbarkeit oder fehlende Kommunikation:** Wenn Mitarbeitende keine Antwort auf Rückfragen zur Planung erhalten, sinkt die Akzeptanz deutlich.
- **Ungepflegte Tauschregelungen:** Wer spontan Dienste tauscht oder mehrfach kurzfristig ausfällt, sorgt für Chaos, wenn es keine klaren Regeln gibt.
- **Technische Hürden:** Wird die Software nicht bedienfreundlich gepflegt oder zu spät freigeschaltet, entstehen Frust und operative Schwierigkeiten.

Führung bedeutet hier: Klarheit schaffen, Prozesse definieren und den Dialog mit dem Team auf Augenhöhe gestalten.

▶ **Praxistipp: Dienstplan als Kommunikationstool nutzen**
Der Dienstplan ist wie beschrieben nicht nur ein Instrument zur Einteilung – sondern zur Führung. Wenn Sie Dienstplanung aktiv als Kommunikationsanlass nutzen, entstehen wertvolle Impulse für Transparenz, Beziehung und Entwicklung.

Konkret heißt das

- Dienstplan regelmäßig im Team besprechen – z. B. in kurzen Rückblicken: „Was lief gut? Was war schwierig?"
- Veränderungen oder neue Planungsprinzipien vorab erklären
- Mitarbeitende einladen, Verbesserungsvorschläge einzubringen
- bei Konflikten rund um Planung: moderierte Klärung statt stillen Ärgers

Frage für die nächste Besprechung: Wie erlebt Ihr die Dienstplanung aktuell – und was wäre ein Schritt in Richtung mehr Fairness oder Beteiligung?

Literatur

Herrmann, L., & Woodruff, C. (2019). *Dienstplanung im stationären Pflegedienst. Methoden, Tools und Fallbeispiele*. Springer Gabler. https://doi.org/10.1007/978-3-658-22581-0.

Hofer, C., Schmid, E., Renggli, F. J., et al. (2024). Gerechtigkeit in der Dienstplanung: Die Auswirkung auf die Arbeitszufriedenheit in der Pflege und die Sicht der Planungsverantwortlichen. *HBScience, 15,* 18–27. https://doi.org/10.1007/s16024-024-00403-2.

4 Zeitmanagement, Delegation und Effizienz

Zusammenfassung

Zeit ist eine zentrale Führungsressource. Kap. 4 zeigt, wie Leitungskräfte im Rettungsdienst ihre Zeit wirksam einsetzen können – trotz hoher Dynamik und vielfältiger Anforderungen. Vorgestellt werden praxistaugliche Methoden wie ALPEN, Eisenhower-Prinzip, Pareto und Low Hanging Fruits sowie konkrete Strategien gegen Zeitdiebe und Überforderung. Im Fokus steht auch das richtige Delegieren – als Entlastung für die Führungskraft und zur Förderung der Mitarbeitenden. Abschließend geht es um die effiziente Gestaltung von Besprechungen: klare Agenda, sinnvolle Teilnehmerwahl, gute Moderation und verbindliche Ergebnissicherung. So wird Zeit zum Führungsinstrument.

„Es ist nicht zu wenig Zeit, die wir haben, sondern es ist zu viel Zeit, die wir nicht nutzen." Seneca (2008)

Dieses Zitat des römischen Philosophen Seneca ist über 2000 Jahre alt – und dennoch aktueller denn je. Gerade im Führungskontext des Rettungsdienstes scheint es oft zu passen wie kaum ein anderes. Zeit ist ein begrenztes Gut. Doch viel häufiger als ein objektiver Mangel ist es der subjektive Eindruck, ständig getrieben zu sein, nicht mehr hinterherzukommen oder am Ende des Tages das eigentlich Wichtige nicht geschafft zu haben.

In meiner Arbeit als Coach und Berater für Leitungskräfte im Rettungsdienst begegnet mir dieses Thema regelmäßig. Viele Führungskräfte berichten, dass sie **ständig im Tagesgeschäft gebunden** sind, dass „Führung" sich zu oft in spontanen Gesprächen, Planannpassungen und dem Abarbeiten von E-Mails verliert.

D. Heine, *Leadership und Management im Rettungsdienst*,
https://doi.org/10.1007/978-3-662-71657-1_4

Zeit für das große Ganze – für strategische Planung, Mitarbeiterentwicklung oder Strukturverbesserung – bleibt häufig auf der Strecke. Nicht selten entsteht dadurch ein Gefühl der Überforderung oder der Unzufriedenheit mit der eigenen Wirksamkeit. Es bleibt das ungute Gefühl: „Ich habe den ganzen Tag gearbeitet – aber nichts geschafft."

Doch genau an dieser Stelle beginnt der Unterschied zwischen Verwaltung und Führung. Gute Führung braucht Zeit – nicht mehr Zeit, aber bewusst gestaltete Zeit. Es braucht Klarheit über Prioritäten, den Mut zur Abgrenzung, methodisches Handwerkszeug und den bewussten Umgang mit dem eigenen Energiehaushalt. Es braucht auch die Fähigkeit, Aufgaben abzugeben und Verantwortung zu teilen – und die Souveränität, freundlich aber bestimmt Nein sagen zu können.

Dieses Kapitel widmet sich daher folgenden Fragen:

- Wie entstehen Zeitfallen – und wie lassen sie sich vermeiden?
- Welche bewährten Methoden helfen bei der Strukturierung von Aufgaben?
- Wie gelingt Priorisierung im hektischen Führungsalltag?
- Was lässt sich delegieren – und wie?
- Wie führe ich Besprechungen effizient und nachhaltig durch?
- Und wie schaffe ich es, trotz permanenter Unterbrechung, fokussiert zu bleiben und auch Nein zu sagen?

Wer seine Zeit führen will, muss sich selbst führen. Dieses Kapitel zeigt, wie das im Rettungsdienst gelingen kann.

4.1 Zeitfallen im Führungsalltag

Die Hauptursache für eine unzureichende Organisation von Arbeitszeit liegt heute nicht allein in fehlenden Methoden oder mangelnder Disziplin, sondern vor allem in der zunehmenden Informationsflut, die unseren Alltag bestimmt. Immer mehr Informationen müssen in immer kürzeren Zeitspannen verarbeitet werden – parallel zu steigenden beruflichen Anforderungen (Hermanni, A.-J., 2022, S. 311; Allen, D., 2015).

Gerade im Rettungsdienst führt das zu chronischem Reaktionsdruck: E-Mails, Messenger-Nachrichten, spontane Personalthemen, Rückfragen aus dem Team – alles konkurriert gleichzeitig um Aufmerksamkeit. Die digitale Welt verstärkt diesen Druck zusätzlich: Businessnetzwerke, E-Mail, soziale Medien, interne Kommunikationskanäle. Jeder wird zum „Prosumenten", also zugleich Konsument und Produzent von Informationen. Permanente Erreichbarkeit wird zur

Normalität – mit erheblichen Folgen für Konzentration, Entscheidungsqualität und Effizienz.

Zeit war schon immer begrenzt. Heute scheint sie knapper denn je. Führungskräfte, die dauerhaft erfolgreich und handlungsfähig bleiben wollen, müssen lernen, ihr wertvolles Zeitkontingent aktiv zu steuern, Ablenkungen zu begrenzen – und sich gezielt Räume für Fokus, Reflexion und strategisches Denken zu schaffen. Denn am Ende zählen Ergebnisse, nicht Aktivität.

Typische Zeitfallen im Führungsalltag

- **Spontane Unterbrechungen durch das Team:** Die berühmte „Hast du mal fünf Minuten?"-Frage mag harmlos erscheinen, ist aber in Summe ein echter Zeiträuber. Wenn zehn Mitarbeitende diese Frage zweimal täglich stellen, sind schnell über eine Stunde unstrukturierter Zeitverbrauch erreicht – zusätzlich zum eigentlichen Arbeitsaufwand.
- **Unklare Zuständigkeiten:** Wenn nicht klar geregelt ist, wer für was verantwortlich ist, landen viele Rückfragen bei der Leitung. Aufgaben, die delegierbar wären, bleiben dadurch in der Führungsspitze hängen – oft aus Gewohnheit oder weil Mitarbeitende sich nicht sicher fühlen.
- **Mikromanagement:** Wer sich nicht traut, Verantwortung abzugeben, kontrolliert zu viel, greift in Details ein und verliert Zeit für echte Führungsarbeit. Hier wird nicht geführt, sondern operativ mitgearbeitet – mit langfristig negativen Effekten.
- **Schlecht organisierte Besprechungen:** Regeltermine ohne klare Agenda, zu viele Teilnehmende oder fehlende Verbindlichkeit führen dazu, dass Sitzungen Zeit kosten, aber keine Wirkung entfalten. Auch zu häufige spontane Besprechungen blockieren Zeitfenster, ohne echten Mehrwert zu schaffen. Auch wenn Unterlagen fehlen, Ziele unklar sind oder Teilnehmer nicht vorbereitet erscheinen, verlängern sich Besprechungen oder führen zu Folgegesprächen. Wertvolle Zeit geht verloren – bei allen Beteiligten.
- **Verzettelung durch Multitasking:** Ständig zwischen E-Mail, Telefon, Dienstplan, Türgespräch und Konzeptpapier zu wechseln, erzeugt Oberflächlichkeit und Stress. Studien zeigen: Wer häufig springt, verliert bis zu 40 % Effizienz.
- **Falsche Zeit für die falsche Aufgabe:** Komplexe Aufgaben benötigen Konzentration – und einen geeigneten Zeitpunkt. Wer z. B. nach einem Nachtdienst mit Übermüdung noch schnell versucht, eine Aufgabe konzentriert zu bearbeiten oder ein Mitarbeitergespräch zu führen, wird unzufrieden mit den Ergebnissen sein. Das Modell des Biorhythmus zeigt: Körperliche, geistige und emotionale Hochphasen verlaufen über den Tag hinweg unterschiedlich – das sollte bei der Tagesplanung berücksichtigt werden.

- **Dauererreichbarkeit ohne Grenzen:** Wenn Führungskräfte jederzeit erreichbar sind – auch an freien Tagen oder außerhalb der regulären Arbeitszeit – entsteht nicht nur ein Gefühl der permanenten Verfügbarkeit, sondern auch der Erwartung, dass jederzeit reagiert wird. Das erschwert Regeneration und verstärkt das Gefühl, „nie fertig zu sein".
- **Dringlichkeit schlägt Wichtigkeit:** Täglich entstehen ungeplante Probleme: Krankmeldungen, Konflikte im Team, technische Defekte, Beschwerden. Diese „Brennpunkte" erfordern oft sofortige Aufmerksamkeit – führen aber dazu, dass strategisch wichtige Aufgaben (z. B. Personalentwicklung, Projektarbeit) immer wieder verschoben werden.
- **Unreflektierte Weiterleitung von Aufgaben:** Wer alle eingehenden Aufgaben einfach weiterleitet, ohne sie zu priorisieren, zu prüfen oder abzustimmen, erzeugt unnötige Schleifen, Rückfragen und Missverständnisse – insbesondere bei Aufgaben, die keine klare Zuständigkeit haben.
- **Keine Pausen und Regenerationsphasen:**Wer ohne Pause durch den Tag hetzt, verliert an Konzentration, Kommunikationsfähigkeit und Entscheidungsqualität. Auch Führung braucht bewusste Regenerationszeiten – selbst wenn es „nur zehn Minuten ohne Gespräch" sind.
- **Perfektionismus in Routineaufgaben:** Dienstplanung überarbeiten, E-Mails mehrfach umformulieren oder Protokolle auf sprachlicher Perfektion prüfen – all das kostet viel Zeit, ohne echten Zusatznutzen. Nicht jede Aufgabe braucht 100 %, wenn 80 % ausreichen (mehr dazu beim Pareto-Prinzip).
- **Sich nicht abgrenzen können – zu allem Ja sagen:** Auch wenn das Thema „Nein sagen" im Kapitel noch ausführlicher behandelt wird: Eine der größten Zeitfallen im Führungsalltag ist es, zu viele Anliegen anzunehmen, um Konflikte zu vermeiden oder niemanden zu enttäuschen. Führung heißt auch, klar Prioritäten zu setzen und freundlich Grenzen zu ziehen.

Diese und viele weitere Zeitfallen lassen sich nicht vollständig eliminieren – aber sehr wohl erkennen, reflektieren und begrenzen. Wer sie bewusst steuert, gewinnt Zeit für das, was wirklich zählt.

4.2 Zeitmanagement -Methoden in der Praxis

Zeitmanagement ist kein starres System, sondern ein Sammelbegriff für unterschiedliche Strategien und Werkzeuge, die helfen sollen, Zeitprobleme im Alltag zu lösen. Ziel ist es, effizienter zu arbeiten, Stress zu reduzieren und Zeit für das Wesentliche zu schaffen. Im Führungsalltag des Rettungsdienstes geht es dabei nicht um theoretische Konzepte, sondern um praktikable und alltagstaugliche Lösungen. Die folgenden Methoden lassen sich weitgehend unabhängig voneinander einsetzen – **entscheidend ist, an welcher Stelle es bei der jeweiligen Führungskraft konkret „hakt".**

Die Methoden lassen sich in drei Gruppen einteilen

1. Effiziente Arbeitstechniken

   Diese Strategien zielen darauf ab, alltägliche Aufgaben schneller und strukturierter zu erledigen. Sie betreffen z. B.:

   - den Umgang mit E-Mails (z. B. feste Bearbeitungszeiten statt ständiger Abruf),
   - kurze, klar strukturierte Gesprächsführung („5-min-Gespräch"),
   - Checklisten für wiederkehrende Abläufe,
   - und einfache Priorisierungshilfen.

2. Klassische Zeitmanagement-Methoden

Diese bewährten Methoden sind vielfach erprobt und lassen sich in nahezu jedem Führungsalltag anwenden, probieren Sie doch einmal welche aus:

- **ALPEN-Methode:** Diese Methode hilft, den Tag strukturiert zu planen und Überlastungen zu vermeiden.
- **Eisenhower-Prinzip:** Aufgaben werden nach „dringend" und „wichtig" kategorisiert. Das Ziel ist, weniger Zeit für Dringendes und mehr Raum für Wichtiges zu gewinnen.
- **Pareto-Prinzip (80/20-Regel):** Mit 20 % des Aufwands lassen sich oft 80 % der Wirkung erzielen. Führungskräfte sollten prüfen, welche Aufgaben einen echten Unterschied machen – und welche delegierbar sind.
- **Low Hanging Fruits:** Kleine, leicht umsetzbare Maßnahmen, die mit wenig Aufwand spürbare Wirkung zeigen. Diese eignen sich besonders, um schnell sichtbare Erfolge zu erzielen, Motivation zu stärken und Barrieren abzubauen.

3. Hilfstechniken und unterstützende Ansätze

Diese helfen dabei, die genannten Methoden dauerhaft im Alltag zu verankern:

- Arbeit an der eigenen Konzentrationsfähigkeit (z. B. durch Blockzeiten für anspruchsvolle Aufgaben),
- bewusster Umgang mit Stress – und gezielte Unterbrechungsreduktion,

- Integration innerer Einwände („Ich muss immer für alle da sein") und Erlaubnis zum Setzen von Grenzen,
- Techniken zur Selbstmotivation (z. B. Erfolg sichtbar machen, Etappenziele definieren).

Viele Führungskräfte begegnen Zeitmanagement-Strategien zunächst mit Skepsis – nicht zuletzt, weil manche Methoden in ihrer einfachsten Form wie „Show-Zeitmanagement" wirken. Doch richtig eingesetzt und passend zum persönlichen Stil gewählt, bieten diese Werkzeuge eine spürbare Entlastung. Entscheidend ist nicht, alles umzusetzen – sondern das Richtige zum richtigen Zeitpunkt. Im nächsten Schritt geht es um Priorisierung und Planung – und um die Kunst, freundlich und klar Nein zu sagen.

4.2.1 ALPEN Methode und optimierte To-do-Liste

Viele Führungskräfte im Rettungsdienst arbeiten mit To-do-Listen – auf Papier, im Kalender, in Apps oder auf Post-its. Diese Listen helfen zwar, Aufgaben zu erfassen, führen aber in der Praxis oft nicht zum gewünschten Ergebnis: Sie wachsen immer weiter, enthalten keine Priorisierung und werden nicht systematisch abgearbeitet. Statt Entlastung entsteht ein Gefühl der Überforderung. Besonders dann, wenn am Abend nur ein Bruchteil der Liste abgehakt ist, obwohl man den ganzen Tag beschäftigt war.

Der Grund dafür liegt häufig in zwei Dingen: **fehlender Priorisierung und fehlender Zeitplanung.** Aufgaben werden zwar notiert, aber nicht bewusst eingeplant – weder mit Blick auf den Aufwand noch auf den passenden Zeitpunkt im Tagesverlauf. Genau hier beginnt die Chance für eine bessere Selbststeuerung.

Die Empfehlung lautet: Nutzen Sie **etablierte Methoden wie die ALPEN-Methode oder das Eisenhower-Prinzip,** um Ihre Aufgaben zu strukturieren, Prioritäten zu erkennen und eine realistische Tages-To-do-Liste zu erstellen. Diese sollte sich an Ihrem Biorhythmus orientieren und so gestaltet sein, dass sie auch wirklich abgearbeitet werden kann – für ein gutes, motivierendes Gefühl zum Feierabend statt Frust über Unerledigtes (Seiwert, L., 2014, S. 34–44; Seneca, L. A., 2008).

Überprüfen Sie vorab, wie gut Ihre To-do-Liste ist. Eine strukturierte To-do-Liste bildet die Grundlage für eine realistische und wirksame Tagesplanung. Dazu gehören drei zentrale Informationen pro Aufgabe:

- **Priorität:** Wie wichtig ist die Aufgabe langfristig oder strategisch?

Tab. 4.1 Struktur eine To-do-Liste. (Quelle: Eigene Erstellung)

Priorität	Deadline	Zeitbedarf	To-do	Bemerkungen
1	05. Dezember	30 min	Beschreibung	
3	15. November	120 min	Beschreibung	
5	11. November	15 min	Beschreibung	

- **Dringlichkeit:** Muss die Aufgabe heute oder sehr bald erledigt werden?
- **Zeitaufwand:** Wie lange wird die Umsetzung voraussichtlich dauern?

Nur wenn diese drei Elemente bekannt sind, lässt sich ein sinnvoller Tagesplan erstellen. Zusätzlich sollten Sie große Aufgaben in Teilaufgaben unterteilen und ein Feld für Bemerkungen einfügen. Tab. 4.1 zeigt eine mögliche Einteilung, mit der ich selber gut arbeite. Tipps zur Priorisierung folgen im Abschnitt ABC-Methode und Eisenhower-Prinzip:

A – Aufgaben notieren

Der erste Schritt der ALPEN-Methode ist das systematische Erfassen aller Aufgaben für den kommenden Tag. Ziel ist nicht, möglichst viel zu erledigen, sondern das Wesentliche bewusst zu erkennen und zu planen.

Empfehlenswert ist es, bereits am Ende des Vortages die strukturierte Gesamt-To-do-Liste zur Hand zu nehmen und daraus eine realistische Tages-To-do-Liste abzuleiten. So kann der neue Tag mit klarer Orientierung beginnen – ohne sich zunächst im Dringlichen zu verlieren.

Aus persönlicher Erfahrung empfehle ich zusätzlich ein kurzes Ritual zu Beginn des Arbeitstages: ein 5-min-Termin mit sich selbst. Dieser Termin dient dazu, neu eingegangene E-Mails oder spontane Anforderungen zu sichten. Dabei prüfe ich, ob dringliche oder wichtige Aufgaben hinzugekommen sind, die in die Tages-To-do-Liste aufgenommen werden müssen.

Ein kleiner, aber wirkungsvoller Tipp: E-Mails oder Aufgaben, die in weniger als zwei Minuten erledigt werden können, werden direkt abgearbeitet. Es würde länger dauern, sie einzuplanen, als sie gleich zu erledigen. Sollte sich zeigen, dass solche Mini-Aufgaben regelmäßig auftreten, empfiehlt es sich, für den Termin mit sich selbst etwas mehr Zeit einzuplanen.

Dieser tägliche Planungsimpuls ist für mich zu einem festen Ritual geworden. Er hilft dabei, den Überblick zu behalten, Prioritäten klar zu setzen und den Tag mit mehr Struktur, Ruhe und Zielorientierung anzugehen.

L – Länge schätzen

Im zweiten Schritt der ALPEN-Methode wird für jede Aufgabe ein realistischer Zeitaufwand eingeschätzt. Diese Phase ist entscheidend, um eine überfüllte Tagesplanung zu vermeiden und ein gutes Gefühl für das eigene Arbeitspensum zu entwickeln.

Idealerweise wurde die geschätzte Dauer bereits beim Erstellen der strukturierten To-do-Liste erfasst – also noch vor der eigentlichen Tagesplanung. Wenn dort bereits eine klare Zeiteinheit pro Aufgabe notiert ist, fällt dieser Schritt leicht.

Wichtig dabei ist Ehrlichkeit: Führungskräfte neigen häufig dazu, Aufgaben zu knapp zu kalkulieren – vor allem, wenn viele Punkte auf der Liste stehen. Das Problem: Wer ständig zu ambitioniert plant, verpasst nicht nur seine Zeitziele, sondern gerät auch unter Druck und hat am Ende des Tages das Gefühl, zu wenig geschafft zu haben.

Besser ist es, realistische Erfahrungswerte zu nutzen und im Zweifel eher etwas großzügiger zu planen. Besonders bei Gesprächen, Abstimmungen oder Konzeptarbeiten sollte man sich bewusst ein Zeitfenster schaffen, das auch Raum für Nachbereitung oder Rückfragen lässt. Führung heißt auch, sich Zeit zu nehmen – gerade für die wichtigen Dinge.

P – Pufferzeiten einplanen

Dieser Schritt wird im Führungsalltag oft unterschätzt – dabei ist er gerade im Rettungsdienst essenziell. Wer Aufgaben sorgfältig plant, aber keine Pufferzeiten für Unvorhergesehenes einplant, wird trotzdem aus dem Takt geraten: weil plötzlich ein Mitarbeitender ausfällt, ein Rückruf dringlich wird oder kurzfristig eine Besprechung nötig ist.

Führungskräfte im Rettungsdienst sind sehr unterschiedlich stark in das operative Geschehen eingebunden. Eine Wachleitung mit Arbeitsplatz im gemeinsamen Büro ist viel stärker äußeren Einflüssen ausgesetzt als die Leitung eines Rettungsdienstes mit Arbeitsplatz in der Verwaltung, die im Bedarfsfall die Tür schließen, sich ins Homeoffice zurückziehen oder das Telefon umstellen kann. Während dort unterbrechungsfreies Arbeiten realistisch ist, gehören spontane Türgespräche, informelle Rückfragen und weitere Störungen in der Rettungswache zum Alltag.

Daher gilt: Jede Führungskraft sollte ihren individuellen Bedarf an Pufferzeit kennen – und diesen in der Tagesplanung bewusst berücksichtigen.

▶ Als Orientierung gilt: Wer 40 % des Tages als Puffer einplant, kann bei einem klassischen 8-h-Arbeitstag realistisch nur etwa 288 min (also rund 4 h und 48 min) konkret verplanen. Der Rest dient als

Reserve für das Unerwartete – und davon gibt es im Rettungsdienst reichlich.

Anfangs mag es ungewohnt erscheinen, sich „nur“ Aufgaben im Umfang von etwa fünf Stunden einzuplanen – besonders für Personen, die gewohnt sind, ihre To-do-Liste randvoll zu schreiben. Doch bereits nach wenigen Tagen merken viele Führungskräfte, dass diese Reduktion nicht zu weniger, sondern zu realistischer und nachhaltiger Zielerreichung führt.

Wer sich konsequent daran hält, ist abends seltener frustriert, weil Aufgaben übrigbleiben – und erlebt stattdessen das gute Gefühl, die geplanten Dinge geschafft zu haben. Auch das ist ein Erfolgsfaktor wirksamer Führung.

Eine regelmäßige Selbstreflexion hilft hier auch realistische Pufferzeiten zu identifizieren:

- Wie viel meines Tages kann ich realistisch im Voraus verplanen?
- Welche Aufgaben scheitern regelmäßig am Zeitdruck?
- Wann gelingt mir fokussiertes Arbeiten – und wann nicht?

Wer die eigenen Arbeitsmuster kennt und bewusst mit ihnen umgeht, schafft sich Zeitfenster für die Aufgaben, die Konzentration, Sorgfalt und Präsenz benötigen – also echte Führungsaufgaben.

E – Entscheidungen treffen

Nachdem die Aufgaben gesammelt, mit einem Zeitrahmen versehen und Pufferzeiten berücksichtigt wurden, folgt nun der wichtigste Schritt: die Entscheidung, was wirklich heute erledigt werden soll – und was nicht.

Viele Führungskräfte neigen dazu, sich zu viel vorzunehmen. Doch ein guter Tagesplan ist nicht die Summe aller offenen Aufgaben, sondern ein bewusst gewählter Ausschnitt: Die Aufgaben, die heute realistisch und mit guter Qualität bearbeitet werden können. Dieser Schritt fordert Klarheit und manchmal auch Mut: zur Priorisierung, zur Delegation – und zum bewussten Aufschieben.

Leitfragen für diesen Schritt:

- Was ist heute wirklich wichtig – unabhängig davon, wie dringend es ist?
- Welche Aufgabe ist so bedeutend, dass sie nicht verschoben werden sollte?
- Was muss ich selbst erledigen – was kann ich delegieren?
- Welche Aufgabe wirkt auf mein Team oder meine Vorgesetzten – und sollte deshalb sichtbar erledigt werden?

Ein hilfreiches Modell zur Tagesstrukturierung ist die 1–3–5-Methode:
Planen Sie 1 große Aufgabe, 3 mittlere Aufgaben und 5 kleinere Aufgaben für den Tag ein. Dieses Verhältnis hilft, realistische Mengen zu planen, verschiedene Aufgabenformate abzubilden – und Pufferzeit zu bewahren. Natürlich ist es kein starres System. An sehr dichten Tagen kann es auch 1–2–3 sein – entscheidend ist das Prinzip der Begrenzung.

Zeitliche Platzierung – Arbeiten im eigenen Rhythmus
Ein weiterer zentraler Punkt in dieser Phase ist die bewusste Wahl des Zeitpunkts für die jeweiligen Aufgaben. Denn nicht jede Aufgabe passt zu jeder Tageszeit.

Nutzen Sie Ihren Biorhythmus gezielt:

- Konzentriertes Arbeiten (z. B. Dienstplan schreiben, Entscheidungen vorbereiten) sollte idealerweise in Ihren persönlichen Leistungshochphasen erfolgen – bei vielen Menschen liegt diese vormittags.
- Aufgaben, bei denen Störungen besser tolerierbar sind (z. B. E-Mails, Rückrufe, kurze Gespräche), können in ruhigere Phasen oder an die bekannten „Störzeiten" gelegt werden.

Ein hilfreiches Konzept in diesem Zusammenhang ist die sogenannte Störzeiten-Kurve: In vielen Organisationen – auch im Rettungsdienst – lassen sich typische Phasen identifizieren, in denen besonders viele Unterbrechungen auftreten (siehe Abb. 4.1).

Zur Mittagszeit kehren viele KTW-Besatzungen in die Wache zurück. Es entstehen Gespräche, Fragen oder spontane Begegnungen. Wer zu dieser Zeit hochkonzentrierte Aufgaben erledigen möchte, wird regelmäßig aus dem Takt gebracht.

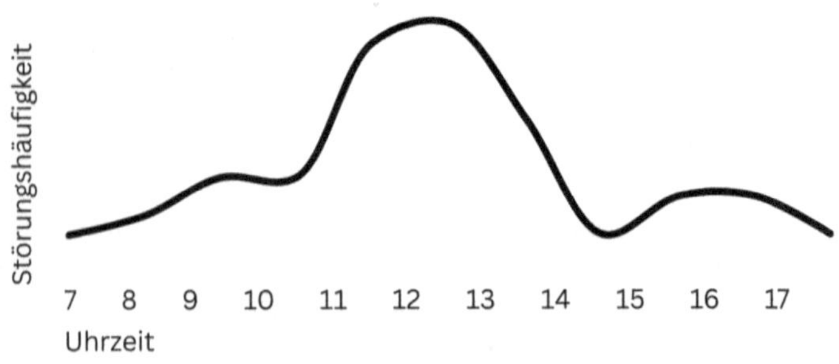

Abb. 4.1 Störzeiten-Kurve nach Seiwert (2014)

Planen Sie somit wichtige Tätigkeiten möglichst in geschützte Phasen und gestalten Sie die eigene Umgebung entsprechend: Tür zu, Telefon umstellen, kurzer Abwesenheitshinweis („Arbeitsblock bis 11:00 Uhr – danach erreichbar"). Auch das ist Selbstführung.

▶ Die Tages-To-do-Liste sollte im Ergebnis überschaubar bleiben. Wer regelmäßig mit 15 oder mehr Punkten startet, erlebt kaum das Gefühl, „fertig zu sein". Wer dagegen bewusst auswählt, was heute zählt, wird fokussierter, souveräner – und erfolgreicher. Führung ist kein Abarbeiten – sondern das Treffen kluger Entscheidungen.

N – Nachkontrolle durchführen

Der letzte Schritt der ALPEN-Methode wird oft vernachlässigt – dabei ist er **entscheidend für den nachhaltigen Lerneffekt:** die Nachkontrolle. Hier geht es nicht nur darum, Aufgaben abzuhaken, sondern bewusst zu reflektieren:

- Was habe ich heute geschafft – was nicht?
- Welche Aufgabe hat länger gedauert als geplant? Warum?
- Wo wurde ich gestört oder unterbrochen?
- Was kann ich morgen besser oder anders planen?

Wer sich täglich zwei bis fünf Minuten Zeit für diese Rückschau nimmt – etwa kurz vor Feierabend oder im Rahmen eines festen Tagesabschlusses – entwickelt mit der Zeit ein sehr gutes Gespür dafür, wie realistisch die eigene Planung ist. Es entsteht ein besseres Gefühl für Prioritäten, Ablenkungen und eigene Leistungsphasen.

Im Rettungsdienst, wo spontane Störungen zur Tagesordnung gehören, hilft dieser Schritt dabei, sich nicht über das „Unplanbare" zu ärgern – sondern flexibel, pragmatisch und selbstwirksam zu bleiben. Auch das gehört zu gesunder Führung: zu erkennen, was nicht erledigt werden konnte – und warum das völlig in Ordnung ist.

▶ Dokumentieren Sie wiederkehrende Störungen oder Zeitfresser (z. B. bestimmte Rückfragen, E-Mail-Flut, spontane Besprechungen). Daraus lassen sich mit der Zeit systematische Verbesserungen ableiten – etwa neue Regeln zur Unterbrechungskultur, gezielte Delegation oder die Einführung von „Fokus-Zeiten".

Die Nachkontrolle ist kein Kontrollzwang, sondern ein Instrument der Selbstführung. Wer diesen Schritt ernst nimmt, wird von Tag zu Tag besser darin, sich selbst, seine Zeit – und damit auch sein Team – bewusst zu führen.

4.2.2 Eisenhower-Prinzip und ABC-Methode – Aufgaben klug einordnen

„Wichtig ist selten dringend – und dringend ist selten wichtig."

Dieser Gedanke, der dem früheren US-Präsidenten Dwight D. Eisenhower zugeschrieben wird, ist zur Grundlage einer der bekanntesten Zeitmanagement-Methoden geworden: dem Eisenhower-Prinzip.

Die Idee ist einfach und wirksam: Aufgaben lassen sich nach zwei Dimensionen bewerten – Wichtigkeit und Dringlichkeit – und in vier Kategorien einordnen, siehe Abb. 4.2.

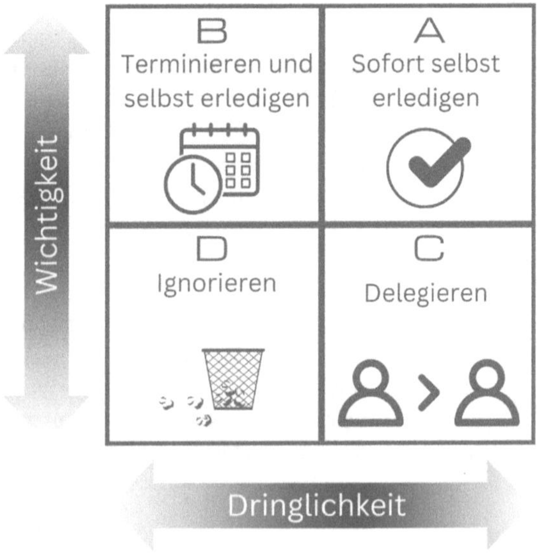

Abb. 4.2 Eisenhower-Prinzip

A-Aufgaben: wichtig und dringend
Diese Aufgaben brennen – und wirken sich direkt auf Ziele, Qualität oder Teamführung aus. Hier geht es oft um Personalthemen, Termine mit Außenwirkung oder unaufschiebbare Rückmeldungen. Sie sollten sofort und persönlich erledigt werden.

B-Aufgaben: wichtig, aber nicht dringend
Das sind oft die wirklich wertvollen Aufgaben: konzeptionelle Arbeit, strategische Planung, Entwicklungsgespräche, Projektsteuerung. Der Fehler vieler Führungskräfte: Sie werden immer wieder verschoben. Genau hier lohnt es sich, bewusst Zeit zu blocken. Ich persönlich suche im Vorfeld nach einem guten Zeitfenster und blocke mir dieses im Kalender.

C-Aufgaben: dringend, aber nicht wichtig
Diese Aufgaben wirken drängend – z. B. spontane Rückfragen, kleinere Koordinationsaufgaben oder Dinge, die zwar „laut" sind, aber wenig Einfluss haben. Sie sollten delegiert werden – ggf. mit klarer Rückmeldung.

D-Aufgaben: weder dringend noch wichtig
Hier liegt eine häufig übersehene Kritik:

In der Praxis gibt es kaum Aufgaben, die wirklich „ersatzlos" gestrichen werden können – denn sie stehen fast immer in einem Zusammenhang mit anderen Anforderungen. Vielmehr ist das D-Feld ein Hinweisfeld: Was blockiert Zeit, ohne echten Mehrwert zu bringen? Womit beschäftigen Sie sich regelmäßig, ohne dass es Sie oder Ihr Team weiterbringt? Diese Aufgaben gilt es kritisch zu hinterfragen, ggf. zu vereinfachen, zu automatisieren oder mit anderen zu verschmelzen – anstatt sie vorschnell zu streichen.

Verbindung zur ABC-Methode Die ABC-Methode arbeitet mit einem ähnlichen Grundprinzip – allerdings mit dem Fokus auf Wichtigkeit:

- **A-Aufgaben** haben höchste Priorität und zahlen direkt auf zentrale Ziele ein.
- **B-Aufgaben** sind wichtig, aber mit mittlerer Priorität – oft vorbereitend oder langfristig wirksam.
- **C-Aufgaben** sind zwar zu erledigen, haben aber geringen Einfluss auf das Gesamtergebnis.

Beide Modelle ergänzen sich
Während die Eisenhower-Matrix vor allem im Umgang mit Dringlichkeit und Tagesgeschäft unterstützt, hilft die ABC-Methode, das Gesamtbild im Blick zu

behalten – etwa bei der Wochen- oder Projektplanung. So lassen sich A-Aufgaben über die Woche gleichmäßig verteilen, B-Aufgaben bewusst terminieren und C-Aufgaben bündeln oder delegieren.

4.2.3 Pareto-Prinzip – Mit 20 % des Aufwands 80 % Wirkung erzielen

Das Pareto-Prinzip, benannt nach dem italienischen Ökonomen Vilfredo Pareto, beruht auf der Beobachtung, dass viele Ergebnisse auf einen vergleichsweise kleinen Anteil der eingesetzten Mittel zurückgehen. Sinngemäß übertragen auf den Führungsalltag bedeutet das: Mit etwa 20 % des Aufwands lassen sich häufig 80 % der Wirkung erzielen.

Diese Erkenntnis lässt sich auch gezielt für Zeitmanagement und Aufgabenpriorisierung nutzen.

Was das bedeutet Nicht alle Aufgaben sind gleich wertvoll. Manche haben eine große Hebelwirkung – etwa ein gut geführtes Mitarbeitergespräch, eine klare Rückmeldung im Team oder eine überlegte Anpassung im Dienstplan. Andere binden viel Zeit, bringen aber wenig Wirkung – zum Beispiel das stundenlange Umformulieren einer internen Mail oder ein langes, ergebnisloses Abstimmungstreffen.

Die Frage lautet also nicht Was kann ich heute alles tun?

Sondern Welche 20 % meiner Aufgaben erzeugen 80 % der Wirkung – für meine Führung, mein Team, meine Organisation?

Anwendung im Führungsalltag

Im Rettungsdienst ist der Alltag geprägt von vielen gleichzeitigen Anforderungen. Wer hier nach dem Pareto-Prinzip plant, kann gezielt Energie in die Aufgaben lenken, die Sichtbarkeit, Wirkung oder Entlastung bringen:

- Ein strukturiertes Gespräch mit einer neuen Auszubildenden schafft Klarheit, Sicherheit und Motivation – mit 30 min Zeitaufwand.
- Ein kurzer Rundgang durch die Wache mit zwei gezielten Nachfragen kann das Gefühl von Präsenz und Unterstützung im Team deutlich stärken.

- Eine gut vorbereitete, 15-minütige Rückmeldung an die Geschäftsführung zur aktuellen Personalsituation schafft Vertrauen und Handlungsfähigkeit.

Statt alles erledigen zu wollen, gilt es also, die richtigen Stellschrauben zu drehen.◀

- Reflektieren Sie regelmäßig, welche Aufgaben wirklich Wirkung entfalten – und welche nur Zeit fressen.
- Fragen Sie sich: Was passiert, wenn ich diese Aufgabe gar nicht mache? Wenn die Antwort „nichts Relevantes" lautet, ist sie vielleicht verzichtbar.
- Kombinieren Sie das Pareto-Prinzip mit der 1–3–5-Methode: Planen Sie gezielt eine oder zwei Aufgaben mit hoher Hebelwirkung ein – und bauen Sie darum herum kleinere Erledigungen.

▶ **Weitere Beispiele für die Anwendung des Pareto-Prinzips**

Feedbackgespräche priorisieren

Von zehn offenen Rückmeldungen im Team sind zwei besonders dringlich oder wirken sich auf das gesamte Teamverhalten aus.

Konsequenz: Nutzen Sie 20 % Ihrer Gesprächszeit für genau diese beiden Rückmeldungen – sie erzeugen voraussichtlich 80 % der positiven Wirkung auf das Teamklima.

Dienstplananpassungen

Im aktuellen Dienstplan gibt es fünf wiederkehrende Probleme. Zwei davon sorgen für den Großteil der Beschwerden – etwa eine ungerechte NEF-Zuteilung oder mangelnde Berücksichtigung von Wunschdiensten.

Konsequenz: Setzen Sie gezielt bei diesen beiden Punkten an. Eine schnelle, sichtbare Verbesserung sorgt für deutlich mehr Zufriedenheit als eine umfassende, aber verzögerte Gesamtüberarbeitung.

Materialbestände prüfen

Von 100 gelisteten Materialien werden rund 20 regelmäßig knapp oder falsch verwendet.

Konsequenz: Fokussieren Sie sich bei Routineprüfungen auf diese 20 Artikel – so erhöhen Sie die Versorgungsqualität bei gleichzeitig reduziertem Zeitaufwand.

Kommunikation im Führungsteam verbessern
Die meisten Informationsverluste im Leitungsteam lassen sich auf drei unklare oder schlecht genutzte Kommunikationskanäle zurückführen – z. B. Übergabebuch, Chatgruppen oder geteilte Ablagen.

Konsequenz: Verbessern Sie gezielt diese drei Kanäle, bevor Sie den gesamten Kommunikationsprozess infrage stellen.

Einarbeitung neuer Mitarbeitender
Von zehn Elementen im Einarbeitungskonzept bringen zwei besonders viel Orientierung – zum Beispiel ein strukturierter Rundgang durch die Wache und andere Organisationseinheiten und ein standardisiertes Einführungsgespräch.

Konsequenz: Diese beiden Elemente sollten konsequent eingesetzt und optimiert werden, bevor weitere Maßnahmen hinzukommen.

Auswertung von Fortbildungen
Nach mehreren Fortbildungen haben sich zwei konkrete Impulse mit direktem Mehrwert für die Wache herausgestellt.

Konsequenz: Dokumentieren und integrieren Sie diese gezielt in Ihre Führungspraxis – statt gleichwertig auf alle Inhalte einzugehen.

Diese Beispiele verdeutlichen, dass das Pareto-Prinzip nicht bedeutet, Aufgaben zu vernachlässigen, sondern gezielt dort anzusetzen, wo der Hebel am größten ist. Wer regelmäßig überprüft, wo die 20 % mit 80 % Wirkung liegen, wird mit geringerem Aufwand deutlich mehr erreichen.

4.2.4 Low-Hanging-Fruits – Kleine Maßnahmen mit großer Wirkung

Der Begriff „Low-Hanging Fruits“ stammt ursprünglich aus der Wirtschaft und Unternehmensberatung und wurde insbesondere in Change-Prozessen und Optimierungsstrategien verwendet.

- Die Metapher beschreibt Früchte, die so tief hängen, dass sie ohne großen Aufwand gepflückt werden können – also solche Maßnahmen, die mit minimalem Einsatz einen sofort sichtbaren Nutzen bringen.

In der Unternehmenspraxis wurden damit zu Beginn von Veränderungsprozessen schnell umsetzbare Verbesserungen identifiziert, um Motivation zu erzeugen, erste Erfolge sichtbar zu machen und interne Widerstände zu reduzieren.

Im Zeitmanagement-Kontext wurde das Modell später übertragen – mit dem Ziel, bei Überlastung, Aufschieberitis oder im Umgang mit vielen gleichzeitigen Anforderungen gezielt kleine, effektive Schritte umzusetzen. Auch im Führungsalltag im Rettungsdienst kann dieser Ansatz helfen, mit knappen Ressourcen den größtmöglichen Nutzen zu erzielen, ohne direkt in große, langwierige Projekte einzusteigen.

Low-Hanging-Fruits sind also Maßnahmen, die

- einfach umsetzbar sind,
- schnell realisierbar,
- keine umfangreichen Ressourcen binden,
- sofort eine sichtbare Verbesserung schaffen.

Der zentrale Gedanke: Führungserfolg beginnt nicht immer mit der großen Strategie – sondern oft mit kleinen, klug gewählten Schritten.

▶ **Beispiele**

Beispiel 1: Störquellen reduzieren

- Maßnahme: Türschild mit Uhrzeit zur Wiederverfügbarkeit bei konzentrierter Arbeit einsetzen.
- Wirkung: Mehr Ruhephasen für Führungskraft, weniger Frustration bei Mitarbeitenden, weil sie wissen, wann Rückfragen möglich sind.
- *Praxisbeispiel: Die Wachleitung erstellt ein laminiertes „Bitte nicht stören"-Schild mit beschreibbarer Uhrzeit und hängt es an die Tür – die Akzeptanz steigt deutlich.*

Beispiel 2: Transparenz schaffen

- Maßnahme: Übersicht zu NEF- und Feiertagsdiensten für das Team aushängen.
- Wirkung: Gerechte Wahrnehmung der Dienstplanung, weniger gefühlte Benachteiligung.
- *Praxisbeispiel: Nach wiederholten Beschwerden zur NEF-Verteilung dokumentiert die Führungskraft eine einfache Übersicht im Flur – die Diskussionen nehmen spürbar ab.*

Beispiel 3: Kommunikationswege bündeln

- *Maßnahme: Wichtige Informationen künftig jeden Montagmorgen in einer kurzen Information per E-Mail oder Aushang veröffentlichen.*
- *Wirkung: Weniger Rückfragen, höhere Verbindlichkeit.*
- *Praxisbeispiel: Statt Informationen mehrfach zu erzählen, formuliert die Wachleitung wöchentlich eine Übersicht – inklusive Ansprechpartner, Kurzinfos und To-dos.*

Beispiel 4: Rückmeldungen verbessern

- *Maßnahme: Am Ende eines Mitarbeitergesprächs drei klare Punkte schriftlich zusammenfassen (Ziel, Verantwortung, Termin).*
- *Wirkung: Bessere Nachverfolgbarkeit, Verbindlichkeit für beide Seiten.*
- *Praxisbeispiel: Eine Wachleitung führt diesen Standard ein – Mitarbeitende fühlen sich ernster genommen, Folgegespräche sind strukturierter.*

Beispiel 5: Mikrozeiten nutzen

- *Maßnahme: Wiederkehrende kleine Aufgaben (z. B. Materialfreigabe, kurze Rückmeldung) täglich gesammelt in einem 20-min-Block bearbeiten.*
- *Wirkung: Mehr Konzentration im restlichen Tagesverlauf, weniger Gefühl von Dauerunterbrechung.*
- *Praxisbeispiel: Die Wachleitung bearbeitet alle „Kleinigkeiten" nun gezielt nach der Mittagspause – statt immer wieder zwischendurch.*

4.2.5 Weitere Tools und kleine Tipps

Time-Boxing Statt Aufgaben „irgendwann" zu erledigen, wird ihnen ein fester Zeitblock im Kalender zugewiesen – z. B. „Dienstplanung überarbeiten: 10:00–11:00 Uhr". Das verhindert Aufschieben, schützt vor Ablenkung und stärkt die Selbstverbindlichkeit.

Beispiel: Sie möchten das Konzept für das nächste Azubi-Onboarding schreiben? Reservieren sie bewusst 90 min im Kalender – wie einen Termin mit sich selbst.

„Bitte nicht stören" – aber professionell Wer ungestört arbeiten möchte, greift im Rettungsdienst häufig zum bekannten „Bitte nicht stören"-Schild an der Tür. Die Erfahrung zeigt jedoch: In der Praxis wird es oft ignoriert. Der Grund: Es fehlt eine konkrete Einordnung, wie lange die Störung gilt – und ob es sich wirklich um einen verbindlichen Schutzraum handelt.

Ein einfaches, aber wirkungsvolles Upgrade: Laminieren Sie Ihr Schild und ergänzen Sie es bei jedem Einsatz mit einem Whiteboard-Stift um eine Uhrzeit, ab wann Sie wieder ansprechbar sind. Zum Beispiel:

> Bitte nicht stören – konzentriertes Arbeiten
>
> Ab [11:00 Uhr] wieder erreichbar. Vielen Dank!

Diese kleine Ergänzung erhöht die Verbindlichkeit und zeigt dem Team: Diese Phase ist ernst gemeint – aber sie endet auch. So wird Rücksichtnahme leichter, und die Akzeptanz steigt spürbar. Für viele Führungskräfte ist dies ein entscheidender Baustein, um regelmäßig fokussierte Arbeitszeitfenster im eigenen Alltag zu etablieren.

Eat That Frog Die unangenehmste, aber wichtigste Aufgabe des Tages wird gleich zu Beginn erledigt – sinnbildlich: „Iss den Frosch zuerst". Danach ist der Kopf frei, und der Rest des Tages fällt leichter (Tracy, B., 2019; Theurer, J., 2022).

Beispiel: Sie müssen einem Teammitglied ein schwieriges Feedback geben? Machen Sie es am Vormittag, statt es den ganzen Tag mitzuschleppen.

2-min-Regel Kommt eine Aufgabe herein, die weniger als zwei Minuten dauert – erledige sie sofort. Alles andere würde durch Planung und Wiedervorlage mehr Zeit kosten als die Erledigung selbst (Allen, D., 2015).

Beispiel: Ein Kollege fragt per Mail, ob Sie ein bestimmtes Dokument freigegeben haben – eine kurze Antwort reicht. Kein Planungsaufwand nötig.

Pomodoro-Technik Arbeiten in 25-min-Fokusphasen, gefolgt von 5 min Pause. Nach vier Phasen folgt eine längere Pause. Besonders geeignet für Aufgaben, die Konzentration erfordern – wie Konzeptarbeit oder Berichte.

Beispiel: Sie arbeiten an der Vorbereitung für ein Teammeeting oder einer Präsentation – eine oder zwei Pomodoro-Zyklen helfen, konzentriert und motiviert zu bleiben.

Batching (Themenblöcke) Ähnliche Aufgaben werden gebündelt abgearbeitet, statt über den Tag verteilt. Das spart Rüstzeit und mentale Umstellung.

Beispiel: Setzen sie sich ein Zeitfenster von 30 min nur für Mails oder Rückrufe – statt diese ständig zwischendurch zu bearbeiten.

Elevator Pitch im Team einführen – Umgang mit „Hast du mal fünf Minuten?" Viele Führungskräfte erleben es täglich: „Hast du mal fünf Minuten?" – eine scheinbar harmlose Frage, die jedoch in Summe massiv Zeit bindet. Nicht selten verbirgt sich dahinter ein komplexes Anliegen, das länger dauert oder gerade nicht passt. Gleichzeitig wollen Leitungskräfte ansprechbar und unterstützend sein – nur eben zum richtigen Zeitpunkt.

Ein wirkungsvoller Ansatz ist es, dieses Thema offen im Team anzusprechen – zum Beispiel im Rahmen eines Meetings. Dort kann erklärt werden, dass Unterbrechungen zum Alltag dazugehören, dass es aber hilfreich ist, wenn alle gemeinsam ein Bewusstsein für passende Gesprächsanlässe und -zeitpunkte entwickeln.

Ein einfacher Schritt: Führen Sie einen „Elevator Pitch für Rückfragen" ein. Erklären Sie dem Team, dass es hilft, wenn Anliegen kurz, konkret und mit Gesprächsbedarf versehen angekündigt werden. Statt eines vagen „Hast du mal fünf Minuten?" könnten Mitarbeitende beispielsweise sagen:

> „Ich hätte ein Anliegen zum neuen Dienstplan. Es dauert ca. 10 Min. Wann passt es dir?"

So wissen Führungskräfte auf einen Blick:

- Was ist das Thema?
- Wie viel Zeit wird etwa gebraucht?
- Wie dringend ist es wirklich?

Mit der Zeit entwickelt sich daraus ein achtsames Kommunikationsverhalten im Team – das die Führungskraft schützt, aber auch Mitarbeitenden das Gefühl gibt, gehört zu werden.

Digital Detox-Zeiträume Bewusst Phasen festlegen, in denen keine digitalen Ablenkungen zugelassen werden: Handy aus, keine Push-Nachrichten, Outlook geschlossen. Gerade bei Aufgaben, die Nachdenken erfordern, ist das entscheidend.

Beispiel: Eine Stunde ungestörtes Arbeiten am Dienstplan, ohne Messenger- oder Mail-Pings – bringt oft mehr als zwei Stunden „multitaskinggetriebener" Arbeit.

Zielsetzung nach SMART Ziele (auch für den Tag) sollten **S**pezifisch, **M**essbar, **A**ttraktiv, **R**ealistisch und **T**erminiert sein. Auch für kleinere Führungsaufgaben kann dieses Prinzip helfen, klarer und verbindlicher zu planen.

Beispiel: „Mitarbeitergespräch mit Kollege X vorbereiten" ist zu unkonkret. Besser: „Gesprächsleitfaden für Feedback mit Kollege X bis Freitag 10 Uhr fertigstellen".

4.2.6 Reflexionsimpuls zum Abschluss: Zeitdiebe erkennen und handeln

Mit dem Wissen aus diesem Kapitel kann es hilfreich sein, sich aktiv mit dem eigenen Umgang mit Zeit auseinanderzusetzen. Tab. 4.2 lädt zur persönlichen Reflexion ein. Sie hilft dabei, Zeitfresser und ineffiziente Gewohnheiten sichtbar zu machen – und gezielt Ursachen zu analysieren sowie Gegenmaßnahmen abzuleiten.

Ihre Aufgabe Ergänzen Sie für sich selbst 3–5 typische Zeitprobleme aus Ihrem Alltag. Notieren Sie ehrlich die Hintergründe – und überlegen Sie, welche kleinen, konkreten Maßnahmen (Low-Hanging-Fruits) Sie bereits morgen umsetzen könnten. So wird aus Zeitreflexion echte Veränderung.

Tab. 4.2 Zeitdiebe erkennen und fangen

Beobachtung – Was raubt mir Zeit?	Ursachen/Gründe?	Mögliche Gegenmaßnahmen
Ständige Unterbrechungen beim konzentrierten arbeiten	Tür steht immer offen, keine klaren Zeitfenster Keine klare Regelung für Unterbrechungen	Türschild mit Uhrzeit „Wieder erreichbar ab…", feste Rückfragezeiten Einführung „Elevator Pitch"
Ständige Ablenkung durch eingehende Mails	Popup für Mails nicht ausgeschaltet. Ich bin neugierig und schaue direkt rein	Popup ausschalten und feste Zeiten zum Lesen von Mails einplanen
Mikromanagement – Ich erledige viele kleine Aufgaben selbst	Ich delegiere zu wenig	Aktiv nach zwei Delegationsmöglichkeiten suchen und umsetzen

Eigene Erstellung

4.3 Loslassen: Richtig delegieren

Delegation ist weit mehr als ein Mittel zur Entlastung – sie ist ein zentrales Führungsinstrument. Wer Aufgaben zielgerichtet überträgt, schafft Raum für strategische Führungsarbeit, fördert die Selbstverantwortung im Team und stärkt Motivation sowie Leistungsfähigkeit der Mitarbeitenden. Und doch wird Delegation im Führungsalltag oft zu wenig genutzt – selbst von Führungskräften, die sich über hohe Arbeitsbelastung beklagen.

Wie die Praxis zeigt, liegen die Hürden nicht selten im Mindset: *„Bevor ich es erklärt habe, mache ich es lieber selbst"*, oder *„Ich weiß nicht, ob ich mich auf andere verlassen kann"*, sind typische Gedanken, die dazu führen, dass Aufgaben bei der Führungskraft bleiben – auch wenn sie längst delegierbar wären. Hinzu kommt eine oft unausgesprochene Sorge: Dass andere die Aufgabe vielleicht ebenso gut – oder sogar besser – erledigen könnten. Doch wer an dieser Stelle festhält, blockiert nicht nur die eigene Wirksamkeit, sondern auch die Entwicklung des Teams.

Richtig gestaltete Delegation ist kein „Abschieben", sondern ein **geplanter Führungsprozess:** mit klar definierten Aufgaben, übertragenen Kompetenzen, erreichbaren Zielen und begleitender Rückmeldung. Mitarbeitende, die Verantwortung übernehmen, wollen wissen, worauf sie sich einlassen – und ob sie auf Unterstützung bauen können. Gelingt dieser Prozess, entsteht Vertrauen, Eigenverantwortung – und eine Atmosphäre der Mitgestaltung (Hintz, A. J. & Graevenstein, J., 2020, S. 77–79).

Ein weiterer Aspekt erfolgreicher Delegation wird häufig übersehen: die Vermeidung von Rückdelegation. Immer wieder übernehmen Führungskräfte Aufgaben zurück, die sie eigentlich bereits abgegeben hatten – etwa durch Rückfragen, Unsicherheit oder „kurze Bitte um Hilfe". Dieses Kapitel greift daher auch das Modell des **„Monkey Managements"** auf – und zeigt, wie Sie verhindern, dass fremde Aufgaben wieder auf Ihrer Schulter landen.

Dieses Kapitel zeigt:

- warum Delegation nicht nur entlastet, sondern motiviert,
- welche psychologischen und organisatorischen Stolpersteine zu beachten sind,
- wie Aufgaben sinnvoll delegiert werden können,
- wie der Delegationsprozess so gestaltet wird, dass er für alle Beteiligten Erfolg verspricht
- und wie Sie Rückdelegation gezielt vermeiden.

Denn: Delegieren ist kein Kontrollverlust – sondern ein Gewinn an Führungsqualität.

4.3.1 Bedeutung und Nutzen von Delegation

Delegation zählt zu den grundlegendsten Führungsaufgaben – und ist gleichzeitig **eines der wirksamsten Werkzeuge**, um als Leitungskraft im Rettungsdienst dauerhaft handlungsfähig zu bleiben. Denn **Führung bedeutet nicht, alles selbst zu tun, sondern dafür zu sorgen, dass das Wesentliche erledigt wird** – zur richtigen Zeit, von der richtigen Person, mit der richtigen Verantwortung.

Delegation entlastet nicht nur die Führungskraft, sondern schafft gleichzeitig Entwicklungschancen für Mitarbeitende. Wer Verantwortung übernimmt, gewinnt an Selbstwirksamkeit, Eigenverantwortung und Identifikation mit der Organisation. Gut vorbereitete Delegation stärkt die Motivation, hebt das Selbstwertgefühl und führt zu besseren Arbeitsergebnissen (Hintz, A. J. & Graevenstein, J., 2020, S. 77–78).

Delegation ist jedoch weit mehr als eine reine Arbeitserleichterung – sie ist ein aktives Führungsinstrument: Sie bringt Struktur, Klarheit und Effizienz in den Alltag. Im Rettungsdienst, wo viele Führungskräfte gleichzeitig operative Aufgaben übernehmen, ist Delegation oft die einzige Möglichkeit, strategische Themen voranzubringen und operative Stabilität zu sichern.

Und doch ist sie häufig unterentwickelt. In der Praxis begegnet man ihr oft in Form knapper Ansagen wie „Mach mal!“. Was zunächst nach Vertrauen klingt („Du weißt ja, wie es geht“), ist meist Ausdruck von Zeitdruck – oder mangelnder Bereitschaft, die Verantwortung tatsächlich abzugeben (Dluzniewski, J., 2023, S. 126). Ohne Ziel, Rahmen und Rückkopplung entstehen Frust, Fehler und Rückdelegation – das Gegenteil von wirksamer Führung.

Gute Delegation bedeutet:

- klare Aufgabenbeschreibung,
- nachvollziehbare Zielsetzung,
- passende Auswahl der Person,
- bereitgestellte Ressourcen,
- die Bereitschaft, Ergebnisse gemeinsam zu reflektieren.

Wer professionell delegiert, gewinnt dreifach: Zeit, Klarheit und Vertrauen. Mitarbeitende wachsen mit ihren Aufgaben – und Führung wird wirksam.

4.3.2 Psychologische Hürden beim Delegieren

Obwohl Delegation nach außen hin simpel erscheint – Aufgabe übergeben, erledigt – zeigt sich in der Praxis, dass viele Führungskräfte Mühe haben, konsequent und nachhaltig zu delegieren. Dabei geht es selten um fehlende methodische Fähigkeiten, sondern häufig um emotionale und mentale Blockaden, die Delegation unbewusst erschweren (Hintz, A. J. & Graevenstein, J., 2020, S. 77).

Typische Denkmuster, die Delegation behindern
Viele dieser Hürden sind gut gemeint – aber auf Dauer dysfunktional:

- „Bevor ich es erklärt habe, habe ich es schon selbst erledigt."
- „Ich will mein Team nicht überfordern."
- „Ich muss es selbst machen, sonst wird es nicht richtig."
- „Ich will nicht kontrollieren – also lieber selbst machen."

Diese inneren Überzeugungen entstehen oft aus dem Wunsch nach Qualität, Loyalität oder Kontrolle – führen aber dazu, dass Aufgaben dauerhaft bei der Führungskraft verbleiben, anstatt dorthin zu wandern, wo sie hingehören. Das Ergebnis: Überlastung, Engpässe und die Verhinderung von Entwicklung im Team.

Hinzu kommt eine kaum ausgesprochene Sorge vieler Führungskräfte: Was, wenn jemand die Aufgabe sogar besser erledigt? Was, wenn mein Team merkt, dass ich nicht alles am besten kann? Auch diese Angst vor einem möglichen Kompetenzverlust kann unbewusst dazu führen, dass Aufgaben nicht delegiert werden.

Kulturelle Einflüsse und unausgesprochene Erwartungen
In vielen Organisationen – auch im Rettungsdienst – herrscht eine Kultur des „selbst Anpackens". Wer viel selbst macht, gilt als belastbar. Wer Aufgaben abgibt, riskiert, als distanziert oder bequem wahrgenommen zu werden. Delegation wird hier nicht als Stärke, sondern als Rückzug gewertet – ein Missverständnis, das die Rolle der Führungskraft fundamental verkennt.

Ebenso bedeutsam ist die fehlende Gesprächskultur rund um Delegation. Viele Mitarbeitende sind es gewohnt, Anweisungen zu erhalten – aber nicht, Aufgaben in Verantwortung zu übernehmen. Wer dann „mach mal" hört, traut sich nicht nachzufragen oder abzulehnen. Das Ergebnis: unklare Aufgaben, mangelhafte Ergebnisse und steigende Frustration – auf beiden Seiten.

Der Preis des Nicht-Delegierens
Wer aus Angst, Unsicherheit oder Kontrollbedürfnis nicht delegiert, zahlt einen hohen Preis:

- Wichtige Aufgaben bleiben liegen,
- Mitarbeitende bleiben unterfordert,
- das eigene Energielevel sinkt,
- die Führungswirksamkeit wird geschwächt.

Delegation ist deshalb nicht nur eine Technik, sondern ein Führungsverhalten, das Mut, Vertrauen und klare Kommunikation erfordert. Wer delegieren will, muss sich bewusst entscheiden: für Wirksamkeit – statt Kontrolle. Für Entwicklung – statt Dauerverfügbarkeit.

4.3.3 Delegation in der Praxis – Vorbereitung und Umsetzung

Delegation beginnt, wie vorher beschrieben, nicht mit dem Satz „Mach das bitte mal", sondern mit einer **bewussten Entscheidung:** Was kann ich abgeben – und wie gelingt das so, dass es für alle Beteiligten zum Erfolg führt?

Im Führungsalltag, insbesondere im Rettungsdienst, geht es dabei nicht nur um Aufgabenverteilung, sondern um **strukturierte Übergabe von Verantwortung.** Eine Aufgabe zu delegieren bedeutet nicht, sich aus der Verantwortung zu stehlen, sondern die Verantwortung mit zu gestalten – durch klare Ziele, passende Personen, verlässliche Rahmenbedingungen und eine offene Kommunikation.

Was kann delegiert werden – und was nicht?
Nicht jede Aufgabe eignet sich zur Delegation. Typischerweise **nicht delegierbar** sind

- vertrauliche Gespräche (z. B. Kritik- oder Kündigungsgespräche),
- strategische Grundsatzentscheidungen,
- Führungsaufgaben, die ausschließlich die Rolle als Leitungskraft betreffen (z. B. Zielvereinbarungen im Mitarbeitergespräch).

Delegierbar sind hingegen:

- Organisation wiederkehrender Abläufe (z. B. Materialpflege, Dienstplanung, MPG-Beauftragung),
- Projekt- und Teilverantwortungen (z. B. Koordination von Fortbildungen),
- Verantwortlichkeiten mit Entwicklungspotenzial (z. B. Einführung eines Buddy-Systems für neue Kolleg:innen).

Ein gutes Kriterium lautet: **Kann jemand anders die Aufgabe mindestens zu 80 % so gut erledigen wie ich?** Dann ist sie delegierbar.

Die W-Fragen als Strukturhilfe für gelungene Delegation
Es gibt unterschiedliche Ansätze, um Delegation zu strukturieren – darunter auch verschiedene Modelle mit sogenannten „W-Fragen". *Ich selbst habe in der Praxis sehr gute Erfahrungen mit den fünf W-Fragen nach Hintz & Graevenstein (2020, S. 78–81) gemacht,* die ich im Folgenden vorstelle. Sie strukturieren den Delegationsprozess klar und helfen, Missverständnisse zu vermeiden.

Was?
- Welche konkrete Aufgabe soll delegiert werden?
- Was ist das Ziel? Was soll am Ende vorliegen?

Wer?
- Wer ist fachlich und persönlich geeignet?
- Hat die Person Interesse oder Entwicklungspotenzial in diesem Bereich?
- Muss Unterstützung (z. B. durch Einarbeitung oder Schulung) angeboten werden?

Wie?
- Welche Vorgehensweise ist sinnvoll? Gibt es Vorgaben oder Spielräume?
- Welche Standards oder Abläufe sind zu beachten?
- Was darf die Person selbst entscheiden – was nicht?

Womit?
- Welche Ressourcen sind notwendig? (z. B. Zeit, Unterlagen, Zugänge, Tools)
- Was muss vorbereitet oder zur Verfügung gestellt werden?

Wann?

- Wann soll begonnen werden?
- Bis wann ist die Aufgabe abgeschlossen?
- Gibt es sinnvolle Zwischentermine oder Rückmeldepunkte?

▶ **Praxisbeispiel: Nutzung der 5 W-Fragen bei einer Umstrukturierung**

Ausgangslage: Ein Rettungsdienst hat im Zuge einer gewonnenen Ausschreibung seinen Versorgungsbereich stark ausgeweitet – von vier auf sieben Rettungswachen. Die zentrale Leitung steht nun vor der Herausforderung, die gewachsenen Strukturen neu zu organisieren. Im Fokus steht die Dienstplanung: Diese soll künftig nicht mehr dezentral von den jeweiligen Wachleitungen, sondern zentralisiert von einer eigens dafür eingesetzten Person übernommen werden.
Ziel: Den Übergang zur zentralen Dienstplanung klar strukturieren, eine geeignete Person mit der neuen Aufgabe betrauen – und die Umsetzung so gestalten, dass Akzeptanz, Klarheit und Qualität gewährleistet sind.

Anwendung der 5 W-Fragen zur Delegation:

Was?

- Aufgabe: Zentrale Planung aller Dienste im gesamten Rettungsdienst mit sieben Wachen.
- Ziel: Einheitliche, transparente, effiziente Dienstplanung mit gerechter Verteilung, Beteiligungsmöglichkeiten der Mitarbeitenden und geringer Fehlerquote.

Wer?

Geeignet: Eine erfahrene Mitarbeitende aus der bisherigen Verwaltung oder dem Rettungsdienst mit Kenntnissen in der Dienstplanung, hoher EDV-Kompetenz und strukturierter Arbeitsweise.
Unterstützung: Die bisherigen Wachleitungen stellen zunächst Input zu lokalen Besonderheiten zur Verfügung (Dienstzeiten, Absprachen, Personenbesonderheiten).
Perspektive: Die Person wird künftig ausschließlich mit dieser Aufgabe betraut – klare Rollenklärung erforderlich.

Wie?

- Vorgehen: Übergangsweise wird eine Doppellösung eingerichtet – zunächst erfolgt die Planung noch in Absprache mit den Wachleitungen.
- Standards: Klare Regeln für Wunschdienste, Vertretungen, Krankmeldungen etc. werden einheitlich definiert und dokumentiert.
- Kommunikation: Regelmäßiger Austausch mit den Wachleitungen – Feedback zur Qualität der zentralen Dienstplanung nach den ersten drei Monaten.

Womit?

- Mittel: Zugriff auf die aktuelle Planungssoftware, Erstellung einer übersichtlichen Dienstplantabelle für interne Zwecke.
- Schulung: Bei Bedarf Einführung in arbeitsrechtliche Besonderheiten (z. B. Nachtarbeitszeiten, tarifliche Regelungen).
- Zugänge: Berechtigungen zu allen relevanten Datensätzen (z. B. Verfügbarkeiten, Urlaubskonten, Schichtmodelle).

Wann?

- Start: Umsetzung des neuen Modells zum 1. des kommenden Monats.
- Übergangsphase: 2 Monate parallele Begleitung durch die Wachleitungen.
- Zwischentermine: Erste Feedbackrunde nach 4 Wochen, Evaluation nach 3 Monaten mit Einbindung aller Beteiligten.

Dieses Beispiel zeigt auf, wie mithilfe der 5 W-Fragen aus einer abstrakten Führungsentscheidung ein klar strukturierter Delegationsprozess wird, der nicht nur die neue Zuständigkeit definiert, sondern auch für Transparenz, Orientierung und Rückkopplung im gesamten Team sorgt.

4.3.4 Rückdelegation vermeiden - souverän führen

Delegieren bedeutet nicht: eine Aufgabe übergeben und sie vergessen. Ebenso wenig bedeutet es: an allen Stellen präsent bleiben und ständig nachfassen. Wirkungsvolle Delegation lebt von einer klaren, unterstützenden Begleitung – ohne Rücknahme der Verantwortung.

Im Rettungsdienst wie in jeder dynamischen Organisation gilt: Wenn Aufgaben delegiert werden, braucht es einen gut dosierten Prozess der Verbindlichkeit, Rückmeldung und Ergebnissicherung. Doch gerade hier lauert eine der größten Gefahren: die schleichende Rückdelegation.

Kontrolle mit Maß – Verlässlichkeit statt Misstrauen

Kontrolle ist nicht das Gegenteil von Vertrauen – sondern dessen Ergänzung. Wer delegiert, bleibt für das Ergebnis verantwortlich. Kontrollpunkte sollten frühzeitig definiert werden: Wann gibt es Zwischenstände? Wo wird informiert? Wann und wie wird das Ergebnis reflektiert?

Wichtig ist dabei das Maß:

- **Zu wenig Kontrolle** führt zu Unsicherheit oder unzureichenden Ergebnissen.
- **Zu viel Kontrolle** wirkt entmündigend, demotiviert – und führt häufig zur Rückgabe der Verantwortung.

Tipp Vereinbaren Sie schon bei der Delegation Meilensteine, an denen eine Rückmeldung stattfindet – nicht zur Überprüfung, sondern zur Reflexion. So wird Kontrolle zum Dialog.

Rückdelegation vermeiden – das Monkey-Management-Prinzip

Der Managementberater William Oncken prägte bereits in den 1970er Jahren das Konzept des „Monkey Managements“: Ein Mitarbeitender kommt mit einem Anliegen zur Führungskraft – und die übernimmt es. Symbolisch: **Der „Affe“ springt auf die Schulter der Führungskraft.** Und bleibt dort.

Typische Situationen im Führungsalltag:

- „Kannst du mal eben kurz drüberschauen?“
- „Ich bin mir nicht sicher, wie ich das angehen soll – ich lasse dir die Unterlagen da.“
- „Ich warte einfach auf dein Feedback, bevor ich weitermache.“

Was harmlos beginnt, wird schnell zur Rückübernahme der Verantwortung – meist ungewollt, aber effektiv. Die Führungskraft wird erneut zur operativen Instanz, die Delegation ist unterlaufen.

Wie Sie Rückdelegation vermeiden

- Halten Sie am vereinbarten Auftrag fest – mit Klarheit und Freundlichkeit.
- Fragen Sie zurück: „Was wäre dein nächster Schritt?“ statt: „Gib mal her.“
- Ermutigen Sie zur Lösungsfindung – bieten Sie Unterstützung nur bei klarer Rollenverteilung an.
- Schaffen Sie Transparenz: Wer hat welche Verantwortung – und welche nicht?

► Ich selbst nehme Aufgaben nur dann zurück, wenn ich merke, dass jemand wirklich an seine Grenzen gekommen ist. In solchen Fällen bearbeiten wir die Aufgabe gemeinsam, sodass die Person daraus lernen kann. Nur in absoluten Notfällen führe ich die Aufgabe selbst durch – dann aber nicht ohne Nachbereitung: Es wird direkt ein Termin vereinbart, an dem wir uns in Ruhe zusammensetzen und ich zeige, wie ich vorgegangen bin und warum genau so. So lernt die Person aus der Situation – und der „Affe“ wird anschließend bewusst wieder übergeben.

Feedback ist Führung – nicht nur Nachkontrolle
Begleitung endet nicht mit dem Abschluss der Aufgabe. Feedback ist ein zentraler Teil jeder Delegation – und hat drei Funktionen:

- Anerkennung geben: Lob für gutes Ergebnis oder Eigeninitiative motiviert.
- Lernen ermöglichen: Konstruktive Rückmeldung fördert Entwicklung.
- Verbindlichkeit sichern: Wenn Kritik notwendig ist, hilft Klarheit – keine Andeutungen.

Gut geführte Feedbackgespräche fragen nicht nur: „Was ist schiefgelaufen?“, sondern auch: „Was hast du gelernt?“, „Was lief gut?“, „Was nehmen wir mit fürs nächste Mal?“ Weitere Informationen zu Feedback und Feedforward finden Sie in Abschn. 2.4.3.

4.4 Effiziente Gestaltung von Besprechungen

Besprechungen sind ein zentrales Führungsinstrument – und zugleich ein erheblicher Zeitfaktor im Alltag vieler Leitungskräfte. Studien zeigen: Je nach Hierarchieebene verbringen Führungskräfte zwischen **50 und 80 % ihrer Arbeitszeit** in Meetings. Während Team- und Wachleitungen tendenziell im unteren Bereich dieser Spanne liegen, sind es bei Bereichsleitungen, Geschäftsführungen und Rettungsdienstleitungen oft deutlich über 50 %. Wer Verantwortung für Steuerung, Strategie und Schnittstellenarbeit trägt, ist in Meetings „zu Hause". Doch wie viel dieser Zeit ist tatsächlich produktiv genutzt?

Überlegen Sie einmal selbst: **Wie viel Ihrer Arbeitszeit verbringen Sie in Besprechungen – und wie effektiv sind diese gestaltet?**

Ein zentraler Begriff in diesem Zusammenhang ist das sogenannte **„Meeting Recovery Syndrome"**. Gemeint ist die mentale Erschöpfung, die nach schlecht geführten Besprechungen eintritt – geprägt durch Unterbrechungen, Unklarheiten, Nebendiskussionen und das Gefühl, nicht wirklich vorangekommen zu sein. Wer in einem schlechten Meeting sitzt, braucht danach nicht nur Zeit zur Nacharbeit – sondern auch zur emotionalen Erholung.

Natürlich gilt: **Besprechungen sind wichtig. Kommunikation ist unerlässlich.** Doch wie bei vielen Führungsinstrumenten entscheidet die Dosis über die Wirkung. Zu viele, zu lange, zu schlecht vorbereitete oder falsch besetzte Meetings führen zu Frust, Zeitverlust und Demotivation.

Typische Zeitfresser in Besprechungen sind:

- das Einrichten der Technik während der Besprechung,
- das Warten auf verspätete Teilnehmende,
- das Besprechen nicht geplanter Themen,
- das Abschweifen in Nebenkriegsschauplätze,
- zu viel oder ungezielter Smalltalk,
- fehlende Zielklarheit oder Ergebnisverantwortung.

Schlecht strukturierte Besprechungen sind kein Kavaliersdelikt. Sie kosten nicht nur wertvolle Ressourcen, sondern führen dazu, dass wichtige Themen nicht ausreichend bearbeitet werden – während gleichzeitig unnötige Erschöpfung entsteht.

In diesem Abschnitt geht es daher darum:

- wie Besprechungen im Rettungsdienst zielgerichtet geplant, moderiert und nachgehalten werden können,

- wie Sie als Leitungskraft durch gute Vorbereitung und kluge Teilnehmerauswahl effiziente und konstruktive Meetingkultur etablieren.

Anlässe und Formate – wie Besprechungen im Rettungsdienst stattfinden
Besprechungen im Rettungsdienst haben viele Gesichter – von kurzen Abstimmungen bis zu komplexen Strategierunden. Sie erfüllen wichtige Funktionen: Informationsweitergabe, Koordination, Beteiligung, Entscheidungsfindung und Teamentwicklung. Doch nicht jedes Thema braucht denselben Rahmen – und nicht jede Person muss immer dabei sein.

Typische Anlässe für Besprechungen im Rettungsdienst:

- Teammeetings / Dienstbesprechungen (regelmäßige Information und Austausch)
- Leitungsrunden (z. B. Wachleitungen, Funktionsverantwortliche)
- Jour fixe (feste, regelmäßige Treffen zur Koordination)
- Projektbesprechungen (z. B. Einführung neuer Prozesse)
- Fachgruppen (z. B. Aus- und Fortbildung, Qualitätssicherung)
- sowie kurzfristige Ad-hoc-Besprechungen bei aktuellen Anlässen

Je nach Ziel und Teilnehmerkreis kommen dabei verschiedene Meeting-Formate zum Einsatz, siehe Tab. 4.3.

Zoom-Fatigue – Wenn digitale Meetings erschöpfen
Online-Besprechungen sind längst Teil des Führungsalltags geworden – auch im Rettungsdienst. Gerade auf Bereichs- oder Leitungsebene werden Absprachen, Strategierunden oder Projekttreffen häufig als Videokonferenz organisiert. Doch die zunehmende Zahl solcher Meetings birgt auch Risiken: Viele Führungskräfte empfinden digitale Besprechungen als anstrengender als Präsenztermine. Die Rede ist von *„Zoom-Fatigue“* – einem Phänomen, das inzwischen wissenschaftlich gut untersucht ist.

Zoom-Fatigue beschreibt den Zustand mentaler Erschöpfung, der durch häufige oder lange Online-Meetings entstehen kann. Zoom steht hier als Plattform stellvertretend für alle Videokonferenzsysteme (DGUV 2021).

Dazu gehören **Symptome** wie:

- Konzentrationsmangel und Ungeduld
- Kopfschmerzen, Reizbarkeit, Rückenschmerzen
- Gefühl ständiger Beobachtung
- eingeschränkte Gestik und Mimik

Tab. 4.3 Meeting Formate im Überblick – und was sie leisten

Format	Vorteile	Nachteile
Präsenz	Hohe Verbindlichkeit, Körpersprache sichtbar, informeller Austausch möglich	Organisation aufwendig, Fahrtzeiten, wenig flexibel
Online	Zeit- und ortsunabhängig, einfach skalierbar, oft gut protokollierbar	Weniger soziale Bindung, Technikprobleme, **Zoom-Fatigue** möglich
Hybrid	Kombination aus Präsenz und Online, mehr Flexibilität für Einzelne	Technisch und organisatorisch anspruchsvoll
Telefonkonferenz	Niedrige Zugangsschwelle, keine Technik außer Telefone erforderlich	Wenig Verbindlichkeit, schwer zu moderieren
Walk & Talk	Auflockernd, fördert Kreativität und Offenheit	Nicht für alle Themen geeignet (z. B. sensible Inhalte), keine Notizen möglich

Eigene Erstellung

- fehlender informeller Austausch (Small Talk, Gesten)
- Bewegungsmangel durch langes Sitzen

Hauptursachen sind nicht nur die technische Belastung oder der Fokus auf den Bildschirm, sondern vor allem das Gefühl der sozialen Isolation, das bei fehlender Interaktion entsteht, sowie der Druck permanenter Sichtbarkeit im Kamerabild. Der eigene Anblick auf dem Bildschirm verstärkt die selbstfokussierte Aufmerksamkeit – viele empfinden dies als unangenehm oder stressend.

Was hilft gegen Zoom-Fatigue? Empfehlungen für Führungskräfte:

- Meetings kürzer planen als Präsenzformate
- Pausen alle 60 min – mindestens 10 min Bewegung und Erholung
- Technik-Check vorab durchführen, um Stress durch Probleme zu vermeiden
- Selbstansicht ausblenden, um sich nicht ständig selbst zu sehen
- Teilnahme hinterfragen: Muss ich wirklich dabei sein – oder reicht ein Protokoll?
- Videofreie Zeiten im Team etablieren – und selbst Vorbild sein

Ein besonders hilfreicher Hinweis aus der Praxis: Meetings bewusst auf z. B. 25 oder 50 min begrenzen – so bleibt Zeit zur Regeneration vor dem nächsten Termin.

▶ **Praxisbeispiel: Walk & Talk**
Im hektischen Alltag von Führungskräften kann das Format Walk & Talk neue Impulse setzen. Die Idee: Zwei oder mehrere Personen (idealerweise maximal fünf) gehen gemeinsam spazieren, um dabei in entspannter Atmosphäre ein Anliegen zu besprechen.

Besonders geeignet ist dieses Format für:

- Zielvereinbarungen
- Reflexionsgespräche
- Konfliktklärungen unter vier Augen
- Ideenentwicklung und Brainstorming
- Informationsweitergabe oder kurze Abstimmungen im kleinen Kreis

Auch im Ausbildungsalltag lässt sich Walk & Talk gut nutzen – etwa, wenn Praxisanleiter:innen mit ein bis drei Auszubildenden über aktuelle Aufgaben, Herausforderungen oder Lernerfahrungen sprechen. Es entsteht eine lockere, gleichwertige Gesprächsatmosphäre, die den Austausch auf Augenhöhe fördert.

Zusätzlicher Nutzen: Bewegung steigert nachweislich die kognitive Leistungsfähigkeit. Wer sich bewegt, denkt oft klarer und kreativer. Viele Menschen telefonieren nicht zufällig im Gehen – der Körper unterstützt die mentale Aktivität. Walk & Talk bringt Abwechslung, Bewegung und neuen Denkraum in den Führungsalltag.

Grenzen des Formats: Walk & Talk ersetzt kein strukturiertes Meeting mit vielen Beteiligten oder formellen Anforderungen. Für sensible Themen, Präsentationen oder Entscheidungen mit Protokollpflicht ist es nur bedingt geeignet. Als ergänzendes Kommunikationsformat jedoch ist es eine wertvolle Bereicherung.

Wer muss dabei sein – und wie lange?
Ein häufiger Fehler in der Meetingpraxis: Alle sind immer dabei – auch wenn es sie gar nicht betrifft. Das führt zu Inaktivität, Nebenbeschäftigung (z. B. E-Mails

lesen) und – schlimmer noch – dazu, dass tatsächlich relevante Inhalte gar nicht mehr richtig aufgenommen werden.

▶ Ein eigenes Beispiel: In einem wöchentlichen, zweistündigen Leitungs-Jour-fixe saßen mehrere Führungskräfte – gut bezahlt und hochqualifiziert – regelmäßig bis zu zwei Stunden unbeteiligt in der Runde. Ihre Themen kamen nicht vor, sie waren jedoch aus Gewohnheit dabei. Die Folge: Unzufriedenheit, Ablenkung, gestörte Konzentration – und eine ineffiziente Besprechungskultur.

Lösung:
- Nur dabei, wer wirklich betroffen ist.
- Wenn möglich: Themenblöcke gliedern.
- Zuerst allgemeine Themen → dann optionales Ausscheiden derer, die nicht mehr betroffen sind
- Online-Zuschaltung kann für Teilaspekte sinnvoll sein.

Beispiel

Auf einer großen Rettungswache wurden in regelmäßigen Teammeetings alle Themen gemeinsam besprochen – auch wenn es am Ende nur noch um Aspekte der Notfallrettung ging. Die Kolleg:innen aus dem reinen Krankentransport saßen dennoch bis zum Ende – oft ohne Mehrwert. Nach einer Umstrukturierung galt: „Dabei ist, wer betroffen ist – und nur so lange, wie nötig.“ Die Effizienz der Treffen stieg deutlich.◀

Vorbereitung und Agenda – der Schlüssel zu effizienten Meetings

Effiziente Besprechungen beginnen nicht mit dem ersten gesprochenen Wort, sondern deutlich früher: mit einer guten Einladung. Wer ziellos zu einem Termin eingeladen wird, fühlt sich selten abgeholt – und häufig nicht verantwortlich. Struktur, Klarheit und Orientierung schaffen hingegen einen Rahmen, in dem alle Teilnehmenden produktiv mitarbeiten können.

Die Einladung – kompakt und vollständig

Eine gelungene Besprechung beginnt mit einer Einladung, die mehr enthält als nur den Ort und die Zeit. Sie sollte folgende Elemente umfassen:

- Themenliste mit Zielbeschreibung pro Punkt

- Zeitvorgaben pro Thema
- Angabe der Teilnehmenden und Zuständigkeiten
- Vorbereitende Unterlagen, die vorab gesichtet werden sollten
- Ansprechpartner:innen zu einzelnen Themen
- Protokoll der letzten Sitzung, sofern vorhanden

Letzteres ist besonders hilfreich – denn oft entdecken Teilnehmende erst durch das erneute Lesen, dass sie noch ein offenes To-do haben. So können unangenehme Überraschungen vermieden werden und Nachfragen entfallen.

Die Agenda – Strukturgeber und Verbindlichkeit in einem

Damit eine Einladung diese Qualität erreicht, braucht es eine klare und verbindliche Agenda. Sie ist das zentrale Planungsinstrument – für die Moderation ebenso wie für die Teilnehmenden. Ohne Agenda droht ein Meeting schnell abzudriften oder in Unverbindlichkeit zu verfallen.

Inhalte, die in jede gute Agenda gehören:

- **Thema**: Worum geht es? (Klar formuliert, kein Schlagwort-Durcheinander)
- **Ziel:** Was soll erreicht werden? (nach dem **IED-Prinzip**: Information, Entscheidung, Diskussion)
- **Zeitbedarf:** Wie lange ist für den Punkt geplant? Realistisch, mit Puffer
- **Verantwortlich:** Wer bringt das Thema ein? Wer moderiert es ggf.?
- **Notwendige Unterlagen:** Was sollte vorab gelesen oder mitgebracht werden?
- **Ansprechpartner:in:** Wer kann bei Fragen vorab kontaktiert werden?

Themen auf die Agenda bringen – aber strukturiert

In vielen Organisationen gibt es keine Regeln dafür, wie Themen ins Meeting gelangen. Die Folge: Es wird spontan etwas „reingeworfen", oft ohne Ziel oder Dringlichkeit. Deshalb empfiehlt es sich, klare Vorgaben zur Themensammlung einzuführen.

Empfehlung für Ihre Praxis:

- Themen müssen bis x Tage vor dem Meeting eingereicht werden
- Pro Thema muss angegeben werden: Titel, Ziel (nach IED), Zeitbedarf, Ansprechpartner:in, Unterlagen
- Die Leitung oder Moderation erstellt daraus die finale Agenda

Diese Vorgehensweise spart nicht nur Zeit, sondern schützt auch vor dem sogenannten „Meeting-Drift“ – wenn sich Sitzungen ungeplant in neue Richtungen entwickeln und am Ende niemand weiß, was eigentlich erreicht wurde.

▶ **Der Punkt „Sonstiges“ – bitte streichen**
Ein Relikt aus alten Besprechungskulturen ist der Tagesordnungspunkt „Sonstiges“. Was gut gemeint ist – nämlich Raum für Dringendes oder Spontanes zu schaffen – führt in der Praxis häufig zu Chaos, Frustration oder Unverbindlichkeit. Themen unter „Sonstiges“ sind oft **nicht vorbereitet, nicht priorisiert und nicht moderiert** – sie sprengen den Zeitplan und ziehen unnötig Energie.
Empfehlung: Streichen Sie den Punkt „Sonstiges“ konsequent. Schaffen Sie stattdessen eine Möglichkeit, Themen vorab strukturiert einzureichen – und wenn doch ein spontanes Anliegen auftaucht, entscheiden Sie gemeinsam, ob es aufgenommen oder separat geklärt wird. So bleibt die Agenda verbindlich – und das Meeting effizient.

Durchführung – Moderation, Struktur und Ergebnissicherung im Meeting
Auch die beste Agenda verliert ihren Wert, wenn die Durchführung des Meetings unstrukturiert erfolgt. Eine gute Besprechung lebt von klaren Rollen, Verbindlichkeit und dem Einhalten von Zeitrahmen. Ziel ist nicht nur ein angenehmes Miteinander, sondern vor allem: gemeinsames Vorankommen.

Der Ablauf – drei Phasen für ein gelungenes Meeting

1. **Begrüßung und Einstieg**
   - Kurzer Smalltalk (max. 2–3 min), um Atmosphäre zu schaffen
   - Vorstellung der Agenda und Ziele des Meetings (Was soll heute erreicht werden?)
   - Benennung von:
     Moderator:in – führt durch das Meeting
     Protokollant:in – hält Ergebnisse, To-dos und Zuständigkeiten fest
2. **Inhaltsteil:** Hier geht es zur Sache. Damit diese Phase gelingt, sind klare Rollen, Werkzeuge und Prinzipien entscheidend – dazu gleich mehr.
3. **Abschluss und Ergebnissicherung**
   - Gemeinsamer Blick auf das Ergebnisprotokoll
   - Klärung offener Punkte, nächste Schritte, Termine
   - Verbindlichkeit sichern: Alle wissen, was von wem bis wann erledigt wird
   - Positiver Abschluss: Dank, Blick nach vorn, ggf. Blitzlicht-Runde (z. B. „Wie war das Meeting für mich in 3 Worten?“)

Der Moderator – Schlüssel zur Klarheit

Es hat sich bewährt, dass nicht die Leitung des Meetings moderiert, sondern eine andere Person. So können Leitungskräfte inhaltlich mitarbeiten, während der*die Moderator:in auf Prozess und Struktur achtet.

Aufgaben des Moderators:

- Einhalten der Zeitvorgaben je Tagesordnungspunkt
- Strukturierung und Visualisierung von Ergebnissen (Flipchart, Whiteboard, Smartboard)
- Lenken der Diskussion entlang des **IED-Prinzips:**
  - **I**nformation: Der Punkt wird nur vorgestellt
  - **E**ntscheidung: Es soll ein Beschluss getroffen werden
  - **D**iskussion: Es geht um Austausch und Abwägung
- Eingreifen bei Abschweifungen
- Aktivieren stiller Teilnehmender
- Positiver Abschluss

> **Tipp aus der Praxis**
> **Team-Timer** helfen enorm. Kleine, lautlose Timer (z. B. Küchenuhren mit optischem Zeitbalken) zeigen allen, wie viel Zeit für einen Punkt bleibt. Sie fördern Disziplin und geben Sicherheit. Preiswerte Modelle gibt es bereits für unter 20 €.

Wichtig Wenn ein Thema die Zeit überzieht, wird nicht einfach weitergemacht. Sonst verlieren Zeitvorgaben ihren Wert. Stattdessen:

- **Kurze Abstimmung im Team**: Thema streichen, vertagen oder anderes kürzen?
- Nur wenn alle zustimmen, wird verlängert – **nicht einfach hinten anhängen**!

GEMO statt Perfektion – Fokus statt Endlosdiskussion

Gerade in großen Runden kommt es vor, dass Themen überdiskutiert werden, obwohl für den betreffenden Teilnehmerkreis eine Entscheidung längst möglich wäre. Um sich nicht in Details zu verlieren, hilft das sogenannte GEMO-Prinzip:

GEMO = Good Enough, Move On.

Wenn das Thema ausreichend beleuchtet ist – und alle Beteiligten arbeitsfähig sind –, wird weitergemacht. Perfektion ist oft nicht notwendig. Fokus und Fortschritt zählen mehr als letzte Prozentpunkte.

Ist ein Thema noch nicht abschließend geklärt, kann es gezielt in eine Arbeitsgruppe oder ein kleineres relevantes Gremium übergeben werden. Dort wird es effizienter weiterbearbeitet – ohne alle aufzuhalten.

Ergebnisprotokoll – das Gedächtnis des Meetings
In jedem Meeting sollte ein kurzes, aber verbindliches Ergebnisprotokoll geführt werden. Es ist keine Mitschrift – sondern eine Übersicht über:

- getroffene Entscheidungen
- konkrete To-dos mit Zuständigkeit und Frist
- offene Punkte, die vertagt wurden
- ggf. Rückfragen oder externe Klärungsbedarfe

Das Protokoll sollte am besten direkt nach dem Meeting verschickt werden – spätestens am Folgetag. So bleibt das Meeting präsent und To-dos geraten nicht in Vergessenheit.

Literatur

Allen, D. (2015). *Wie ich die Dinge geregelt kriege. Selbstmanagement für den Alltag*. Piper.

DGUV (2021). *Praxishilfe Zoom-Fatigue. Symptome, Ursachen und Maßnahmen*. IAG.

Dluzniewski, J. (2023). *Essenzielle Führung. Wie die Führungsaufgabe zur Lebensaufgabe wird*. Haufe. https://doi.org/10.34157/978-3-648-16779-3.

Hermanni, A. -J. (2022). Business Guide für strategisches Management. 50 Tools zum geschäftlichen Erfolg. Wiesbaden. Springer Gabler. https://doi.org/10.1007/978-3-658-37742-7.

Hintz, A. J., & Graevenstein, J. (2020). *Erfolgreiche Mitarbeiterführung durch soziale Kompetenz. Eine praxisbezogene Anleitung*. Springer Gabler. https://doi.org/10.1007/978-3-658-29777-0.

Minar, E. (2024). *Praxistipps für Nachwuchs-Führungskräfte. Ratschläge eines Top-Managers*. Springer Gabler. https://doi.org/10.1007/978-3-658-44030-5.

Seneca, L. A. (2008). *De brevitate vitae: Lateinisch/Deutsch, Von der Kürze des Lebens. Übersetzt und herausgegeben von Marion Giebel*. Reclam.

Seiwert, L. (2014). *Das 1x1 des Zeitmanagement. Zeiteinteilung, Selbstbestimmung, Lebensbalance*. Gräfe und Unzer.

Theurer, J. (2022). *Zeitmanagement für Juristen. Strukturiert durch den Tag – mehr Effizienz – mehr freie Zeit*. Springer Gabler. https://doi.org/10.1007/978-3-658-36919-4.

Tracy, B. (2019). *Eat that Frog. 21 Wege, wie Sie in weniger Zeit mehr erreichen*. Offenbach am Main. Gabal.

Führung als Schlüssel für Bindung und Motivation

5

Zusammenfassung

Text maximal 1000 Zeichen inklusive Leerzeichen

Die Fluktuation im Rettungsdienst ist hoch, die Belastung ebenfalls. Wer langfristig motivierte und leistungsstarke Teams aufbauen will, muss die Themen Mitarbeiterbindung und Mitarbeitermotivation nicht nur im Blick behalten, sondern strategisch und systematisch bearbeiten. Beide Aspekte greifen ineinander: Während Mitarbeiterbindung auf die langfristige Beziehung zwischen Organisation und Mitarbeitenden zielt, geht es bei der Mitarbeitermotivation vor allem um die kurzfristige Steigerung von Engagement, Zufriedenheit und Leistungsbereitschaft.

Dieses Kapitel gibt einen praxisorientierten Überblick, wie beide Hebel wirksam eingesetzt werden können – ohne Illusionen, aber mit klaren Handlungsmöglichkeiten.

► Dieses Kapitel ist Bestandteil des vorliegenden Buchs, um die Themen Mitarbeiterbindung und Mitarbeitermotivation in ihrer Bedeutung für Führungskräfte im Rettungsdienst vollständig abzubilden. Beide Themen sind jedoch so zentral, dass sie in einem eigenständigen Fachbuch vertieft behandelt werden: „Employer Branding und Personalmarketing im Rettungsdienst" (Heine, 2025; Tracy, B., 2019). Dieses enthält zahlreiche Praxistipps, Modelle und Umsetzungshilfen und wird zur vertiefenden Lektüre ausdrücklich empfohlen.

D. Heine, *Leadership und Management im Rettungsdienst*,
https://doi.org/10.1007/978-3-662-71657-1_5

Im Rettungsdienst, wo Mitarbeitende einem hohen emotionalen, physischen und organisatorischen Druck ausgesetzt sind, sind klassische Motivationsrezepte oft unzureichend. Es braucht durchdachte, individuelle und praxisnahe Lösungen – ausgerichtet auf das, was Rettungsdienstler wirklich motiviert und an ihren Arbeitgeber bindet.

▶ **Mitarbeiterbindung** beschreibt alle strategischen und strukturellen Maßnahmen, die darauf abzielen, Mitarbeitende dauerhaft im Unternehmen zu halten. Ziel ist es, Fluktuation zu reduzieren, Erfahrungswissen zu sichern, Stabilität im Team zu gewährleisten und letztlich die Effizienz und Qualität der Versorgung zu sichern. Mitarbeiterbindung wirkt langfristig und entfaltet ihre Wirkung über Jahre hinweg. Besonders im Rettungsdienst ist dies entscheidend: Denn wer die Region, die Ansprechpartnerinnen und Ansprechpartner sowie die Abläufe kennt, kann schneller, sicherer und ressourcenschonender agieren.

▶ Im Unterschied dazu bezieht sich **Mitarbeitermotivation** auf kurzfristige, aber wiederkehrende Impulse, die dazu dienen, Mitarbeitende zu höherer Leistungsbereitschaft, größerem Engagement oder höherer Zufriedenheit zu bewegen. Motivation wirkt punktuell – kann aber regelmäßig angeregt und unterstützt werden. Dabei wird zwischen intrinsischer Motivation (z. B. Freude an der Tätigkeit oder der Wunsch, Leben zu retten) und extrinsischer Motivation (z. B. Prämien oder Lob) unterschieden.

Beide Dimensionen sind eng miteinander verbunden. Ohne Motivation entsteht keine Bindung. Und ohne Bindung bleibt Motivation ein flüchtiges Phänomen. Deshalb ist es sinnvoll, beide Konzepte zusammenzudenken.

Herausforderungen im Rettungsdienst

Führungskräfte im Rettungsdienst sehen sich mit einer Vielzahl an Herausforderungen konfrontiert, die direkte Auswirkungen auf Bindung und Motivation haben:

- Hohe physische und psychische Belastung: Schichtdienste, schwierige Einsätze und unregelmäßige Schlaf- und Essenszeiten fordern ihren Tribut. 67 % der Teilzeitbeschäftigten im Rettungsdienst gaben an, Aufgrund zu hoher Arbeitsbelastung in Teilzeitarbeit zu sein (DGB 2023, S. 116).

- Zunehmend niederschwellige Einsätze: Viele Mitarbeitende empfinden das Missverhältnis zwischen Aufwand und Wirkung als demotivierend.
- Strukturelle Unsicherheiten: Durch Ausschreibungen, Trägerwechsel oder politische Entscheidungen fühlen sich viele Mitarbeitende wenig sicher.
- Fehlende Perspektiven: Ohne klare Entwicklungsmöglichkeiten oder Karrierewege sinkt langfristig die Identifikation mit dem Arbeitgeber.

Diese Rahmenbedingungen führen nicht selten zu Demotivation, innerer Kündigung oder tatsächlicher Fluktuation. Eine gute Führung kann diese Risiken nicht vollständig eliminieren, aber deutlich reduzieren.

Es ist jedoch unrealistisch, für sämtliche Mitarbeitenden individuelle Personalbindungsstrategien zu entwickeln. Darüber hinaus ist Mitarbeiterbindung mit einem nicht zu unterschätzenden Ressourceneinsatz verbunden – personell wie finanziell – , der in vielen Organisationen begrenzt ist und häufig auch an anderer Stelle benötigt wird (Meyer, F. & Becker, R., 2024. S. 34; Heine, D., 2025).

5.1 Systematisch binden: drei Schritte zur Mitarbeiterbindung

Schritt 1: Schlüsselmitarbeitende identifizieren und Bedürfnisse verstehen
Nicht jede Fluktuation ist kritisch – aber der Verlust von Schlüsselpersonen kann massive Folgen haben. Im ersten Schritt empfiehlt es sich daher zu klären: Wer sind die Schlüsselpersonen? Wer trägt besonders viel Verantwortung, formelles oder informelles Wissen? Wer hält das Team zusammen und trägt eine entscheidende Rolle (Haubold A.-K., et al., 2014, S. 116; Tracy, B., 2019)?

Diese Personen zu identifizieren und ihre individuellen Bedürfnisse zu verstehen, ist eine zentrale Führungsaufgabe. Methoden hierfür sind strukturierte Gespräche, anonyme Befragungen, Workshops oder Fokusgruppen. Auch Rückmeldungen der Wachleitungen und Stellvertretungen liefern wertvolle Hinweise.

Schritt 2: Konkrete Maßnahmen entwickeln
Basierend auf den ermittelten Bedürfnissen lassen sich passende Maßnahmen ableiten. Dabei ist wichtig: Nicht jede Maßnahme muss kostenintensiv sein – aber sie muss als wertschätzend und wirksam wahrgenommen werden.

Beispiele:

- Anerkennung & Wertschätzung: Regelmäßiges Lob, kleine Gesten, persönliche Worte der Führung
- Optimierte Arbeitsbedingungen: Hochwertige Ausrüstung, saubere Rückzugsräume, digitale Dokumentation
- Karriere & Entwicklung: Fachliche Spezialisierungen, Leitungsschulungen, Mentoringprogramme
- Teamkultur: Teamevents, Beteiligung an Entscheidungen, gemeinsame Projekte

Schritt 3: Anpassungssysteme etablieren
Mitarbeiterbindung ist kein Einmal-Projekt. Es braucht ein System, das regelmäßig prüft, was wirkt – und was nicht. Dazu zählen:

- Jahresgespräche mit festen Leitfragen
- Anonyme Befragungen (digital oder papierbasiert)
- Offene Feedbackformate (z. B. Teamrunden, Rückmeldeboxen)
- Pilotprojekte für neue Maßnahmen (Testphasen statt sofortiger Einführung)

5.2 Motivation verstehen und nutzen

Im aktuellen Arbeitsmarkt reicht es längst nicht mehr aus, dass Recruiting und Mitarbeiterbindung allein von der Personalabteilung oder Geschäftsführung getragen werden. Gerade im Rettungsdienst wirkt sich die direkte Führung auf der Wache wesentlich stärker auf die Entscheidung von Mitarbeitenden aus, zu bleiben oder zu gehen – oder überhaupt erst zu kommen. Denn Führungskräfte sind die erste Linie der Arbeitgebermarke: Sie prägen Kultur, Klima und Kommunikation unmittelbar.

Wer als Führungskraft authentisch, wertschätzend und entwicklungsorientiert handelt, beeinflusst damit auch die Attraktivität des eigenen Rettungsdienstes. Dies beginnt bei der Art, wie neue Mitarbeitende empfangen werden, reicht über den Umgang mit Belastung bis hin zur Frage, wie regelmäßig Rückmeldungen, Perspektiven und Anerkennung erfolgen.

Insbesondere die Generationen Z und Alpha achten stark auf Führungsqualität, Entwicklungsmöglichkeiten und persönliche Passung. Gute Führung stellt damit den wichtigsten Hebel zur langfristigen Bindung dar – und gleichzeitig die glaubwürdigste Form von Employer Branding.

Motivation
Was motiviert Menschen wirklich? Eine einfache Antwort gibt es nicht. Erkenntnisse der Motivationsforschung zeigen, dass Motivation keine feste Persönlichkeitseigenschaft wie Intelligenz ist, über die manche Menschen verfügen und andere nicht. Vielmehr ergibt sich Motivation aus dem Zusammenspiel zwischen individuellen Motiven einer Person und den situativen Anreizen, die sie wahrnimmt (Hungenberg, H. & Wulf. T. 2021. S. 245; Haubold, A.-K. et al., 2014).

Beispiel

Im Rettungsdienst lässt sich dieses Prinzip gut beobachten: Eine Notfallsanitäterin kann beispielsweise hoch motiviert sein, eine neue Kollegin im Rahmen eines Patenmodells einzuarbeiten. Diese Aufgabe spricht ihre Motive nach sozialer Verantwortung, Kollegialität und fachlicher Anerkennung an. Die gleiche Person zeigt jedoch möglicherweise wenig Motivation, an der monatlichen Materialbestandsaufnahme teilzunehmen – nicht, weil sie sich grundsätzlich der Ordnung verweigert, sondern weil sie darin keinen für sich bedeutsamen Anreiz erkennt.

Motivation ist also kontextabhängig. Sie entsteht, wenn situative Anreize mit persönlich relevanten Motiven übereinstimmen – und sie bleibt aus, wenn diese Verbindung nicht gegeben ist.◄

Um zu verstehen, warum Menschen in bestimmten Situationen engagiert sind und in anderen nicht, bietet sich das einfache Verhaltensmodell von Staehle (1999) an. Es geht davon aus, dass Motive – also unerfüllte Bedürfnisse oder Ziele – das Verhalten eines Menschen grundlegend beeinflussen. Diese Motive sind individuell unterschiedlich ausgeprägt. Für eine Person kann z. B. „Sinnhaftigkeit“ im Beruf zentral sein, für eine andere „Anerkennung durch das Team“ oder „Sicherheit durch planbare Arbeitszeiten“.

Ob und in welchem Maß sich eine Person engagiert, hängt davon ab, ob die mit einer Handlung verbundenen Anreize zur Erfüllung dieser persönlichen Motive beitragen. Vor jeder Handlung – insbesondere vor zusätzlicher Leistung – findet ein innerer Abwägungsprozess statt: Steht der erwartete Anreiz in einem lohnenden Verhältnis zur notwendigen Anstrengung?

Das bedeutet: Die Bereitschaft, sich zu engagieren, ist umso größer, je stärker die damit verbundenen Anreize zur Erfüllung persönlich relevanter Motive beitragen. Im Umkehrschluss können Aufgaben, die keinen erkennbaren Anreiz enthalten oder sogar demotivierende Aspekte aufweisen (z. B. starre Schichtpläne, fehlende Wertschätzung), zu Leistungseinbußen oder Rückzug führen – selbst bei grundsätzlich motivierten Mitarbeitenden.

Zusätzlich zeigt sich, dass Motive nicht statisch sind. Sie verändern sich im Zeitverlauf. So kann beispielsweise das Motiv „beruflicher Aufstieg" in jüngeren Jahren dominieren, während mit zunehmendem Alter „Zeit für die Familie" oder „Gesundheit" an Bedeutung gewinnen. Führungskräfte im Rettungsdienst stehen deshalb vor der Aufgabe, individuelle Motive zu erkennen, situative Anreize gezielt zu gestalten – und dabei flexibel auf Veränderungen im Lebensverlauf einzugehen.

▶ Wichtig: Motivation ist kein dauerhafter Zustand. Sie verändert sich. Was heute motiviert, kann morgen irrelevant sein. Daher ist es notwendig, regelmäßig zu prüfen, welche Aspekte für die jeweiligen Mitarbeitenden derzeit entscheidend sind.

5.3 Anreize setzten

Anreizsysteme helfen dabei, gewünschtes Verhalten zu fördern. Im Rettungsdienst müssen sie jedoch einfach, flexibel und fair sein. Nicht jedes Team benötigt ein aufwendiges Bonussystem – aber jede Organisation sollte klare Antworten auf folgende Fragen finden:

- Was wird belohnt?
- Wie erfolgt die Belohnung?
- Ist sie für alle nachvollziehbar?

▶ Wesentlich ist, dass sich Mitarbeitende nicht „erkauft" fühlen, sondern wahrgenommen und geschätzt. Daher ist Kommunikation ein zentraler Bestandteil jedes Anreizsystems.

Anreizsysteme bieten Arbeitgebern die Möglichkeit, positives Verhalten gezielt zu prämieren. Idealerweise bieten sie individuelle Anreize, die auf die Bedürfnisse verschiedenster Zielgruppen zugeschnitten sind. Die meisten bestehenden Anreizsysteme sind jedoch für große Unternehmen ausgelegt. In solchen Unternehmen mit mehreren Tausend Mitarbeitenden stehen Investitionen in Technik und deren Umsetzung oft in einem angemessenen Verhältnis von Aufwand zu Nutzen.

Kleinere Unternehmen, insbesondere Rettungsdienste mit wenigen Hundert Mitarbeitenden, stoßen hier häufig an ihre Grenzen. Teure App-Lösungen, komplexe Programme und umfangreiche Prämienmodelle sind in diesen Organisationen oft weder wirtschaftlich noch organisatorisch umsetzbar. Besonders im Gesundheits- und Sozialwesen (GSW) arbeiten Menschen mit anderen Bedürfnissen und oft ohne klare Zielvorgaben – anders als in vielen Wirtschaftsbranchen. Dies erschwert die praktische Umsetzung zusätzlich.

Vor diesem Hintergrund wurde das **GSW-Anreizsystem nach Heine** speziell für Rettungsdienste entwickelt. Es ist einfach, transparent und ohne großen technischen Aufwand umsetzbar. Die Gestaltung der Anreize sowie der Prämien ist passgenau auf den Sozial- und Gesundheitssektor zugeschnitten. Die Umsetzung reicht von einer simplen Papiervorlage bis hin zu digitalen Anwendungen.

Das System verfolgt drei Hauptziele

1. Mitarbeitergewinnung durch gezielte **Eintrittsanreize**
2. Mitarbeiterbindung durch nachhaltige **Bleibeanreize**
3. Mitarbeitermotivation durch **Motivationsanreize**

Gleichzeitig integriert es zusätzliche Möglichkeiten der Wertschätzung durch **Wertschätzungsanreize.** Diese Anreize drücken in besonderer Weise die Anerkennung und Würdigung von außergewöhnlichen Ereignissen und Leistungen aus.

Das Punktemodell: Die Basis

Das Anreizsystem basiert auf Vergabe von Punkten, die anschließend durch die Mitarbeitenden in individuelle Gegenleistungen eingetauscht werden können. Die Vorteile des Punktesystems sind:

- **Punkte als Währung:** Mitarbeitende sammeln Punkte für bestimmte Leistungen und tauschen sie gegen Prämien ein.
- **Flexibilität:** Punkte können individuell für Freizeit, Weiterbildung, Geld oder nachhaltige Optionen genutzt werden. Sie sind zudem perfekt an lokale Gegebenheiten anpassbar.
- **Einfache Einführung:** Das Modell ist unkompliziert und kann an die Gegebenheiten jedes Rettungsdienstes angepasst werden.
- **Transparente und leicht verständliche Struktur:** Punktemodelle sind im Alltag angekommen, sei es bei Fast-Food-Ketten, Payback oder Discountern. Menschen sind es gewöhnt Punkte zu sammeln.
- **Motivation** durch individuelle Wahlmöglichkeiten bei den Prämien.

- **Kosteneffizient,** da keine direkten Gehaltsanpassungen notwendig sind. Führungskräfte können besondere Leistungen somit einfacher belohnen.
- **Zielorientiert:** Rettungsdienste können selbst entscheiden was sie mit Punkten belohnen.
- **Innovativ:** Stärkung der Employer Brand durch innovative und nachhaltige Anreize.
- **Gemeinsam entwickelt:** Durch das gemeinsame Entwickeln im Projektteam (siehe unten) steigt die Anerkennung des Modells und die Punktevergaben und Eintauschprämien sind zielgerichtet auf den eigenen Rettungsdienst zugeschnitten

Abb. 5.1 veranschaulicht die vier verschiedenen Anreizarten.

Die gesammelten Punkte können von den Mitarbeitenden – analog zu bekannten Prämienprogrammen – gegen individuell wählbare Leistungen eingetauscht werden. Das Spektrum reicht von zusätzlichen freien Tagen über monetäre Anreize wie Tankgutscheine oder Jahreskarten für Schwimmbäder und Freizeitparks bis hin zur finanziellen Unterstützung persönlich motivierter Fort- und Weiterbildungen. Auf diese Weise entstehen flexible, zielgruppengerechte Anreize mit spürbarem Mehrwert.

Sowohl die Auswahl der prämienrelevanten Leistungen als auch die konkrete Ausgestaltung der Prämien selbst sollte individuell an die jeweilige Organisation angepasst werden. Idealerweise wird hierfür eine Arbeitsgruppe gebildet, die sich aus Vertretenden der wichtigsten Zielgruppen zusammensetzt. Diese Arbeitsgruppe fungiert als Bindeglied zwischen Team und Leitung, bringt das System in die Fläche und sammelt konkrete Vorschläge für die Punktevergabe und geeignete Prämien.

Empfehlenswert ist ein klar kommuniziertes Pilotprojekt über einen Zeitraum von sechs Monaten. Im Anschluss erfolgt eine Evaluation, um auf Basis der Erfahrungen sinnvolle Anpassungen vorzunehmen. Das Anreizsystem sollte als lernendes Instrument verstanden und kontinuierlich weiterentwickelt werden.

▶ Alle Details zum GSW-Anreizmodell sowie konkrete Vorlagen zur Punktevergabe finden sich im Fachbuch: Heine, D. (2025): Employer Branding und Personalmarketing im Rettungsdienst.

Durch diese individuelle Gestaltbarkeit kann das GSW-Anreizsystem zu einem wirksamen Instrument für Arbeitgeberattraktivität, Teamkultur und Mitarbeiterbindung im Rettungsdienst werden.

Abb. 5.1 Anreizarten im Anreizsystem nach Heine

► **Praxistipp**
Die Gründung einer Projekt- oder Arbeitsgruppe zum Thema „Mitarbeiterbindung & Motivation" kann wertvolle Impulse liefern. Werden Mitarbeitende in den Prozess eingebunden, entstehen häufig nicht nur bessere Lösungen, sondern auch eine höhere Identifikation mit dem Ergebnis.

Literatur

DGB. (2023). Teilzeitarbeit wegen zu hoher Arbeitsbelastung bei längerer Arbeitszeit nach Beruf in Deutschland im Jahr 2024. In Statista. https://de.statista.com/statistik/daten/studie/1536663/umfrage/zu-hohe-arbeitsbelastung-als-grund-fuer-teilzeitarbeit-nach-beruf/. Zugegriffen: 11. Febr. 2025.

Haubold, A.-K., Gnieser, K., & Golovina, M. et al. (2014). Mitarbeiter an das Unternehmen binden. In: A.-K. Haubold, T. Gonschorek & I. Gestring et al. (Hrsg.), *Managementkompetenzen im Mittelstand. Grundlegendes Wissen und Instrumente zur praktischen Umsetzung* (S. 113 – 130). Springer Gabler.

Hungenberg, H., & Wulf, T. (2021). *Grundlagen der Unternehmensführung* (6. Aufl.). Springer Gabler.

Heine, D. (2025). *Employer Branding und Personalmarketing im Rettungsdienst. Mitarbeitende gewinnen, binden und motivieren.* Springer Gabler.

Meyer, F. & Becker, R. (2024). *FANOMICS – Mitarbeiter zu Fans machen. Wie Sie von der Ökonomie des Fan-Prinzips profitieren.* Springer Gabler.

Staehle, W. (1999). *Management.* (8. Aufl.). Vahlen.

Tracy, B. (2019). *Eat that Frog. 21 Wege, wie Sie in weniger Zeit mehr erreichen.* Offenbach am Main. Gabal.

6 Kommunikation und Gesprächsführung

Zusammenfassung

Dieses Kapitel zeigt, wie Kommunikation als zentrales Führungsinstrument im Rettungsdienst wirksam eingesetzt werden kann. Es behandelt die drei Kommunikationsebenen (verbal, paraverbal, nonverbal) und stellt mit der Transaktionsanalyse ein Modell vor, das Führungskräften hilft, Ich-Zustände zu erkennen und Gespräche konstruktiv zu steuern. Ein Schwerpunkt liegt auf dem Einsatz systemischer Fragen zur Gesprächsführung. Dabei wird gezeigt, wie durch gezielte Vorbereitung, offene Fragen und innere Haltung auch schwierige Gespräche souverän geführt werden können – sei es im Team, mit einzelnen Mitarbeitenden oder in Konfliktsituationen. Kommunikationsbarrieren und typische Stolpersteine werden benannt und konkrete Strategien zur Vermeidung aufgezeigt.

Auch Kommunikation ist ein zentrales Führungsinstrument im Rettungsdienst. Ob im Einsatz, im Teammeeting oder im Entwicklungsgespräch: Führung geschieht durch Kommunikation. Doch das Beherrschen von Fachsprache allein genügt nicht. Es geht darum, Inhalte klar zu vermitteln, Komplexität richtig zu dosieren, Beziehungen aktiv zu gestalten und mit unterschiedlichen Gesprächspartnern situativ angemessen zu interagieren.

Die wissenschaftliche Literatur kennt eine Vielzahl an Kommunikationsmodellen. Jedes Modell beleuchtet bestimmte Aspekte, von der Informationsübertragung bis hin zu innerpsychischen Dynamiken. Für die Praxis im Rettungsdienst ist jedoch nicht entscheidend, alle theoretischen Konzepte im Detail zu kennen.

D. Heine, *Leadership und Management im Rettungsdienst*,
https://doi.org/10.1007/978-3-662-71657-1_6

Vielmehr kommt es darauf an, ausgewählte Modelle zu nutzen, die sich in der Führungspraxis bewährt haben und im Führungsalltag konkret anwendbar sind.

Dieses Kapitel konzentriert sich daher auf **pragmatische Modelle und Instrumente,** die Führungskräfte im Rettungsdienst unmittelbar unterstützen können – sei es beim gezielten Einsatz von Fragen, oder bei der souveränen Gesprächsführung im Team.

Im ersten Abschnitt stehen die Grundlagen der Kommunikation im Fokus. Darauf aufbauend folgen vertiefende Themen wie Transaktionsanalyse, systemisches Fragen, Kommunikation in Teams, der Umgang mit schwierigen Gesprächen sowie typische Kommunikationsbarrieren. Abschließend werden praktische Hinweise gegeben, wie Gespräche strukturiert und zielgerichtet geführt werden können.

6.1 Grundlagen wirksamer Kommunikation

Kommunikation ist weit mehr als das gesprochene Wort. Insbesondere im Führungsalltag im Rettungsdienst entscheiden nicht nur Inhalte, sondern auch die Art und Weise, wie etwas gesagt und aufgenommen wird, über Wirkung und Verständnis. Die Kommunikation zwischen Führungskraft und Mitarbeitenden prägt das Klima innerhalb des Teams, beeinflusst Motivation, Vertrauen und Zusammenarbeit.

Grundsätzlich lassen sich drei Ebenen der Kommunikation unterscheiden: die verbale, die paraverbale und die nonverbale Ebene. Sie wirken gleichzeitig und beeinflussen sich gegenseitig.

Verbale Kommunikation Die verbale Kommunikation bezeichnet den sprachlichen Inhalt – also das, was gesagt wird. Dazu gehören *Wortwahl, Satzbau, Verständlichkeit und Struktur der Aussagen.* Im Führungsalltag ist es entscheidend, sich klar, eindeutig und zielgerichtet auszudrücken. Uneindeutige oder ausweichende Formulierungen können zu Missverständnissen, Unsicherheit oder Fehlinterpretationen führen. Fachliche Klarheit sollte dabei stets mit wertschätzender Sprache kombiniert werden.

Paraverbale Kommunikation Die paraverbale Kommunikation umfasst die stimmliche Gestaltung – also das Wie des Gesagten. Dazu zählen *Tonlage, Lautstärke, Sprechtempo, Betonung und Pausen.* Ein und derselbe Satz kann, je nach paraverbalem Ausdruck, Zustimmung, Ablehnung, Interesse oder Desinteresse signalisieren. Gerade unter Stress oder Zeitdruck verändert sich die paraverbale

Kommunikation oft unbewusst. Für Führungskräfte ist es daher hilfreich, sich der eigenen Sprechweise bewusst zu sein und deren Wirkung auf andere reflektieren zu können.

Nonverbale Kommunikation Zur nonverbalen Kommunikation gehören alle körpersprachlichen Signale: *Mimik, Gestik, Körperhaltung, Blickkontakt, aber auch räumliche Distanz oder Bewegungen* im Raum. Sie transportiert häufig die emotionale Komponente einer Botschaft. Nonverbale Signale wirken oft unmittelbarer und glaubwürdiger als das gesprochene Wort – vor allem dann, wenn sie im Widerspruch zum Inhalt stehen. So kann eine vermeintlich motivierende Aussage an Wirkung verlieren, wenn sie mit verschränkten Armen, starrem Blick und abgewandtem Körper einhergeht.

Führungskräfte im Rettungsdienst profitieren davon, die drei Ebenen bewusst zu steuern und auf Kongruenz zu achten. Denn nur wenn verbale, paraverbale und nonverbale Elemente miteinander übereinstimmen, wird Kommunikation als authentisch, klar und vertrauensvoll wahrgenommen.

Ein weiterer Aspekt, der die Kommunikation im Führungsalltag beeinflusst, ist das Bewusstsein für den eigenen Kommunikationsstil und dessen Wirkung auf andere. Kommunikationsmodelle wie das Vier-Ohren-Modell nach Schulz von Thun (1981; Staehle, W., 1999) bieten hier nützliche Anhaltspunkte. Dieses Modell wird im weiteren Verlauf nicht ausführlich behandelt, kann jedoch dabei helfen, sich die Vielschichtigkeit von Aussagen bewusst zu machen – insbesondere in stressreichen oder konfliktbeladenen Situationen.

Auf diesen Grundlagen aufbauend, wird im nächsten Abschnitt die Transaktionsanalyse als praxisnahes Instrument vorgestellt. Sie ermöglicht ein besseres Verständnis der inneren Haltungen und Reaktionsmuster in Gesprächen – und bietet konkrete Ansätze, wie Führungskommunikation bewusster und wirksamer gestaltet werden kann.

6.2 Transaktionsanalyse als Werkzeug für Führungskräfte

Die Transaktionsanalyse (TA) wurde in den 1950er-Jahren von Eric Berne (Angerer, T. & Roegner A., 2023) entwickelt und bietet ein praxisorientiertes Modell, um Kommunikation und zwischenmenschliche Dynamiken besser zu verstehen und gezielt zu gestalten. Für Führungskräfte im Rettungsdienst ist sie ein hilfreiches Instrument zur Reflexion und bewussten Steuerung von Gesprächsverläufen.

Die Ich-Zustände nach Berne

(Stewart, I. & Joines, V., 2015, S. 52–53; Schulz von Thun, F., 1981)

Kern der Transaktionsanalyse ist das Modell der drei Ich-Zustände, aus denen Menschen kommunizieren. Diese inneren Haltungen steuern Denken, Fühlen und Verhalten in sozialen Interaktionen – bewusst oder unbewusst. Die Art, wie Menschen miteinander sprechen, hängt entscheidend davon ab, aus welchem dieser Zustände sie agieren. Das Verständnis dieser Zustände hilft Führungskräften, Gesprächsverläufe besser zu analysieren und gezielt zu steuern.

Eltern-Ich Das Eltern-Ich basiert auf übernommenen Normen, Haltungen und Verhaltensmustern, die in der Kindheit – meist durch Bezugspersonen – verinnerlicht wurden. Dieser Zustand tritt in zwei Varianten auf:

- *Kritisches Eltern-Ich:* In diesem Modus werden kontrollierende, bewertende oder moralisierende Botschaften gesendet. Die Kommunikation ist oft befehlend, tadelnd oder mahnend. Typisch sind Formulierungen wie „Das macht man nicht!“, „So geht das nicht!“ oder „Ich erwarte mehr Einsatz“.

▶ Im Führungsalltag kann dieser Ich-Zustand dann problematisch werden, wenn er autoritär oder bevormundend wirkt und keine Dialogbereitschaft zulässt. Gleichzeitig kann das kritische Eltern-Ich in Situationen notwendig sein, in denen klare Regeln oder Grenzziehungen erforderlich sind – etwa bei Gefährdungslagen oder disziplinarischem Verhalten.

- *Fürsorgliches Eltern-Ich:* Dieser Modus ist geprägt durch Schutz, Unterstützung und Verantwortungsübernahme für andere. Die Kommunikation erfolgt hier oft in einem wohlwollenden, aber auch manchmal überbehütenden Ton. Aussagen wie „Ich helfe dir dabei“ oder „Mach dir keine Sorgen, ich regle das für dich“ stammen aus diesem Ich-Zustand.

▶ Führungskräfte im fürsorglichen Eltern-Ich neigen dazu, Mitarbeitende entlasten zu wollen – manchmal auch übermäßig. Dies kann zu einer Einschränkung von Eigenverantwortung führen und die Entwicklung von Selbstwirksamkeit behindern.

Eine bewusste Reflexion darüber, ob man im Eltern-Ich spricht – und ob dieser Modus im jeweiligen Moment hilfreich oder hinderlich ist – gehört zu den wichtigsten kommunikativen Kompetenzen von Führungskräften.

Erwachsenen-Ich Das Erwachsenen-Ich ist der Ich-Zustand der rationalen Abwägung, der Analyse und des sachlichen Austauschs. Hier wird bewusst auf die aktuelle Situation reagiert, ohne automatisierte Muster aus der Vergangenheit. Aussagen aus dem Erwachsenen-Ich sind klar, faktenbasiert, respektvoll und lösungsorientiert:

- „Was brauchen wir, damit der Ablauf künftig reibungsloser funktioniert?"
- „Welche Lösung erscheint dir realistisch?"

► **Wichtig**
Führung aus dem Erwachsenen-Ich bedeutet, Gesprächspartner auf Augenhöhe zu begegnen, gemeinsam zu analysieren und Entscheidungen nachvollziehbar zu kommunizieren. Besonders in konflikthaften Situationen ist dieser Zustand entscheidend, um Eskalationen zu vermeiden und Handlungsfähigkeit zu bewahren.

Das Erwachsenen-Ich ist zudem anschlussfähig an alle anderen Ich-Zustände: Es kann auf kindliche Emotionen empathisch reagieren, fürsorgliche Impulse dosiert zulassen und zugleich die notwendige Sachlichkeit wahren.

Für Führungskräfte ist es hilfreich, regelmäßig innezuhalten und sich zu fragen: „Agiere ich gerade aus dem Erwachsenen-Ich – oder spricht ein inneres Eltern- oder Kind-Anteil?"

Kind-Ich Das Kind-Ich spiegelt emotionale Reaktionsmuster, Bedürfnisse und Beziehungserfahrungen wider, die in der frühen Lebensphase geprägt wurden. Es äußert sich in impulsiven, gefühlsbetonten oder beziehungsbezogenen Reaktionen. Drei Unterformen lassen sich unterscheiden:

- *Freies Kind-Ich:* Hier dominieren Spontaneität, Kreativität, Offenheit und Begeisterung. Menschen in diesem Zustand zeigen spielerisches Verhalten, bringen originelle Ideen ein oder reagieren emotional und lebendig.

► In Führungssituationen kann dieser Zustand wertvoll sein – etwa bei der Entwicklung neuer Konzepte oder in motivierenden Teamsituationen. Gleichzeitig bedarf es einer guten Selbststeuerung, damit die Leichtigkeit des freien Kind-Ich nicht in fehlende Ernsthaftigkeit oder Distanzlosigkeit kippt.

- *Angepasstes Kind-Ich:* Dieser Zustand ist durch Rücksichtnahme, Unsicherheit und ein starkes Bedürfnis nach Orientierung geprägt. Menschen agieren hier zurückhaltend, vermeiden Konflikte oder übernehmen wenig Verantwortung – oft aus Angst vor Fehlern, Ablehnung oder Sanktionen. Aussagen wie „Ich weiß nicht, ob das richtig ist" oder „Ich will niemandem zur Last fallen" sind typische Äußerungen.

▶ Führungskräfte sollten diese Haltung erkennen und gezielt stärken, z. B. durch positive Rückmeldungen, Ermutigung zur Selbstverantwortung und klare, wertschätzende Kommunikation.

- *Rebellisches Kind-Ich:* Dieser Modus ist gekennzeichnet durch Widerstand, Trotz, Frustration oder offene Ablehnung. Betroffene fühlen sich bevormundet oder ungerecht behandelt und reagieren mit Provokation, Rückzug oder Eskalation. Die Kommunikation kann dann scharf, verletzend oder destruktiv werden.

▶ Für Führungskräfte ist es zentral, in solchen Momenten im Erwachsenen-Ich zu bleiben und nicht in ein Gegenmuster zu verfallen. Ziel ist es, eine Rückkehr in den dialogfähigen Erwachsenenmodus zu ermöglichen – etwa durch Deeskalation, aktives Zuhören und eine klare, ruhige Sprache.

Mit dem Verständnis für diese Ich-Zustände erhalten Führungskräfte ein wirksames Instrument, um Gesprächsverläufe zu analysieren, eigene Reaktionen zu reflektieren und das kommunikative Klima im Team aktiv zu gestalten.

Beispiel

Ein Mitarbeitender kommt mehrfach zu spät. Die Führungskraft sagt im Ton des kritischen Eltern-Ichs: „*So kann das nicht weitergehen – das ist unprofessionell!*" Der Mitarbeitende könnte nun ins rebellische Kind-Ich wechseln und antworten: „*Immer sind Sie gegen mich – andere kommen auch zu spät!*" Ein konstruktiver Dialog ist in diesem Moment kaum noch möglich.

Strategien für Führungskräfte

Um solche Eskalationen zu vermeiden, empfiehlt es sich:

- Im Erwachsenen-Ich zu bleiben, auch wenn das Gegenüber emotional oder provozierend reagiert. Eine sachliche, ruhige Kommunikation bietet Sicherheit und Struktur.
- Das Kind-Ich oder Eltern-Ich des Gegenübers zu erkennen, ohne darauf einzusteigen. Statt sich z. B. auf einen Machtkampf einzulassen, kann gezielt ins Erwachsenen-Ich eingeladen werden: *„Lassen Sie uns gemeinsam eine Lösung finden, die für beide Seiten funktioniert."*
- Mit Empathie und Klarheit zu führen: Wenn emotionale Zustände auftreten, ist es hilfreich, diese wahrzunehmen, aber nicht zu bewerten – und die Gesprächsführung zurück in einen sachlich-rationalen Modus zu lenken.◀

Gerade **in stressbelasteten Situationen** oder **in Gesprächen mit konflikthaften Themen** ist die Transaktionsanalyse ein nützliches Werkzeug zur Selbststeuerung und Deeskalation. Führungskräfte, die ihre eigene Kommunikationshaltung reflektieren und bewusst gestalten, schaffen eine Gesprächsatmosphäre, in der Vertrauen und Kooperation wachsen können.

6.3 Gesprächsführung durch Fragen

Führung zeigt sich besonders deutlich in Gesprächen. Wer Gespräche führt, übernimmt Verantwortung – für Inhalt, Struktur und Beziehungsdynamik. Gesprächsführung bedeutet, aktiv zu gestalten: zu agieren und auf das Gegenüber zu reagieren, ohne sich zu rechtfertigen oder in die Defensive zu geraten. Eine souveräne Gesprächsführung zeichnet sich durch Klarheit, Struktur, Empathie und Zielorientierung aus. Dabei gilt es, die eigenen Interessen präsent zu halten und gleichzeitig die Bedürfnisse und Perspektiven der Gesprächspartnerinnen und -partner als legitim anzuerkennen (Preuß-Scheuerle, B. 2016, S. 57; Berne, E. 1961).

Gespräche verlaufen nach Mustern

Unabhängig davon, ob es sich um ein Zweiergespräch, ein Teammeeting oder ein Kritikgespräch handelt: Gespräche folgen grundlegenden Mustern. Sie unterscheiden sich in Rahmen, Beteiligten und Zielsetzung – aber es gibt universelle Prinzipien, die für alle Gesprächsformen gelten:

- Gespräche folgen einer Struktur.
- Sie verfolgen ein konkretes Ziel.
- Gute Gespräche sind vorbereitet – schriftlich oder gedanklich.
- Missverständnisse, Angriffe oder Konflikte entstehen häufig durch unklare Formulierungen oder mangelndes Zuhören (Preuß-Scheuerle, B. 2016, S. 58; Berne, E. 1961).

Diese Erkenntnisse sind zentral für Führungskräfte im Rettungsdienst, die täglich mit unterschiedlichen Gesprächsanlässen konfrontiert sind: Übergabegespräche, Personalgespräche, Abstimmungen oder auch heikle Situationen mit emotional aufgeladenen Themen. Eine gute Vorbereitung macht hier den Unterschied – in der Wirkung, in der Zielerreichung und in der Beziehungsgestaltung.

Gespräche bewusst strukturieren

Gute Gesprächsführung beginnt lange vor dem Gespräch. Die folgenden acht Punkte dienen Führungskräften als roter Faden zur Vorbereitung (Preuß-Scheuerle, B. 2016, S. 58–60 ; Berne, E. 1961):

1. Kenne dein Gegenüber – Einschätzung von Rolle, Haltung, Bedürfnissen
2. Definiere klare Ziele – Haupt-, Neben- und Rückzugsziel
3. Plane mögliche Gesprächsverläufe – inklusive kritischer Punkte
4. Nutze Smalltalk bewusst – Aufbau von Beziehung, Abbau von Spannung
5. Bereite systemische Fragen vor – um Denken und Dialog zu aktivieren
6. Formuliere Nutzenargumente – auch aus Sicht des Gegenübers
7. Reagiere souverän auf Widerstand – bleibe im Erwachsenen-Ich
8. Reflektiere das Gespräch danach – Was lief gut? Was kann besser werden?

Die Macht der Fragen: Wer fragt, der führt

Ein zentrales Element souveräner Gesprächsführung ist der gezielte Einsatz von Fragen. Fragen strukturieren Gespräche, eröffnen Perspektiven und lenken Aufmerksamkeit. **Statt monologischer Anweisungen ermöglichen Fragen einen Dialog auf Augenhöhe.** Besonders wirkungsvoll sind hierbei *systemische Fragetechniken,* die auf Offenheit, Ressourcenorientierung und Lösungssuche ausgerichtet sind.

Typische systemische Fragen und ihre Einsatzmöglichkeiten[1]

- *Zirkuläre Fragen:* „Was glauben Sie, wie Ihre Kollegin die Situation einschätzt?“: Fördert Perspektivwechsel und Verständnis für andere Sichtweisen.

[1] Es folgt später ein umfassenderer Fragenkatalog.

- *Skalierungsfragen:* „Auf einer Skala von 1 bis 10 – wie sicher fühlen Sie sich derzeit in der neuen Rolle?": Macht Einschätzungen greifbar und eröffnet Nachfragen.
- *Hypothetische Fragen:* „Angenommen, die Dienstplanung wäre optimal gelöst – woran würden Sie das erkennen?": Ermöglicht Zielbilder und Lösungsfantasien.
- *Lösungsorientierte Fragen:* „Was hat beim letzten Mal gut funktioniert, als ein ähnliches Problem aufgetreten ist?": Lenkt die Aufmerksamkeit auf Ressourcen und Erfolge.

Beispiel: Vorbereitung eines Entwicklungsgesprächs

Eine Rettungswachenleiterin bereitet ein Entwicklungsgespräch mit einer Notfallsanitäterin vor, die seit Kurzem Verantwortung für das Azubi-Onboarding übernommen hat. Ziel ist, ihre Erfahrungen zu reflektieren, mögliche Herausforderungen zu identifizieren und Perspektiven zu entwickeln.

Gesprächsvorbereitung mit systemischen Fragen:

Wer ist mein Gegenüber?

- Notfallsanitäterin, 32 Jahre alt, berufserfahren, engagiert, hat Interesse an pädagogischen Themen.

Was sind meine Gesprächsziele?

- Hauptziel: Einschätzung der bisherigen Erfahrungen im Onboarding-Prozess.
- Nebenziel: Bedarf an Unterstützung oder Fortbildung klären.
- Rückzugsziel: Vereinbarung eines Folgegesprächs in drei Monaten.

Mögliche Einstiegsfragen (Smalltalk):

- „Wie läuft's im Moment mit den Neuen auf dem RTW?"
- „Kaffee oder lieber Wasser? Ich habe beides da."

Systemische Leitfragen:

- „Was hat Ihnen am meisten Freude gemacht in der Rolle als Patin?"
- „Was ist Ihnen besonders gut gelungen – auch wenn es vielleicht erst beim zweiten Blick sichtbar wurde?"
- „Gibt es Situationen, die sich für Sie eher schwierig anfühlen? Was glauben Sie, warum das so ist?"
- „Wenn Sie sich wünschen dürften, wie diese Rolle sich weiterentwickeln könnte – was wäre das?"

Nutzenargumentation:
- Wenn Fortbildungsbedarf besteht, wird gemeinsam überlegt, wie eine Zusatzqualifikation nicht nur der Mitarbeitenden selbst, sondern auch der Rettungswache nutzen könnte.◀

Jetzt folgt ein kleiner Fragenpool. Speichern Sie Ihre bevorzugten Fragen digital oder notieren Sie sie auf einer kleinen Karte. Nutzen Sie diese Fragen gezielt zur Vorbereitung auf Gespräche oder als Impulsgeber in herausfordernden Situationen. Fragen entfalten ihre Wirkung nicht nur nach außen, sondern oft auch nach innen – als Einladung zur Reflexion und Veränderung.

▶ **Fragen führen – Systemischer Fragenpool für Führungskräfte**
Systemische Fragen fördern Perspektivenvielfalt, Selbstreflexion und Lösungsorientierung. Sie sind besonders wirksam, wenn sie offen, neugierig und ohne versteckte Wertung gestellt werden.

Im Führungsalltag lassen sich folgende Fragen gezielt einsetzen – zur Klärung, Entwicklung, Motivation oder auch in Konfliktsituationen.

Einstieg & Beziehungsgestaltung
- Was ist aktuell besonders wichtig für Sie in Ihrer Arbeit?
- Was sollte ich über Ihre Sichtweise auf die aktuelle Situation wissen?
- Was läuft gerade gut, auch wenn es nicht sofort sichtbar ist?
- Wenn wir uns in drei Monaten wiedersehen: Was müsste passiert sein, damit Sie sagen, es hat sich gelohnt?

Ressourcen & Stärken entdecken
- Was hat in ähnlichen Situationen früher gut funktioniert?
- Worauf sind Sie im letzten Monat besonders stolz?
- Wer oder was unterstützt Sie aktuell bei Ihren Aufgaben?
- Wenn Sie eine Superkraft für den Job hätten – welche wäre das und warum?

Perspektiven & Lösungen entwickeln
- Was wäre anders, wenn das Problem schon gelöst wäre?
- Wenn Sie eine Kollegin beraten müssten, die das gleiche Problem hat – was würden Sie ihr raten?
- Angenommen, es gäbe keine Begrenzungen – wie würden Sie die Situation gestalten?

- Was wäre ein erster kleiner Schritt in Richtung Verbesserung?

Motivation & Entwicklung

- Was treibt Sie an, morgens mit Motivation zur Arbeit zu kommen?
- Wobei würden Sie sich gerne weiterentwickeln?
- Wenn Sie sich Ihren idealen Arbeitstag vorstellen – wie würde der aussehen?
- Welche Aufgaben geben Ihnen Energie – welche rauben sie?

Konflikt & Klärung

- Was glauben Sie, wie Ihr Verhalten von der anderen Person wahrgenommen wird?
- Was wäre ein guter Ausgang für alle Beteiligten?
- Was ist Ihr Anteil an der aktuellen Situation – und was der anderen?
- Was sollte sich ändern, damit die Zusammenarbeit wieder besser funktioniert?

Selbstreflexion & Verantwortung

- Woran erkennen Sie, dass Sie in Ihrer Rolle als Führungskraft wirksam sind?
- Welche Rückmeldungen haben Sie in letzter Zeit erhalten – und wie sind Sie damit umgegangen?
- Was wäre ein Ziel, das Sie sich selbst für die nächste Zeit setzen?
- Was möchten Sie als Führungskraft bewusst häufiger tun – und was seltener?

6.4 Gesprächsführung in schwierigen Situationen

Schwierige Gespräche gehören zum Führungsalltag. Ob es um Kritik, Fehlverhalten, Konflikte oder emotionale Belastung geht: Die Art und Weise, wie Führungskräfte mit solchen Situationen kommunikativ umgehen, prägt nicht nur das Ergebnis, sondern auch die Beziehung zum Gegenüber.

Grundlagen souveräner Gesprächsführung in kritischen Momenten

In schwierigen Gesprächen kommt es auf Klarheit, Struktur und Haltung an. Es gilt, Verantwortung zu übernehmen, ohne zu überfordern, und empathisch zu sein, ohne sich zu verlieren. Dabei helfen folgende Grundsätze:

- Klarheit über das Gesprächsziel – Was soll am Ende erreicht sein?
- Strukturierung des Gesprächsverlaufs – z. B. mit dem EVA-Modell (Einstieg – Verlauf – Abschluss)
- Selbststeuerung der eigenen Emotionen – besonders bei Kritik oder Eskalation
- Respekt und Wertschätzung – auch bei schwierigen Inhalten

▶ Führungskräfte, die vorbereitet in ein schwieriges Gespräch gehen, erhöhen die Wahrscheinlichkeit, dass das Gespräch konstruktiv und lösungsorientiert verläuft – selbst wenn es nicht konfliktfrei ist.

Typische Gesprächsanlässe

- *Kritikgespräche:* Etwa bei wiederholtem Zuspätkommen, mangelnder Sorgfalt oder problematischem Verhalten im Team. Wichtig ist es, das Verhalten klar zu benennen – ohne den Menschen zu bewerten. Formulierungen wie *„Mir ist aufgefallen, dass…"* oder *„Ich möchte mit Ihnen über eine Beobachtung sprechen"* eröffnen das Gespräch ohne Konfrontation.
- *Konfliktgespräche:* Hier steht meist nicht nur Verhalten, sondern auch Beziehung oder Zusammenarbeit im Fokus. Ziel ist es, gegenseitiges Verständnis zu fördern und gemeinsam tragfähige Lösungen zu entwickeln. **Systemische Fragen** können helfen, den Blick vom Problem auf mögliche Wege zur Veränderung zu lenken.
- *Emotionale Gespräche:* Nach belastenden Einsätzen oder persönlichen Ereignissen ist besonders hohe Sensibilität gefragt. Führungskräfte sollten hier Raum geben, aktiv zuhören und emotionale Signale ernst nehmen – ohne vorschnell zu bewerten oder zu relativieren.

▶ **Tipp: Der Anker im Sichtfeld**

In Gesprächen mit schwieriger Zielsetzung oder potenzieller Eskalation kann es hilfreich sein, einen **mentalen oder visuellen Anker** zu setzen. Das kann ein kleiner Gegenstand auf dem Schreibtisch sein – etwa ein Stein, eine Figur oder ein Symbol – der im Sichtfeld liegt und an das Gesprächsziel erinnert.

Der Anker dient als stille Rückversicherung: *„Worum geht es mir in diesem Gespräch wirklich?"* Er unterstützt dabei, bei der eigenen Haltung zu bleiben, auch wenn das Gespräch unvorhersehbar verläuft oder emotional aufgeladen ist.

Wenn das Gespräch aus dem Ruder läuft
Nicht jedes Gespräch verläuft ideal. Manchmal kippt die Stimmung, das Gegenüber reagiert emotional oder verweigert die Zusammenarbeit. In solchen Fällen gilt:

- Kurz innehalten – Schweigen aushalten, nicht sofort reagieren.
- Meta-Ebene einnehmen – z. B.: *„Ich merke, dass das Gespräch gerade schwierig wird. Wollen wir einen Moment sortieren, bevor wir weitermachen?"*
- Grenzen setzen, aber respektvoll bleiben – z. B.: *„So möchte ich nicht miteinander sprechen. Ich bin gerne bereit, das Thema sachlich weiterzuführen."*
- Gespräch bei Bedarf vertagen, wenn keine konstruktive Weiterführung möglich ist.

Schwierige Gespräche sind kein Zeichen von Scheitern, sondern Ausdruck aktiver Führung. Wer sich ihnen stellt, schafft Klarheit, beugt Unzufriedenheit vor und fördert eine vertrauensvolle Kommunikationskultur – auch unter Druck.

6.5 Kommunikationsfallen und -barrieren

Selbst gut gemeinte Kommunikation kann scheitern – durch unklare Formulierungen, falsche Annahmen oder unbewusste Muster. Die Gefahr ist hoch, in typische Kommunikationsfallen zu tappen. Diese zu kennen und bewusst zu vermeiden, ist ein wichtiger Bestandteil wirksamer Gesprächsführung.

Typische Barrieren in der Kommunikation

- *Unklare Sprache:* Fachbegriffe, doppeldeutige Aussagen oder indirekte Formulierungen führen leicht zu Missverständnissen. Führungskräfte profitieren davon, präzise, einfach und zielgerichtet zu kommunizieren.
- *Einseitiges Senden ohne aktives Zuhören:* Wenn Führung ausschließlich aus Instruktionen besteht und kein Raum für Rückfragen oder Rückmeldungen gegeben wird, entsteht ein Ungleichgewicht. Aktives Zuhören – mit echtem Interesse, Nachfragen und Rückspiegeln – ist zentral für gelingende Kommunikation.

- *Vorannahmen und innere Bewertungen:* Wer mit einer festen Meinung in ein Gespräch geht *(„Der ist halt immer schwierig“)*, läuft Gefahr, selektiv wahrzunehmen. Vorannahmen reduzieren die Offenheit und können dazu führen, dass Signale übersehen oder falsch gedeutet werden.
- *Unterschiedliche Erwartungshorizonte:* Missverständnisse entstehen häufig, wenn Ziel oder Inhalt eines Gesprächs für die Beteiligten nicht klar sind. Transparenz über Absicht, Ablauf und Zielsetzung ist ein wirksames Mittel zur Vermeidung.
- *Verletzende oder abwertende Sprache:* Ironie, Sarkasmus oder verdeckte Vorwürfe untergraben das Vertrauensverhältnis. Gerade in emotional aufgeladenen Situationen sollte Sprache klar, respektvoll und auf das Anliegen fokussiert bleiben.

Psychologische Stolpersteine

Neben äußeren Barrieren gibt es auch innere Mechanismen, die Kommunikation erschweren können:

- *Kognitive Verzerrungen* – etwa „Bestätigungsfehler“ (nur Informationen sehen, die zur eigenen Meinung passen) oder „Schwarz-Weiß-Denken“ (es gibt nur richtig oder falsch).
- *Emotionale Filter* – wie z. B. Gereiztheit, Unsicherheit oder Müdigkeit, die Einfluss auf die Gesprächsführung nehmen.
- *Kommunikative Rollenkonflikte* – etwa wenn Führungskräfte gleichzeitig Kollegen, Ansprechpartner und Vorgesetzte sind. (Eben noch gemeinsam auf dem RTW und jetzt ein Konfliktgespräch)

Strategien zur Vermeidung und Auflösung

- *Sich der eigenen Haltung bewusst werden:* Wer sich fragt: „Mit welcher inneren Einstellung gehe ich in dieses Gespräch?“, schafft die Grundlage für authentische, konstruktive Kommunikation.
- *Meta-Kommunikation nutzen:* Über das Gespräch sprechen („Ich habe den Eindruck, wir verstehen uns gerade nicht richtig – lassen Sie uns das nochmal sortieren“) kann helfen, Blockaden aufzulösen.
- *Gesprächsstruktur klar kommunizieren:* Anfang, Ziel und möglicher Verlauf sollten offen benannt werden – besonders bei kritischen oder emotionsgeladenen Gesprächen.
- *Feedback einholen und geben:* „Wie haben Sie das Gespräch erlebt?“ oder „Was war für Sie hilfreich, was weniger?“ – solche Fragen fördern Reflexion und wechselseitige Lernprozesse.

- *Kommunikative Kompetenz trainieren:* Kommunikation ist erlernbar. Führungskräfte profitieren von regelmäßigem Austausch, kollegialer Beratung oder gezielten Fortbildungen zu Gesprächsführung und Feedbackkultur.

▶ Kommunikation scheitert selten an der Absicht – häufiger an der Umsetzung. Wer sich mit typischen Barrieren auseinandersetzt und gezielt an seiner Kommunikation arbeitet, stärkt die eigene Wirksamkeit als Führungskraft und schafft ein Umfeld, in dem Dialog, Vertrauen und Entwicklung möglich sind.

Literatur

Angerer, T., & Roegner A. (2023). *Managementforschung. Management in Zeiten des Umbruchs.* Springer Gabler. https://doi.org/10.1007/978-3-658-38821-8.

Berne, E. (1961). *Transactional Analysis in Psychotherapy.* Grove Press.

Preuß-Scheuerle, B. (2016). *Praxishandbuch Kommunikation. Überzeugend auftreten, zielgerichtet argumentieren, souverän reagieren.* Springer Gabler. https://doi.org/10.1007/978-3-8349-4721-5.

Schulz von Thun, F. (1981). Die Anatomie einer Nachricht. In: *Miteinander Reden. Band 1: Störungen und Klärungen* (S. 25–30). Reinbek bei Hamburg.

Staehle, W. (1999). *Management.* (8. Auf.). Vahlen.

Stewart, I. & Joines, V. (2015). *Die Transaktionsanalyse. Eine Einführung. Herder Spektrum, Bd. 5523, 12. Auflage der Taschenbuchausgabe.* (25. Gesamtauflage). Herder.

Konfliktmanagement

7

Zusammenfassung

Konflikte sind Teil des Arbeitsalltags – auch im Rettungsdienst. Dieses Kapitel zeigt auf, wie Konflikte entstehen, welche Frühwarnzeichen Führungskräfte kennen sollten und welche Arten von Konflikten häufig vorkommen. Es geht um zwischenmenschliche Spannungen, Rollenkonflikte, Wertekonflikte oder Machtkämpfe – und darum, wie sie frühzeitig erkannt und bearbeitet werden können. Die Eskalationsstufen nach Glasl, die Unterscheidung zwischen heißen und kalten Konflikten sowie praxiserprobte Methoden wie LEAF helfen dabei, als Führungskraft sicherer mit Konflikten umzugehen. Ergänzt wird das Kapitel durch Hinweise auf Supervision und Mediation sowie konkrete Beispiele aus dem Führungsalltag im Rettungsdienst. Ziel ist es, Konflikte nicht zu vermeiden, sondern lösungsorientiert zu führen – für mehr Klarheit, Vertrauen und Zusammenarbeit im Team.

Warum Konflikte entstehen – und warum sie Führung brauchen

Konflikte gehören zum Alltag in Organisationen – auch und gerade im Rettungsdienst. Wo Menschen in der Schicht lange und auf engstem Raum zusammenarbeiten, sich bei einer gemeinsamen Besetzung eines Fahrzeuges nicht aus dem Weg gehen können, Entscheidungen schnell getroffen werden müssen, da treffen unterschiedliche Werte, Interessen, Erwartungen und Sichtweisen aufeinander. Hier können Missverständnisse, Zielkonflikte und persönliche Spannungen schnell entstehen – und eskalieren, wenn sie nicht bewusst und professionell bearbeitet werden.

Konflikte sind dabei nicht grundsätzlich negativ. Im Gegenteil: Sie sind ein natürlicher Bestandteil sozialer Systeme – und eine Chance für Entwicklung, wenn sie

D. Heine, *Leadership und Management im Rettungsdienst*,
https://doi.org/10.1007/978-3-662-71657-1_7

offen, strukturiert und lösungsorientiert angegangen werden (Fehlau, e. G., 2024, S. 8). Konflikte bieten Raum für:

- das Erkennen und Bearbeiten von Missständen,
- die Entwicklung neuer Ideen und Perspektiven,
- das gegenseitige Verstehen und die Klärung von Rollen und Positionen,
- den Aufbau von Vertrauen und Teamzusammenhalt durch erfolgreich bewältigte Konflikte.

Konflikte in Organisationen sind häufig systemisch bedingt: Mitarbeitende müssen organisatorische Ziele und Aufgaben erfüllen und zugleich eigene Bedürfnisse verwirklichen – diese beiden Dimensionen stehen nicht immer in Einklang. Es entstehen Reibungspunkte, Spannungen und handfeste Konflikte (Lippmann, E. et al., 2019, S. 764 und Zielke, C., 2024).

▶ **Wichtig**

- **Konflikte verschwinden nicht durch Abwarten** – sie verlagern sich, eskalieren oder vergiften das Klima. Wer als Führungskraft Konflikte frühzeitig wahrnimmt, anspricht und lösungsorientiert begleitet, zeigt Haltung, schützt Teams und schafft die Basis für Vertrauen, Entwicklung und Leistungsfähigkeit.
- **Konfliktmanagement ist deshalb eine zentrale Führungsaufgabe**. Ziel ist es nicht, Konflikte zu vermeiden – sondern sie zu **erkennen,** zu **verstehen** und **auf ein konstruktives Niveau** zu **bringen.** Denn: Unbearbeitete Konflikte gefährden die Motivation, das Arbeitsklima und im schlimmsten Fall die Einsatzfähigkeit ganzer Teams oder Rettungswachen.

Struktur des Kapitels
In diesem Kapitel lernen Sie,

- was ein Konflikt überhaupt ist (Abschn. 7.1),
- woran Führungskräfte Konflikte im Rettungsdienst frühzeitig erkennen können (Abschn. 7.2),
- welche Konfliktarten es gibt – von unterschwellig bis eskaliert – und wie man ihnen begegnet (Abschn. 7.3),
- welche konkreten Strategien zur Bearbeitung zur Verfügung stehen – auch ohne psychologische Ausbildung (Abschn. 7.4),

- welche Rolle externe Formate wie Supervision und Mediation spielen können,
- und wie mit der LEAF-Methode (Abschn. 7.5) ein alltagstauglicher Handlungsrahmen geschaffen wird.

7.1 Definition Konflik

Konflikte begegnen uns in verschiedensten Facetten – im privaten wie im beruflichen Alltag. Für dieses Buch konzentrieren wir uns bewusst auf soziale Konflikte, also auf Spannungen, die im zwischenmenschlichen Miteinander innerhalb von Teams, zwischen Führungskraft und Mitarbeitenden oder zwischen verschiedenen Organisationseinheiten entstehen.

Ein **sozialer Konflikt** ist eine Spannungssituation zwischen zwei oder mehreren Parteien, bei der deren Interessen, Ziele, Rollen und/oder Auffassungen als unvereinbar wahrgenommen werden. Mindestens eine Konfliktpartei sieht sich durch die andere in der Verwirklichung ihrer Ziele, Interessen oder Rollen behindert, empfindet Feindseligkeit oder Ablehnung und beginnt, aktiv gegenzusteuern. Daraus kann ein verfestigter Widerstand oder sogar offene Konfrontation entstehen (Becker, J. H. et al., 2018, S. 173–174).

Wichtig ist die Unterscheidung zu bloßen Meinungsverschiedenheiten: Während diese meist sachlich ausgetragen werden können – „Du denkst so, ich sehe es anders" – geht es im Konflikt oft um mehr. Wie Glasl (2024, S. 15–18) beschreibt, steht bei Konflikten nicht mehr die Sache im Vordergrund, sondern die emotionale Aufladung: Die eigene Meinung wird wichtiger als deren objektive Richtigkeit. Das Einlenken fällt schwer, weil bereits persönliche Betroffenheit im Spiel ist.

7.2 Frühwarnzeichen für Konflikte im Rettungsdienst

Nicht jeder Konflikt beginnt mit lautem Streit. Viele Konflikte im Rettungsdienst verlaufen zunächst verdeckt, unterschwellig – und werden erst spät als solche erkannt. Führungskräfte sind deshalb gut beraten, typische Frühwarnzeichen zu kennen und ein Gespür dafür zu entwickeln, wann sich Konflikte anbahnen oder bereits bestehen.

> ► Ein Konflikt liegt oft schon dann vor, wenn einzelne Mitarbeitende oder Teams beginnen, ihr Verhalten deutlich zu verändern – ohne dass es dafür einen objektiven, nachvollziehbaren Grund gibt.

Typische Anzeichen für Konflikte im Rettungsdienst

Durch zahlreiche Gespräche und Coachings mit Führungskräften im Rettungsdienst hat sich eine lange Liste von Frühwarnzeichen herauskristallisiert. Im Folgenden sind die häufigsten exemplarisch dargestellt:

- **Häufung von Krankmeldungen,** besonders kurzfristig und in belasteten Dienstkonstellationen *„mit dem fahre ich nicht"* (siehe auch Kap. 3)
- **Ablehnung von Teamkonstellationen,** häufige Tauschwünsche oder Wunsch nach Versetzung auf andere Rettungswache oder in andere Dienstgruppe / Wachabteilung
- **Kündigungen,** oft mit vorgeschobener Begründung
- **Veränderung im Umgangston:** Ironie, Sticheleien, Rückzug, Gesprächsverweigerung, rauerer Ton
- **Qualitätsdefizite:** Fehler häufen sich, Übergaben sind unvollständig – man möchte nur schnell nach Hause, Kommunikationslücken entstehen
- **Dienst nach Vorschrift:** Mitarbeitende machen nur noch das Nötigste – Motivation und Mitdenken gehen verloren
- **Rückzug** einzelner Kolleginnen und Kollegen aus Gemeinschaftsaktivitäten oder dem Pausenraum
- **Wiederholte Beschwerden** von außen – etwa von anderen Wachen, Krankenhäusern oder externen Partnern

7.3 Konfliktarten – Ebenen erkennen, Dynamiken verstehen

Konflikte sind vielschichtig – sie entstehen auf unterschiedlichen Ebenen und können sich schleichend oder plötzlich entwickeln. Zur besseren Einordnung unterscheidet die Konfliktforschung verschiedene Konfliktebenen, wie sie z. B. von Bonacker (2005) beschrieben wurden:

- **Intrapersonale Konflikte:** innere Spannungen, z. B. zwischen eigenen Werten und externen Anforderungen
- **Interpersonelle Konflikte:** zwischen zwei Personen
- **Intra-Gruppen-Konflikte:** innerhalb einer Gruppe, z. B. um Anerkennung
- **Inter-Gruppen-Konflikte:** zwischen Gruppen oder Abteilungen
- **Organisationskonflikte:** zwischen ganzen Organisationen
- **Intra-System-Konflikte:** zwischen Subsystemen in einer Organisation
- **Inter-System-Konflikte:** zwischen übergeordneten Systemen oder Regionen

Für den Führungsalltag im Rettungsdienst besonders relevant sind folgende Konfliktarten, die in der Praxis häufig auftreten. Jede wird im Folgenden mit typischen Merkmalen, einem konkreten Beispiel und einem ersten Lösungsansatz vorgestellt:

Beziehungskonflikte (inkl. Dreieckskonflikt)

- *Was zeichnet sie aus?* Beziehungskonflikte entstehen aus persönlichen Spannungen, Missverständnissen oder Antipathien. Häufig sind emotionale Verletzungen im Spiel. Der klassische Zweierkonflikt kann durch das Einbeziehen Dritter zum Dreieckskonflikt werden – z. B. wenn eine Person „vermittelt", Partei ergreift oder zum Sündenbock wird.
- *Beispiel:* Zwei Notfallsanitäterinnen geraten nach einem belastenden Einsatz immer wieder aneinander. Im Teammeeting bezieht eine Kollegin Partei – der Konflikt verschärft sich. Die Leitung bemerkt vermehrt Krankmeldungen und getuschelte Vorwürfe.
- *Lösungsansatz:* Einzelgespräche mit den Betroffenen führen, Emotionen anerkennen, Klärungsgespräch moderieren – ggf. durch externe Moderation, um Rollenneutralität zu wahren.

Kommunikationskonflikte

- *Was zeichnet sie aus? Kommunikationskonflikte entstehen durch unterschiedliche Sprachstile, fehlende Rückmeldungen, Missverständnisse oder stille Vorwürfe.*
- *Beispiel: Ein Praxisanleiter kritisiert eine Auszubildende mehrfach – jedoch indirekt und zwischen den Zeilen. Diese fühlt sich angegriffen, traut sich aber nicht zur Rückmeldung. Die Spannungen wachsen.*
- *Lösungsansatz: Kommunikationsregeln vereinbaren, z. B. klare Rückmeldungen mit Ich-Botschaften. Führung kann dies in Feedbackgesprächen bewusst anregen.*

Rollenkonflikte

- *Was zeichnet sie aus? Ein Rollenkonflikt entsteht, wenn Erwartungen an eine Rolle unterschiedlich oder widersprüchlich sind – zwischen Selbstbild, Fremdbild oder situativem Rollenverständnis.*
- *Beispiel: Die neue Leitung einer Rettungswache möchte das Ausfallmanagement auf die diensthabende Besatzung delegieren, wenn sie im Frei ist. Die frühere Leitung hatte das Ausfallmanagement jedoch selbst erledigt – auch im Frei. Das Team empfindet die neue Haltung als Rückzug und nicht ausreichendem Pflichtbewusstsein.*

- *Lösungsansatz: Offene Kommunikation über Rollenverständnis und Führungsstil. Erwartungsklärung durch Teamgespräch, ggf. moderierte Reflexion mit allen Beteiligten.*

Wertekonflikte

- *Was zeichnet sie aus? Wertekonflikte beruhen auf unterschiedlichen Grundüberzeugungen, etwa zu Verantwortung, Fürsorge oder Teamkultur. Diese sind oft emotional tief verankert.*
- *Beispiel: Zwei Mitarbeitende – eine erfahrene Notfallsanitäterin und ein junger Notfallsanitäter direkt nach der Ausbildung – geraten regelmäßig in Diskussionen über den Umgang mit dem Transport von nicht akut erkrankten Patientinnen und Patienten. Der junge Notfallsanitäter vertritt die Haltung: „Wir sind für Notfälle da – alles andere ist Aufgabe des Krankentransports." Die erfahrene Notfallsanitäterin hingegen sagt: „Auch diese Menschen haben Anspruch auf Empathie und eine sorgfältige Versorgung, wir sind schließlich im Dienst für alle." Es entsteht ein spürbarer Wertekonflikt: Leistung und Effizienz versus Fürsorge und Gleichbehandlung.*
- *Lösungsansatz: Die Leitung moderiert ein gemeinsames Gespräch, in dem beide ihre Perspektiven schildern. Anschließend wird gemeinsam im Team über Haltung, Versorgungsverständnis und Abgrenzung zur Notfallrettung diskutiert.*

Machtkonflikte

- *Was zeichnet sie aus? Machtkonflikte entstehen dort, wo Rollen, Einfluss oder Anerkennung umkämpft sind – explizit oder verdeckt. Es geht um Kontrolle, Status oder Ressourcen.*
- *Beispiel: Nach einer internen Besetzung einer Leitungsposition auf der Wache beginnt ein Kollege, Entscheidungen zu unterlaufen. Andere schließen sich an – es entsteht eine Art „Parallelführung".*
- *Lösungsansatz: Klare Positionierung der offiziellen Leitung, Unterstützung durch nächsthöhere Führung. Einzelgespräche mit zentralen Akteuren und Klärung von Verantwortlichkeiten.*

Der rosafarbene Elefant – Konflikte, die nicht benannt werden
In vielen Teams existieren **Spannungen,** die allen Beteiligten bewusst sind – doch sie **werden nicht offen ausgesprochen.** Dieses Phänomen wird oft als „rosafarbener Elefant im Raum" bezeichnet. Gemeint ist damit **ein Thema, das offensichtlich im Raum steht, aber aus unterschiedlichen Gründen nicht benannt wird:** aus Unsicherheit, Sorge vor Eskalation oder fehlender Konfliktkultur.

Häufig äußern sich solche verdeckten Konflikte in Workshops oder Projektgruppen durch scheinbar sachliche, aber unproduktive Diskussionen. Entscheidungen ziehen sich, Ergebnisse bleiben aus – und obwohl über Strategien oder Aufgabenverteilungen gesprochen wird, lässt sich das Gefühl nicht abschütteln, dass etwas Grundlegendes unausgesprochen bleibt.

Ich selbst habe diesen Mechanismus vielfach erlebt – sowohl in Teamprozessen als auch in Einzelcoachings. Nach außen scheint alles gut, doch unterschwellig ist spürbar: Es stimmt etwas nicht. Oft braucht es Zeit, den richtigen Moment und ein offenes Gesprächsangebot, bis das eigentliche Problem benannt werden kann. Sobald dies geschieht, entsteht Raum für Klärung, Vertrauen und echte Weiterentwicklung.

Beispiel

In einer Rettungswache herrscht Unruhe über eine neue Dienstplanregelung. Niemand bringt die Unzufriedenheit direkt zur Sprache, doch es kommt vermehrt zu spontanen Krankmeldungen, stillem Rückzug und einer gedrückten Stimmung. Die Führungskraft nimmt das diffuse Unwohlsein wahr – und entscheidet sich bewusst, das Thema im nächsten Teammeeting offen zur Sprache zu bringen. Damit wird der erste Schritt zur Lösung gemacht.◀

Heiße und kalte Konflikte – zwei Seiten der Eskalation
Konflikte zeigen sich auf unterschiedliche Weise. **Heiße Konflikte** sind meist **laut, offen, emotional** – oft gekennzeichnet durch Auseinandersetzungen, Vorwürfe oder impulsives Verhalten.

- *Beispiel:* Zwei Praxisanleitende geraten im Beisein von Auszubildenden lautstark aneinander – jeder will Recht behalten, die Stimmung im Team kippt spürbar.
- *Zugänge zur Lösung:* Hier ist die Spannung bereits auf dem Tisch. Die Herausforderung besteht eher darin, die Emotionen zu deeskalieren und zu einer sachlichen Klärung zu führen.

Kalte Konflikte hingegen verlaufen **verdeckt, still und destruktiv.** Es dominiert der Rückzug, Verweigerung, Sarkasmus oder das sogenannte „Dienst nach Vorschrift".

- *Beispiel:* Nach einem Führungskonflikt mit der Wachleitung arbeiten mehrere Mitarbeitende nur noch das Nötigste, verweigern sich neuen Projekten und meiden alle freiwilligen Aufgaben. Der Konflikt wird nie angesprochen, aber das Teamklima ist frostig.
- *Zugänge zur Lösung:* Hier muss zunächst die Vergangenheit aufgearbeitet werden. Die Beteiligten haben oft „emotional abgeschlossen" oder sich innerlich entkoppelt. Vertrauen ist geschwächt oder verloren.

▶ Kalte Konflikte sind besonders gefährlich – sie entziehen sich oft der Wahrnehmung, wirken aber tief. Achten Sie auf Stimmungswechsel, Rückzug, Ironie und Demotivation. Frühzeitiges Handeln ist hier besonders wichtig.

Eskalationsstufen nach Glasl – warum Konflikte nicht warten dürfen

Konflikte verlaufen selten sprunghaft – sie eskalieren in Stufen. Der Konfliktforscher Friedrich Glasl (2024, S. 243–325; Fehlau, E. G., 2024) beschreibt neun Eskalationsstufen von Konflikten, gegliedert in drei Hauptphasen: **Win–Win, Win-Lose** und **Lose-Lose.** Für Führungskräfte im Rettungsdienst ist das Verständnis dieser Dynamik entscheidend – denn je früher ein Konflikt erkannt und bearbeitet wird, desto größer ist die Chance, dass beide Seiten gestärkt daraus hervorgehen.

Die drei Hauptphasen

- *Win-Win-Phase (Stufe 1–3):* Beide Seiten sind lösungsorientiert, kommunizieren offen und versuchen, einen gemeinsamen Weg zu finden. Die Konfliktbearbeitung kann meist durch direkte Gespräche oder kollegiale Moderation erfolgen.
- *Win-Lose-Phase (Stufe 4–6):* Der Konflikt verschärft sich. Es entstehen Lagerbildungen, Koalitionen und Drohungen. Eine Seite will gewinnen – die andere verliert. Ohne Intervention rutscht der Konflikt weiter ab.
- *Lose-Lose-Phase (Stufe 7–9):* Das Ziel ist nicht mehr Lösung, sondern Schaden. Beide Seiten verlieren – der Konflikt kann Organisationen und Teams zerstören. Professionelle Unterstützung ist hier unerlässlich.

Die neun Eskalationsstufen im Detail

1. **Verhärtung**
   - Erste Spannungen werden spürbar, Missverständnisse häufen sich, doch der Wille zur Zusammenarbeit ist noch da.
   - *Beispiel:* Zwei Mitarbeitende streiten über die Abläufe bei der Fahrzeugübernahme. Es kommt zu kleinen Sticheleien, aber noch zu offenen Gesprächen.
2. **Debatte und Polemik**
   - Schwarz-Weiß-Denken entsteht. Diskussionen verlaufen konfrontativ, nicht mehr lösungsorientiert.
   - *Beispiel:* Im Teammeeting wird eine Änderung der Diensttauschregelung hitzig diskutiert. Die Argumente dienen mehr der Rechthaberei als der Verständigung.
3. **Taten statt Worte**
   - Direkte Kommunikation wird reduziert. Rückzug, passiv-aggressives Verhalten oder Ignorieren dominieren.
   - *Beispiel:* Ein Praxisanleiter lässt Informationen bewusst nicht an eine bestimmte Kollegin weitergeben.
4. **Sorge um Image, Koalitionen entstehen**
   - Verbündete werden gesucht. Gruppenbildung im Team. Lästern, Gerüchte, verdeckte Allianzen.
   - *Beispiel:* In der Leitungsrunde sprechen sich zwei Teamleitungen ab, um eine dritte bewusst zu isolieren.
5. **Gesichtsverlust**
   - Öffentliche Bloßstellung. Die Würde des Gegenübers wird infrage gestellt.
   - *Beispiel:* Ein Mitarbeitender wird im Team bloßgestellt („Du warst doch eh immer der, der keine Ahnung hatte").
6. **Drohstrategien**
   - Eskalation durch Erpressung, Ultimaten oder Machtspiele.
   - *Beispiel:* Ein Mitarbeitender droht: „Wenn das so weitergeht, gehe ich zur Presse" oder: „Dann mache ich Dienst nach Vorschrift!"
7. **Begrenzte Vernichtungsschläge**
   - Ziel ist Schaden, nicht Lösung. Kommunikation ist abgebrochen.
   - *Beispiel:* Ein Notfallsanitäter diffamiert gezielt den Ruf der Rettungswachenleitung bei der Leitung des Rettungsdienstes.
8. **Zersplitterung, totale Zerstörung**
   - Feindseligkeit auf allen Ebenen. Isolation, Ausschluss, Rechthaberei.
   - *Beispiel:* Die Konfliktparteien agieren wie gegnerische Fraktionen. Dienstpläne werden sabotiert, Informationen blockiert.

9. **Gemeinsam in den Abgrund**
   - Selbstschädigung wird in Kauf genommen, nur um dem anderen maximal zu schaden.
   - *Beispiel:* Zwei Mitarbeitende kündigen nacheinander – aus Überlastung und Frustration. Das Team bricht auseinander.

▶ In den frühen Stufen ist eine Rückkehr zur Zusammenarbeit gut möglich – mit klarer Gesprächsführung, Mediation oder kollegialer Klärung. Je weiter der Konflikt eskaliert, desto mehr braucht es professionelle Unterstützung (Supervision, externe Moderation). Führungskräfte sollten nicht abwarten, sondern frühzeitig handeln – denn Konflikte „lösen sich nicht von selbst".

7.4 Konfliktlösungsstrategien: Handlungsspielräume für Führungskräfte im Rettungsdienst

Führungskräfte müssen keine Konfliktpsychologinnen oder Mediatoren sein – aber sie müssen Konflikte erkennen, einordnen und wissen, bis wohin sie selbst begleiten können – und wann es sinnvoll ist, Unterstützung hinzuzuziehen. Der größte Fehler ist nicht die fehlende Lösungskompetenz, sondern das Wegsehen.

Konflikte erkennen – und nicht bagatellisieren Viele Führungskräfte hoffen insgeheim, Konflikte würden sich „von selbst regeln". Doch je länger sie ignoriert oder schöngeredet werden, desto tiefer verankern sie sich (Abschn. 7.3). Frühzeitiges Erkennen ist der wichtigste Hebel zur Entschärfung. Dazu gehört ein wacher Blick für Stimmungen im Team – aber auch die Bereitschaft, unpopuläre Themen anzusprechen.

Die Konfliktbereitschaft fördern – ein Leitungsauftrag Nicht jeder Konflikt kann sofort gelöst werden. Aber jeder Konflikt braucht **Gesprächsbereitschaft**. Die Aufgabe der Führung ist es, diesen Raum zu schaffen und ein sicheres Klima zu ermöglichen – frei von Schuldzuweisung, aber mit Klarheit in der Kommunikation.

Konkrete Führungsimpulse zur Förderung der **Konfliktbereitschaft**:

- **Konflikte enttabuisieren** („Konflikte gehören dazu – entscheidend ist, wie wir damit umgehen")
- **Einzelgespräche anbieten,** in denen Gedanken vertraulich geäußert werden können
- **Einen festen Rahmen setzen** *(„Ich möchte, dass wir gemeinsam schauen, wie wir die Situation verbessern können – dazu lade ich Dich ein")*
- **Konfliktgespräche moderieren** und Regeln für den Umgang miteinander vereinbaren

Konfliktfähigkeit als Schlüssel – für alle Beteiligten Konflikte lassen sich nicht lösen, wenn die Beteiligten nicht bereit sind, aufeinander zuzugehen. Führungskräfte müssen dies immer wieder verdeutlichen: **Lösung bedeutet** nicht, dass eine Seite gewinnt – sondern **dass beide Seiten bereit sind, sich zu bewegen.**

Zentrale Elemente

- **Kompromissfähigkeit:** Nicht jeder Wunsch kann erfüllt werden, aber ein fairer Ausgleich ist möglich.
- **Weicher Konsens:** Gemeinsame Schnittmengen finden, ohne alles in einem Punkt auszudiskutieren.
- **Perspektivwechsel fördern:** „Wie würde das auf der anderen Seite wirken?"
- **Verzicht auf Schuldfragen:** Blick in die Zukunft statt Fixierung auf die Vergangenheit.

Wie weit kann Führung begleiten – und wann braucht es Hilfe? Nicht jeder Konflikt lässt sich auf Teamebene lösen. Führungskräfte sollten wissen, wann sie selbst agieren können – und wann externe Unterstützung der bessere Weg ist.

Typische Indikatoren für externe Hilfe

- Gespräche verlaufen trotz aller Struktur wiederholt ergebnislos
- Emotionale Verletzungen sind tief, Vertrauen stark erschüttert
- Es existieren verhärtete Gruppen oder einseitige Schuldzuweisungen
- Beteiligte fordern explizit eine neutrale Moderation

Exkurs: Supervision und Mediation in der Konfliktbewältigung
Im Umgang mit Konflikten und herausfordernden Teamprozessen stehen Führungskräften verschiedene professionelle Unterstützungsformate zur Verfügung. Besonders häufig zur Anwendung kommen Supervision und Mediation – zwei bewährte, aber **in ihrer Zielrichtung unterschiedliche Ansätze.**

Supervision: Reflexion und Entwicklung im Fokus Supervision ist ein begleiteter Reflexionsprozess, der Einzelpersonen, Teams oder Leitungen hilft, belastende oder herausfordernde Situationen aus der Distanz zu betrachten. Ziel ist nicht in erster Linie die Lösung eines akuten Konflikts, sondern die Stärkung der Reflexions- und Konfliktfähigkeit.

Typische Ziele einer Supervision sind

- **Bearbeitung emotional belastender Situationen,** z. B. nach besonderen Einsätzen
- **Förderung der Zusammenarbeit** im Team und Reflexion der Rollen
- **Stärkung der Ressourcen** und Kompetenzen im Team
- **Vorausschauende Entwicklung** eines positiven Zukunftsbilds
- **Abbau von Verstrickungen** in problematische Muster

Supervision hilft, nicht zu lange im Problem oder der Vergangenheit zu verharren, sondern lösungs- und ressourcenorientiert nach vorne zu denken.

▶ **Typisches Einsatzfeld**
Auf einer Rettungswache ist die Stimmung nach mehreren Monaten mit vielen Krankmeldungen angespannt. Es gibt unterschwellige Spannungen, aber keine klar benannten Konfliktparteien. Eine externe Supervisorin unterstützt das Team dabei, Spannungen anzusprechen, Verantwortlichkeiten zu klären und gemeinsame Stärken sichtbar zu machen.

Mediation: Strukturiertes Verfahren zur Konfliktlösung Mediation ist ein strukturierter Prozess zur gezielten Bearbeitung eines konkreten, meist fortgeschrittenen Konflikts zwischen zwei oder mehreren Parteien. Ziel ist es, mithilfe eines neutralen Dritten eine tragfähige Lösung zu erarbeiten, die von allen Seiten mitgetragen wird.

Typische Ziele einer Mediation sind

- **Benennung und Anerkennung** des Konflikts
- **Erarbeitung einer Lösung** auf Augenhöhe
- **Verbindliche Absprachen** und Vereinbarungen
- **Wiederherstellung** der Arbeitsfähigkeit

Im Gegensatz zur Supervision steht hier nicht die Teamreflexion, sondern der akute Konflikt im Zentrum. Mediation ist zielgerichtet, lösungsorientiert – und besonders geeignet, wenn der Konflikt bereits in eine Win-Lose- oder Lose-Lose-Phase übergegangen ist.

▶ **Typisches Einsatzfeld** Zwei Mitarbeitende einer Rettungswache sprechen seit Wochen nicht mehr miteinander. Der Dienstbetrieb leidet. Die Leitung hat erfolglos Einzelgespräche geführt. Eine externe Mediatorin wird hinzugezogen, um die Perspektiven beider Seiten zu moderieren und eine verbindliche Vereinbarung für die Zusammenarbeit zu entwickeln.

7.5 Die LEAF-Methode – professionell und menschlich mit Konflikten umgehen

Ob im Gespräch mit Mitarbeitenden, Kolleginnen und Kollegen oder externen Partnern – Führungskräfte stehen häufig vor der Herausforderung, Kritik oder Unzufriedenheit aufzufangen und Vertrauen zu bewahren, selbst wenn die Verantwortung auf ihrer Seite liegt. Die LEAF-Methode bietet hier eine klare und strukturierte Gesprächsstrategie, mit der Vertrauen wiederhergestellt, Verantwortung übernommen und Lösungen gefunden werden können.

Die Methode stammt ursprünglich aus dem Bereich des professionellen Beschwerdemanagements, z. B. im Kundenservice und soll dort **vom wütenden Anrufer zum sachlichen und lösungsorientierten Gespräch** führen. Doch auch in der Führung im Rettungsdienst ist LEAF äußerst wirkungsvoll – besonders in Situationen, in denen ein Fehler passiert ist, Enttäuschung im Raum steht oder Verständnis gefragt ist.

LEAF steht für

L – Listen (Zuhören)

- Im ersten Schritt geht es darum, aktiv und wertschätzend zuzuhören. Die betroffene Person soll spüren, dass ihr Anliegen ernst genommen wird. Unterbrechen oder sofort rechtfertigen blockiert den Prozess.
- Praxisbeispiel: Ein Notfallsanitäter erklärt aufgebracht, dass sein Wunschfrei nicht berücksichtigt wurde – obwohl er eine E-Mail geschickt hatte.
- *„Ich möchte Ihnen kurz schildern, was passiert ist – ich hatte Anfang März den 19. Mai per Mail als Wunschfrei eingereicht, nachdem wir darüber gesprochen haben. Jetzt steht der Dienstplan, ich bin eingeteilt, und es wurde übersehen."*

E – Empathize (Einfühlen)

- Zeigen Sie jetzt Verständnis für das Erlebte. Es geht nicht darum, jede emotionale Reaktion gutzuheißen – aber darum, die Sichtweise nachvollziehbar zu machen.
- Beispiel: *„Ich verstehe, dass das für Dich sehr ärgerlich ist – gerade, wenn man fest mit einem Tag frei geplant hat und dann den Dienstplan sieht, da wäre ich auch sauer."*

A – Apologize (Entschuldigen)

Hier geht es nicht um eine überschwängliche Entschuldigung oder um „Schuldfragen", sondern um das Übernehmen von Verantwortung. Eine klare, angemessene Entschuldigung kann Wunder wirken und Druck aus dem Moment nehmen.

Beispiel: *„Da ist mir ein Fehler unterlaufen – Die Mail ist untergegangen. Das tut mir leid."*

F – Fix (Lösen)

- Jetzt wird ein realistischer Lösungsvorschlag gemacht oder Unterstützung angeboten. Wichtig ist: nicht leere Versprechungen, sondern konkret, machbar und verbindlich.
- Beispiel: *„Ich kann den Plan jetzt leider nicht mehr ändern, aber ich unterstütze Dich dabei, eine Vertretung für den Tag zu finden. Ich hänge mich mit rein, suche nach Tauschoptionen und frage heute noch zwei Mitarbeiter, ob ein Tausch möglich ist."*

Wann eignet sich LEAF im Führungsalltag?

Führungskräfte im Rettungsdienst erleben regelmäßig Situationen, in denen:

- Entscheidungen missverstanden wurden
- Erwartungen enttäuscht wurden
- Mitarbeitende sich übergangen, benachteiligt oder frustriert fühlen

- Kritik geäußert wird – berechtigt oder nicht

LEAF eignet sich ideal für diese Gespräche, weil es sachlich bleibt, menschlich wirkt und eine echte Lösungsperspektive bietet. Es schützt vor Verteidigungshaltung („Ich kann ja nichts dafür…") und schafft einen Raum für Verständigung, Verlässlichkeit und Beziehungsklärung – selbst bei unangenehmen Themen. Probieren Sie es einfach mal aus und sammeln Sie ihre Erfahrungen damit.

Literatur

Becker, J. H., Ebert, H., & Pastoors, S. (2018). *Praxishandbuch berufliche Schlüsselkompetenzen. 50 Handlungskompetenzen für Ausbildung, Studium und Beruf*. Springer. https://doi.org/10.1007/978-3-662-54925-4.

Bonacker, T. (2005). *Sozialwissenschaftliche Konflikttheorien. Eine Einführung* (3. Aufl.). Verlag für Sozialwissenschaften.

Fehlau, E. G. (2024). *Konflikte erfolgreich managen* (5. Aufl.). Haufe.

Glasl, F. (2024). *Konfliktmanagement. Ein Handbuch für Führung, Beratung und Mediation.* (13. Aufl.). Haupt.

Lippmann, E., Pfister, A., & Jörg, U. (2019). *Handbuch Angewandte Psychologie für Führungskräfte. Führungskompetenz und Führungswissen.* Springer. https://doi.org/10.1007/978-3-662-55810-2.

Zielke, C. (2024). *Effektive Führungstechniken. Richtig kommunizieren – Mitarbeiter motivieren – Teams führen.* Haufe. https://doi.org/10.34157/978-3-648-17786-0.

8 Organisationsstrukturen im Rettungsdienst

Zusammenfassung

Organisation ist mehr als ein Organigramm – sie ist das strukturgebende Fundament jeder Führungstätigkeit. Gerade im Rettungsdienst, wo Veränderungen wie neue Standorte, Ausschreibungen oder gesetzliche Anforderungen schnell Realität werden, braucht es flexible und zugleich stabile Strukturen. Dieses Kapitel zeigt, wie Aufbauorganisation gezielt gestaltet und weiterentwickelt werden kann – mit praxisnahen Beispielen, klassischen Organisationsmodellen und einem systematischen Vorgehen von der Aufgabenanalyse bis zur Stellenbildung. Dabei stehen Orientierung, Verantwortungsklarheit und die Stärkung der zweiten Führungsebene im Fokus. Ziel ist es, Führungskräften ein praxiserprobtes Handwerkszeug zu vermitteln, um Veränderungen souverän zu begleiten und tragfähige Organisationsformen zu schaffen – für mehr Effizienz, Motivation und Zukunftsfähigkeit im Rettungsdienst.

Organisieren bedeutet, **Strukturen und Prozesse planvoll zu gestalten.** Es handelt sich um eine der klassischen Führungsaufgaben, insbesondere auch im Rettungsdienst, wo es durch strukturelle Veränderungen häufig Anpassungen bedarf.

Organisation meint dabei nicht nur das Aufstellen eines Organigramms, sondern umfasst die **Gestaltung der Arbeitsteilung,** die **Bestimmung von Verantwortlichkeiten,** die **Zuteilung von Ressourcen** und die **Festlegung von Abläufen.** Ziel ist es stets, die Aufgaben optimal auf den Zweck der Organisation auszurichten (Lippmann, E. et al., 2019, S. 484; Lammers, A., 2018).

D. Heine, *Leadership und Management im Rettungsdienst*,
https://doi.org/10.1007/978-3-662-71657-1_8

Beantwortet werden die Fragen (Lammers, A., 2018, S. 64; Zielke, C., 2024):

- Wer macht was (Aufbauorganisation)?
- Wer ist Zuständig (Aufbauorganisation)?
- Wann, wo und wie wird etwas gemacht (Ablauforganisation)?

Führungskräfte gestalten im Idealfall Rahmenbedingungen, die Mitarbeitenden ermöglichen, ihre Potenziale im Sinne der Organisation einzubringen. Strukturen wirken somit nicht nur funktional, sondern auch beziehungsbildend: Führung findet immer in Beziehungen statt, und diese sind eingebettet in organisatorische Realitäten. Der Rahmen, den Führungskräfte setzen, wirkt damit zugleich als Unterstützung oder Einschränkung ihrer eigenen Führungsarbeit.

Gleichzeitig ist Organisation kein statisches Gefüge. Im systemischen Verständnis haben Organisationen die Fähigkeit, sich im Rahmen ihrer Umweltbedingungen selbst zu organisieren. Formale Vorgaben stoßen dort an ihre Grenzen, wo Routinen, Gewohnheiten oder implizite Regeln die Veränderung erschweren. Gleichzeitig benötigt jede Organisation ein Mindestmaß an Selbstorganisationsfähigkeit – sonst droht der vielzitierte „Dienst nach Vorschrift", der jede Flexibilität und Wirksamkeit lähmt (Lippmann, E. et al. 2019, S. 484–485; Lammers, A., 2018).

Strukturen und Prozesse müssen deshalb immer wieder hinterfragt und weiterentwickelt werden: Wie viel formale Organisation ist notwendig? Wo braucht es mehr Orientierung? Wo mehr Freiraum? Gute Organisation schafft beides: Orientierung und Autonomie. Diese Balance ist essenziell für ein leistungsfähiges, resilientes und motiviertes Team im Rettungsdienst.

Dieses Kapitel beschäftigt sich mit den typischen Herausforderungen, die entstehen, wenn sich Rettungsdienste verändern – sei es durch Wachstum oder durch Verkleinerung, durch Veränderungen der Ausbildung – beispielsweise die Freistellung von PAL.

Es zeigt auf, wie wichtig es ist, die Aufbauorganisation regelmäßig zu überprüfen und bei Bedarf anzupassen. Es geht darum, Verantwortlichkeiten klar zu regeln, Hierarchien neu zu denken und Mitarbeitenden funktionale Klarheit zu ermöglichen. Auch Spezialfunktionen, Vertretungsregelungen und Leitungsspannen werden betrachtet.

Ziel ist es, Ihnen eine praxisnahe und gleichzeitig strategische Perspektive auf die Gestaltung von Organisation zu vermitteln. Dabei orientieren ich mich an klassischen Instrumenten der Aufbauorganisation – von der Aufgabenanalyse bis zur Stellenbildung – und übertrage sie auf die konkreten Herausforderungen im Rettungsdienst.

8.1 Gründe für Veränderungen im Rettungsdienst

Im Rettungsdienst gibt es **keine einheitliche Organisationsstruktur** – und das hat gute Gründe. Die Vielfalt regionaler Gegebenheiten und historischer Entwicklungen hat dazu geführt, dass sich Rettungsdienste strukturell stark voneinander unterscheiden. So lassen sich Konzepte nicht einfach von einem auf den anderen Träger oder Anbieter übertragen. Was an einem Standort gut funktioniert, kann in einer anderen Region mit völlig anderen Rahmenbedingungen zum Scheitern verurteilt sein.

Ein Blick auf die regionalen Unterschiede macht dies deutlich: In einer Großstadt mit einer Berufsfeuerwehr und verschiedenen anderen Leistungserbringern liegt eine hohe Dichte an Rettungswachen vor, meist mit kurzen Wegen zwischen den Standorten. Die Führungsspannen sind eng, Kommunikationswege kurz und viele Aufgaben werden zentral organisiert. Im Gegensatz dazu steht ein ländlicher Rettungsdienst mit großflächigem Versorgungsgebiet, in dem sich die Wachen weit über das Gebiet verteilen und häufig einem einzigen Leistungserbringer unterliegen. Allein dieser Unterschied führt zu völlig unterschiedlichen Rollenbildern und Aufgabenprofilen – etwa bei den Leitungen der Rettungswachen. Während eine Rettungswachenleitung in der Großstadt vielleicht primär mit Personalführung und Kommunikation befasst ist, übernimmt eine Rettungswachenleitung im ländlichen Raum vielleicht zusätzlich logistische oder organisatorische Aufgaben, weil zentrale Strukturen fehlen. Bei der Berufsfeuerwehr werden Aufgaben vielleicht parallel von der Wachabteilungsführung übernommen, in anderen Rettungsdiensten existiert diese Struktur nicht einmal.

Veränderungsdruck entsteht auch durch äußere Rahmenbedingungen So kann ein neuer Rettungsdienstbedarfsplan massive Auswirkungen auf die Organisation haben. Müssen beispielsweise Eintreffzeiten optimiert werden, kann dies die Umverteilung von Rettungsmitteln und die Entstehung neuer Standorte nach sich ziehen. Eine neue Wache entsteht, aus einem bisher nur tagsüber besetzten Rettungswagen wird plötzlich ein 24-h-Rettungsmittel – und damit ändert sich nicht nur die Personalbedarfsplanung, sondern auch die Organisation von Strukturen und Abläufen.

Ein weiteres Beispiel für strukturelle Veränderung sind **Ausschreibungen.** Sie können zum **kurzfristigen** Wachstum oder zu erheblichen Verkleinerungen führen. Wird ein Ausschreibungsgebiet gewonnen, müssen innerhalb kürzester Zeit neue Mitarbeitende eingestellt, zusätzliche Wachen eingerichtet und neue Führungsstrukturen etabliert werden. Wird ein Gebiet hingegen verloren, müssen bestehende Strukturen verschlankt oder neu organisiert werden. So kann es passieren, dass ein Bereich mit ehemals 200 Mitarbeitenden und zentraler Dienstplanung auf 80 Mitarbeitende schrumpft – und Dienstplanung wieder dezentral auf den Wachen erfolgt. Oder umgekehrt.

Auch neue Anforderungen wie die Notfallsanitäterausbildung haben weitreichende Auswirkungen auf die Aufbauorganisation gehabt. Wo früher Lehrrettungsassistenten nach Abschluss der theoretischen Ausbildung lediglich das Jahrespraktikum begleiteten, erfordert die dreijährige Ausbildung zur Notfallsanitäterin bzw. zum Notfallsanitäter eine kontinuierliche Begleitung durch qualifizierte Praxisanleitungen (teilweise zu 50 % freigestellt). Bei größeren Rettungsdiensten reicht dies bis hin zur Etablierung von leitenden Praxisanleitungen, die teilweise oder vollständig aus dem Einsatzdienst herausgelöst sind. Hier entstehen neue Aufgaben, Rollen und Verantwortungsbereiche.

Diese Beispiele zeigen: Es gibt zahlreiche Auslöser für organisatorische Veränderungen im Rettungsdienst. Und nicht selten treten sie schnell und unerwartet auf – wie die folgenden beiden Praxisbeispiele verdeutlichen, die im Anschluss beschrieben werden.

Praxisbeispiele

Praxisbeispiel 1:
Ich selbst habe einige Jahre im Rettungsdienst eines Landkreises mit ca. 250.000 Einwohnern gearbeitet. Damals betrieb der Landkreis zwei kleine Rettungswachen, jeweils am anderen Ende des Kreisgebiets. Auf jeder dieser Wachen war ein 24-h-RTW und ein tagsüber besetzter KTW stationiert. Zusätzlich fuhr von einer Wache aus tagsüber eine Person mit einem NEF zum Kreiskrankenhaus in der Mitte des Landkreises. Die weiteren Rettungswachen in den Städten wurden von den jeweiligen freiwilligen Feuerwehren mit hauptamtlichen Kräften betrieben.

Damals gab es im Kreishaus eine Leitung im Ordnungsamt, eine Sachbearbeitung sowie je eine Wachleitung pro Rettungswache, die vor allem die Dienstplanung übernahm und täglich auf dem KTW im Einsatz war. Heute – viele Jahre später – hat sich die Struktur komplett verändert: Aufgrund steigender Einsatzbedarfe wurden auf den Wachen zusätzliche RTW stationiert, jede Wache verfügt nun über ein 24-h-NEF, zwei weitere Wachen mussten aufgrund nicht erreichter Eintreffzeiten eröffnet werden, und zwei Städte übergaben ihre ehemals in der Feuerwehr angesiedelten Rettungswachen an den Kreis. Hinzu kamen neue Aufgaben und Stellen in Verwaltung und Logistik. Dieser Wandel war nicht das Ergebnis einer einmaligen Entscheidung, sondern eines kontinuierlichen, schrittweisen Wachstums. Er machte eine vollständige Neuaufstellung der Aufbauorganisation erforderlich.

Praxisbeispiel 2:
Ein weiteres Beispiel, diesmal aus meiner aktuellen Beratungspraxis verdeutlicht, dass auch kleine Veränderungen große organisatorische Auswirkungen haben können: Ein Rettungsdienst mit etwa 200 Mitarbeitenden, der bislang ausschließlich RTW und KTW betrieb, übernahm im Jahr 2025 erstmals ein Notarzteinsatzfahrzeug. Was auf den ersten Blick wie eine minimale Erweiterung erscheinen mag, hatte in der Praxis enorme Auswirkungen. Wer fährt das NEF? Wie wird die Besetzung fair geregelt? Wer übernimmt die Logistik, wer ist zuständig? Ist eine eigene Standortleitung nötig? Die Vielzahl an Fragen zeigt: Jede strukturelle Veränderung – sei sie groß oder klein – muss in ihrer Komplexität durchdacht und organisatorisch begleitet werden. Die Antwort auf diese Fragen ist nie allgemeingültig, sondern hängt von der individuellen Struktur des jeweiligen Rettungsdienstes ab.◄

Diese beiden Beispiele habe ich bewusst gewählt, da sie die Bandbreite von großen und kleinen Veränderungen im Rettungsdienst gut darstellen. Sicherlich kann jede Leserin und jeder Leser vergleichbare Beispiele aus dem eigenen Arbeitsumfeld benennen. Genau deshalb ist dieses Kapitel so wichtig: Denn häufig werden Strukturen eben nicht systematisch neu gedacht und angepasst, obwohl es notwendig wäre. In den beiden genannten Beispielen hat es im Übrigen gut geklappt. Dieses Kapitel soll allen Beteiligten das Handwerkszeug an die Hand geben, um notwendige Veränderungen sicher zu analysieren, zu gestalten und erfolgreich umzusetzen.

8.2 Grundlagen der Aufbauorganisation im Rettungsdienst

Organisationen im Rettungsdienst sind wie bereits beschrieben in ihrer Struktur nicht einheitlich. Vielmehr unterscheiden sich die Aufbauorganisationen stark – je nach Trägerschaft, Region, historischer Entwicklung und strategischer Ausrichtung. Diese strukturelle Vielfalt ist nicht per se negativ, sie stellt jedoch besondere Anforderungen an Führungskräfte. **Ein „one fits all"-Modell gibt es nicht.** Daher lohnt sich ein genauer Blick auf die in der Praxis vorkommenden Modelle.

Die klassische Stablinienorganisation

Die wohl am weitesten verbreitete Organisationsform ist die sogenannte Stablinienorganisation. Sie **kombiniert die Hierarchievorteile einer Linienorganisation mit der Expertise von Stabsstellen.** In dieser Struktur gibt es eine **klare Zuordnung von Weisungsbefugnissen:** Die Weisung erfolgt entlang einer Linie – also von oben nach unten. Stabsstellen haben beratende Funktion und unterstützen die Linieninstanzen, ohne selbst weisungsbefugt zu sein.

► Ein einfaches Beispiel: Die Leitung eines Rettungsdienstes gibt Weisungen an die Leitungen der Rettungswachen weiter, die wiederum mit den Mitarbeitenden auf den Wachen operativ arbeiten. Eine Stabsstelle wie etwa die leitende Praxisanleitung berät die Leitungsebene, hat jedoch keine direkte Weisungsbefugnis gegenüber den Praxisanleitenden vor Ort.

Vorteile dieser Struktur sind Übersichtlichkeit, klare Verantwortlichkeiten und eine relativ einfache Abgrenzung von Zuständigkeiten. **Nachteile** zeigen sich vor allem bei hoher Dynamik oder in Situationen, die schnelle Entscheidungen auf mehreren Ebenen erfordern: Die Entscheidungswege sind oft länger, die Kommunikation weniger flexibel, Innovationen dringen nur langsam durch das System.

Zentralstelle, Stabstelle, Linienstelle

In diesem Zusammenhang lohnt es sich, die drei häufigsten Stellformen kurz zu definieren:

- **Linienstellen** sind weisungsbefugt und operativ tätig (beispielsweise die Leitung einer Rettungswache).
- **Stabsstellen** unterstützen fachlich, sind jedoch nicht weisungsbefugt (beispielsweise die leitende Praxisanleitung)

- **Zentralstellen** übernehmen bereichsübergreifende Aufgaben *mit fachlicher Weisungskompetenz* (beispielsweise das Qualitätsmanagement)

Die Unterscheidung dieser Stellformen ist insbesondere bei der Gestaltung von Organigrammen und in der Delegation von Aufgaben von Bedeutung. Zur besseren Veranschaulichung finden Sie hier eine stark vereinfachte Darstellung einer Linienorganisation mit Stab- und Zentralstellen eines kleinen Rettungsdienstes, siehe Abb. 8.1.

Die Spartenorganisation – ein Blick über den Tellerrand
Ein weiteres **in der Praxis häufiger anzutreffendes Modell** ist die Spartenorganisation. Besonders Hilfsorganisationen, die mehrere Leistungsbereiche anbieten (z. B. Kindertagesstätten, Pflege, Rettungsdienst, Katastrophenschutz, Jugendhilfe), nutzen diese Form. Hier ist **jede Sparte eine eigene organisatorische Einheit mit**

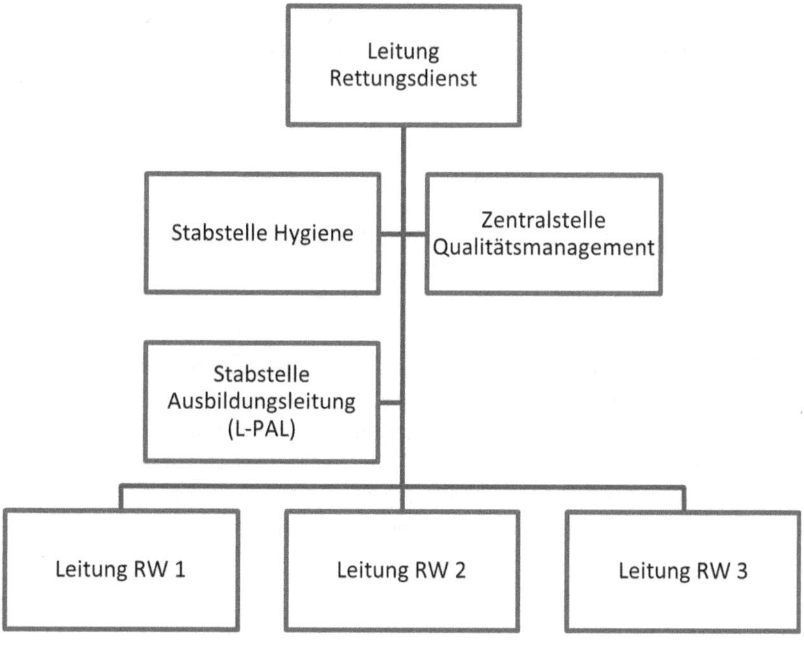

Abb. 8.1 Beispiel Linienorganisation mit Stabstellen und Zentralstellen

eigener Leitung und operativer Verantwortung. Die einzelnen Spartenleitungen berichten an eine gemeinsame Geschäftsführung oder Bereichsleitung.

▶ Beispiel: Die Leitung der „Sparte Rettungsdienst" ist für alle operativen und strategischen Themen dieses Bereichs zuständig – unabhängig von den Parallelstrukturen in der Pflege oder der Jugendhilfe. Das ermöglicht eine hohe fachliche Tiefe und schnelle Entscheidungen innerhalb der Sparte. Gleichzeitig besteht die Herausforderung darin, organisationsweite Standards und Synergien nicht aus dem Blick zu verlieren.

Flache vs. tiefe Hierarchien

Ein weiterer zentraler Aspekt in der Gestaltung der Aufbauorganisation ist die Frage nach der Hierarchietiefe:

- **Flache Hierarchien** zeichnen sich durch wenige Führungsebenen aus. Entscheidungen werden schnell getroffen, Kommunikation erfolgt direkt. Mitarbeitende erhalten mehr Eigenverantwortung, Führungskräfte haben oft ein breites Aufgabenspektrum. Diese Struktur ist insbesondere in kleinen bis mittleren Rettungsdiensten realisierbar.
- **Tiefe Hierarchien** sind typisch für große Rettungsdienste, Berufsfeuerwehren oder kommunale Trägerschaften. Die Führungsspanne ist kleiner, Führungskräfte sind stärker spezialisiert. Entscheidungen dauern mitunter länger, die Abstimmung erfolgt in mehreren Stufen. Dafür steigt die fachliche Differenzierung – etwa durch eigene Bereiche für Logistik, Controlling, Qualitätssicherung oder Ausbildung.

Vorteile flacher Hierarchien sind u. a. höhere Flexibilität, direktere Kommunikation und stärkere Mitarbeiterbeteiligung. **Nachteile** bestehen in einer potenziellen Überlastung der Führungskräfte, unklaren Abgrenzungen und einem höheren Bedarf an Selbststeuerung der Mitarbeitenden. **Tiefe Hierarchien** bieten hingegen Struktur, klare Verantwortlichkeiten und Effizienz bei standardisierten Abläufen – können aber zu Intransparenz, Frustration und Innovationshemmnissen führen.

8.3 Aufbauorganisation im Rettungsdienst sinnvoll weiterentwickeln

Organisation ist nichts Statisches – gerade im Rettungsdienst verändert sich die Realität regelmäßig und oft unerwartet. Neue Standorte, veränderte Aufgabenprofile, zunehmende Spezialisierung oder neue gesetzliche Anforderungen machen es notwendig, bestehende Strukturen immer wieder zu hinterfragen. Doch wie genau gelingt das?

Ein bewährter Ansatz ist das strukturierte Vorgehen nach dem Modell der Aufbauorganisation (Thommen, J.-P., et al., 2023, S. 531–532): (Lippmann, E. et al. 2019) von der Aufgabenanalyse über die Aufgabenbündelung bis hin zur Stellenbildung und Verknüpfung der Einheiten. Dieses Prinzip lässt sich auf nahezu jeden Rettungsdienst anwenden – unabhängig von seiner Größe. Zur besseren Veranschaulichung nutzen Sie die grafische Übersicht in Abb. 8.2.

1. Aufgabenanalyse: Was fällt überhaupt alles an?
Am Anfang steht eine gründliche Analyse der Aufgaben. Ziel ist es, die Gesamtaufgabe des Rettungsdienstes – z. B. „sichere und wirtschaftliche Durchführung der Notfallrettung und des qualifizierten Krankentransports im Rettungsdienstgebiet“ – so zu zerlegen, dass alle Einzelaufgaben sichtbar werden.

Beispiele für Elementaraufgaben im Rettungsdienst:

- **Planung & Steuerung:** Dienstplanung, Ausfallmanagement, Einsatzmittelsteuerung
- **Qualitätssicherung:** Desinfektionsüberprüfung, Medikamentenprüfung, Hygieneinspektionen
- **Ausbildung & Personalentwicklung:** Koordination der Praxisanleitung, Fortbildungsplanung
- **Material & Logistik:** Verbrauchsmanagement, Bestellwesen, Geräteprüfung
- **Standortorganisation:** Fahrzeugpflege, Gebäudemanagement, Schlüsselverwaltung
- **Kommunikation:** Zusammenarbeit mit Leitstelle, Kliniken, Trägern

Diese Elementaraufgaben sollten so lange differenziert werden, bis sie entweder direkt bearbeitbar oder sinnvoll zusammengefasst werden können.

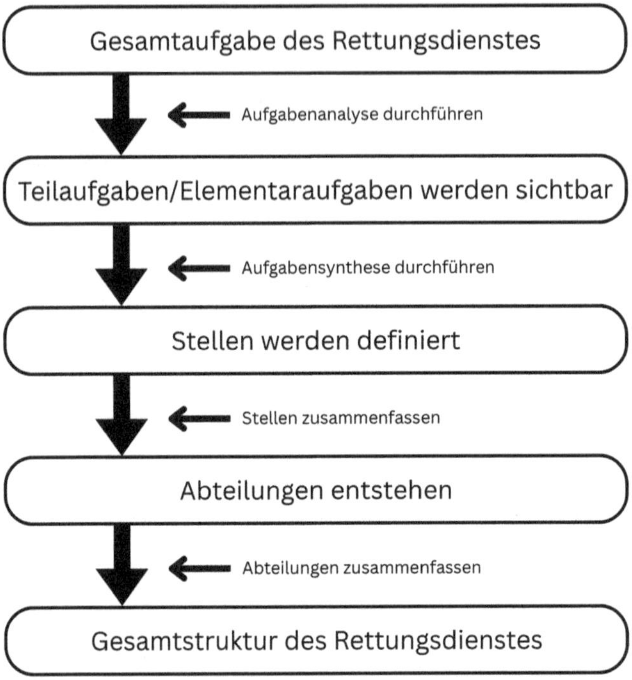

Abb. 8.2 Bildung der Aufbauorganisation

Beispiel zur Aufgabenanalyse „Planung & Steuerung"
Der Aufgabenbereich *„Planung & Steuerung"* wird in vielen Rettungsdiensten zunächst als ein einziger Zuständigkeitsblock verstanden. Um fundierte Entscheidungen für Stellenbildung, Verteilung von Zuständigkeiten oder Entlastung von Führungskräften treffen zu können, ist eine detaillierte Aufgabenanalyse notwendig.

Schritt 1: Zerlegung in Teilaufgaben

Die Gesamtaufgabe *„Planung & Steuerung des operativen Tagesgeschäfts"* lässt sich in mehrere Teilaufgaben untergliedern:

- Dienstplanung
- Monats- und Jahresplanung für Regelrettung und Krankentransport
- Feiertags- und Urlaubsplanung

- Abgleich mit Arbeitszeitkonten / Teilzeitmodellen
- Integration von Fortbildungen und Schulungen
- Ausfallmanagement
- Reaktion auf kurzfristige Krankmeldungen
- Anrufe zur Nachbesetzung
- Führung und Aktualisierung von Springerlisten
- Dokumentation von Ausfällen und Vertretungen
- Einsatzmittelsteuerung (Disposition auf Standortebene)
- Entscheidung über Fahrzeugverschiebungen bei Ausfall / Technikdefekt
- Koordination mit der Leitstelle bei operativen Problemen
- Ansprechpartner bei Konflikten zur Schichteinteilung oder Fahrzeugverteilung
- Schnittstellenkommunikation
- Rücksprachen mit Verwaltung bei Personalanforderungen
- Abstimmung mit Schulleitungen bei Auszubildendenzeiten
- Weiterleitung relevanter Informationen an Wachleitung und Personal
- Qualitäts- und Steuerungskennzahlen
- Erhebung von Planungsqualität (z. B. Quote Wunschfrei-Erfüllung, Personalverfügbarkeit)
- Mitarbeit an Reports (z. B. durchschnittlicher Krankheitsstand pro Monat)

Schritt 2: Bildung von Elementaraufgaben

Die Teilaufgaben können nun weiter in sogenannte Elementaraufgaben zerlegt werden – also kleinste Bearbeitungseinheiten, die nicht mehr sinnvoll untergliedert werden müssen.

Beispiel für die Teilaufgabe „Dienstplanung":

- Abfrage von Wunschfrei pro Monat (Elementaraufgabe)
- Prüfung von Überschneidungen (z. B. zu viele NotSan wollen dieselbe Schicht frei)
- Erstellen des Planentwurfs in der Software
- Abstimmung mit Standortleitung zu Sonderlagen (z. B. Tage mit erhöhtem Einsatzaufkommen – beispielsweise Sylvester und Vatertag, Großveranstaltungen)
- Veröffentlichung des Plans nach interner Rückmeldung
- Pflege der Änderungs- und Nachtragslisten

Warum ist das wichtig?

Nur wenn klar ist, welche einzelnen Aufgaben anfallen, können diese später:

- sinnvoll zusammengefasst werden (z. B. Dienstplanung + Ausfallmanagement = Stelle „Disposition & Planung"),
- priorisiert und abgegrenzt werden (z. B. Springerkoordination nicht bei Leitung, sondern bei koordinierender Kraft),
- nach Verantwortlichkeiten verteilt werden (wer plant, wer entscheidet, wer genehmigt),
- und ggf. digitalisiert oder delegiert werden (z. B. Wunschfreierfassung per Onlineformular).

2. Aufgabenbündelung: Welche Aufgaben gehören zusammen?

Nach der Analyse folgt die sogenannte **Aufgabensynthese**. Dabei werden die zuvor analysierten Einzeltätigkeiten zu sinnvollen Aufgabenpaketen gebündelt – also **zu Stellen.** Ziel ist es, durch logische Zusammenhänge (z. B. inhaltlich, zeitlich, räumlich oder personell) funktionale Einheiten zu bilden.

Beispiele:

- Aufgaben rund um die Ausbildung (Praxisanleitung koordinieren, Kontakt zur Schule, Organisation von Prüfungen etc.) bilden sinnvollerweise eine Stelle „Leitende Praxisanleitung".
- Aufgaben rund um Fahrzeuge, Material und Verbrauch bilden eine Stelle „Technischer Dienst".
- Eine Führungskraft, die zusätzlich für Personalausfälle, die Teamführung und Mitarbeitergespräche zuständig ist, braucht ein klar abgegrenztes Aufgabenspektrum – eine klassische Wachleitung.

Wichtig ist hierbei: Nicht nur Arbeitsmenge und Fachwissen zählen, sondern auch die logische Verknüpfung der Aufgaben und die Ressourcenzuteilung.

▶ **Beispiel (Fortführung) zur Aufgabensynthese „Planung & Steuerung"**

Mögliche Aufgabenbündelung A: „Disposition & Dienstplanung"

- Wunschfreierfassung und Planung
- Monats- und Feiertagsplanung
- Nachbesetzung bei Ausfällen
- Springerkoordination

- Pflege der Software

= *operative Aufgaben des Tagesgeschäfts in einem klar abgegrenzten Aufgabenfeld*
Mögliche Stelle:

„Koordinierende Person für Dienstplanung & Ausfallmanagement" oder Aufgabenpaket im Rahmen der Stelle *„Rettungswachenleitung"* (vollständig oder anteilig freigestellt - je nach Umfang).

Mögliche Aufgabenbündelung B: „Steuerung & Qualität"

- Planungsauswertung (z. B. Wunschfreierfüllung, Krankheitsquote)
- Erhebung und Weitergabe von Kennzahlen
- Entwicklung von Verbesserungen in Planung & Kommunikation
- Schnittstellenmanagement (Verwaltung, Standortleitungen)

= *strategisch-analytische Aufgaben mit koordinierender Funktion*
Mögliche Stelle:

„Stabstelle für Organisationsentwicklung und Qualitätsmanagement"

3. Stellen und Strukturen verbinden: Wer ist wie miteinander verbunden?
Sobald Aufgaben zu Stellen gebündelt wurden, stellt sich die Frage nach dem **organisatorischen Zusammenwirken.** Welche Stellen berichten wem? Wer ist weisungsbefugt? Welche Instanzen müssen eingebunden werden? **Hier entsteht das Organigramm** – das formale Abbild der Aufbauorganisation.

Im Rettungsdienst ist dabei insbesondere die Frage nach Hierarchieebenen und Verantwortlichkeiten zentral, siehe Abschn. 8.2:

- **Flache Strukturen:** eignen sich für kleinere Organisationen, kurze Wege, schnelle Entscheidungen – allerdings kann die Führungsspanne schnell zu groß werden.
- **Tief gegliederte Strukturen:** bringen mehr Spezialisierung, klare Zuständigkeiten, aber auch mehr Koordinationsbedarf.

Wichtig ist: Die Organisation muss zu den realen Herausforderungen passen. Wer mit 80 Mitarbeitenden dieselben Strukturen fährt wie mit 200, wird schnell an Grenzen stoßen.

4. Die optimale Kontrollspanne: Wie viele Mitarbeitende kann eine Führungskraft sinnvoll führen?
Ein zentraler Punkt ist die sogenannte Kontroll- oder Leitungsspanne – also die Anzahl der Personen, die direkt einer Führungskraft unterstellt sind. Im Rettungsdienst ist das besonders relevant, etwa für:

- Wachleitungen mit vielen Mitarbeitenden und Schichten
- Leitungen von Bereichen wie Ausbildung, Logistik oder Qualität

Ob eine Leitungskraft 5 oder 15 Personen direkt führen kann, hängt von vielen Faktoren ab:

- **Art der Aufgaben:** Unterschiedliche Aufgaben, viele Abstimmungen = kleinere Spanne
- **Führungsstil:** Wer Aufgaben delegiert und Mitarbeitende einbindet, kann mehr Personen führen
- **Qualifikation & Erfahrung:** Je selbstständiger die Mitarbeitenden, desto größer darf die Leitungsspanne sein
- **Unterstützung:** Sekretariate, Koordinatorinnen und Koordinatoren oder Teamleitungen können entlasten
- **Technik:** Moderne Tools (z. B. digitale Übergabeprotokolle, Buchungssysteme, Kommunikationssysteme, Dokumentenmanagement, Intranet) können Kommunikation und Kontrolle erleichtern

Wichtig Eine zu große Leitungsspanne überfordert Führungskräfte – zu viele Abstimmungen, keine Zeit für Gespräche, Unzufriedenheit im Team. Eine zu kleine Spanne hingegen schafft unnötige Hierarchieebenen und wirkt demotivierend. Dennoch gibt es Führungskräfte die direkt 200 Mitarbeitende leiten und diejenigen wo die Rahmenbedingungen nur fünf Mitarbeitende empfehlen.

▶ Wichtig

Was kann man daraus ableiten?

- **Nicht jede Stelle muss alles machen:** Früher oft zusammengefasst (Leitung macht alles). Heute kann differenziert und sinnvoll verteilt werden.
- **Fachlich passende Aufgaben gehören zusammen:** Wer Krankmeldungen im Rahmen des Ausfallmanagement bearbeitet, sollte

auch auf Planänderungen, Stundenübersichten und Mitarbeitende Zugriff haben.
- **Stellenprofile entstehen aus realen Aufgaben** – nicht aus gefühlten Titeln.

Mit dieser Aufgabensynthese erkennen Rettungsdienste:
- Wo neue Stellen nötig sind (z. B. durch Wachstum),
- Welche Aufgaben entlastet oder neu geordnet werden sollten,
- Wie Rollen professionell beschrieben und kommuniziert werden können.

Unabhängig davon, ob sich ein Rettungsdienst vergrößert, verkleinert oder intern umstrukturiert: Jede Veränderung sollte Anlass sein, die bestehende Aufgabenverteilung kritisch zu hinterfragen. Stimmen die Rollen noch? Sind Aufgaben sinnvoll gebündelt? Gibt es Überlastungen oder unklare Zuständigkeiten?

Auch wenn die erneute Aufgabenanalyse und -bündelung auf den ersten Blick aufwendig erscheint, schafft sie langfristig eine belastbare Struktur. Ist eine solide Datengrundlage – etwa in Form klar beschriebener Aufgabenpakete oder Stellenprofile – einmal geschaffen, genügt bei künftigen Veränderungen oft ein gezieltes Update statt eines kompletten Neustarts.

Solche strukturellen Reflexionsprozesse gehören heute zu den Kernaufgaben moderner Leitungskräfte – nicht zuletzt, um Motivation, Effizienz und Klarheit im Team zu sichern.

8.4 Stellvertretung professionell gestalten: Die zweite Führungsebene stärken

Im Rettungsdienst – wird die Rolle von Stellvertretungen häufig reduziert auf eine reine Abwesenheitsvertretung oder sie bekommt kleinere feste Aufgaben zugewiesen. Sie springen ein, wenn eine Leitungskraft in Urlaub ist, zur Fortbildung fährt oder krankheitsbedingt ausfällt. **Diese Sichtweise greift jedoch zu kurz und birgt erhebliche Risiken.**

Was passiert, wenn eine Leitungskraft das Unternehmen von heute auf morgen verlässt – sei es durch Kündigung, langfristige Krankheit oder strukturelle Umstellungen? In der Praxis erlebe ich dann häufig, dass Stellvertretungen fachlich nicht eingearbeitet, in Entscheidungsprozesse nicht eingebunden oder schlicht nicht informiert sind. Die Folge: **Die Organisation ist in einem zentralen Bereich kurzfristig handlungsunfähig.**

Ein Beispiel aus meiner Praxis unterstreicht die Relevanz dieses Themas deutlich

In einem Unternehmen mit sechs Standorten verließ die verantwortliche Leitungsperson für zwei Standorte das Unternehmen überraschend mit sofortiger Wirkung. Die Stellvertretung war zwar formal benannt, hatte jedoch bisher ausschließlich den kleineren Standort betreut und keine Berührungspunkte mit dem größeren Standort oder den strategischen Aufgaben gehabt.

Völlig überfordert und ohne tragfähige Einarbeitung kündigte auch sie nur kurze Zeit später. Das Unternehmen stand plötzlich ohne operative Leitung beider Standorte da – und ohne funktionierende Übergabe. Als Notlösung sollte die Person, die bislang lediglich die Dienstpläne erstellt hatte, die Führungsverantwortung übernehmen – ohne entsprechende Qualifikation. Die Leitungen der anderen Standorte sollten unterstützen, hatten jedoch auch wenig Zeit und keine detaillierten Einblicke. Die Folgen waren absehbar.◄

Diese Situation hätte vermieden werden können – durch eine **strategische Entwicklung der zweiten Führungsebene.**

Stellvertretung als integraler Bestandteil der Aufbauorganisation

Eine professionelle Stellvertretung sollte nicht nur formell benannt, sondern auch sichtbar in der Aufbauorganisation verankert sein. Dies umfasst:

- eine klar **definierte Aufgabenbeschreibung** (inkl. Vertretungsumfang),
- geregelte **Übergaben** und transparente **Informationsflüsse,**
- regelmäßige **Einbindung** in Entscheidungs- und Abstimmungsprozesse,
- und **gezielte Weiterqualifikation.**

Ziel ist es, dass Stellvertretende **im Falle eines Ausfalls nahtlos übernehmen können**, ohne die Organisation zu destabilisieren.

► **Reflexion der Stellvertretung**

Wie ist die Stellvertretungsregelung in Ihrem Rettungsdienst aufgestellt? Können Stellvertretungen – sei es in Leitungsfunktionen oder in anderen zentralen Aufgabenbereichen – im Bedarfsfall tatsächlich nahtlos übernehmen? Denken Sie zurück: Wie gut haben geplante

Abwesenheiten in der Vergangenheit funktioniert? Mussten aufwendige Übergaben organisiert werden? Gab es Schwierigkeiten oder Informationslücken? Wie wäre es bei ungeplanten Abwesenheiten?

Nutzen Sie diese Fragen als Ausgangspunkt, um mögliche Risiken für Ihre Organisation frühzeitig zu erkennen – und gezielt gegenzusteuern.

Alternativen und Modelle zur Stärkung der zweiten Ebene
Es gibt **verschiedene Wege,** um Stellvertretungen gezielt zu stärken:

- **Rollierende Systeme:** Aufgaben und Funktionen werden im Wechsel aufgeteilt, sodass mehrere Personen regelmäßig Einblick in unterschiedliche Führungsbereiche erhalten. Beispielsweise wird die Abrechnung oder die Dienstplanung monatlich getauscht.
- **Tandem-Modelle:** Leitung und Stellvertretung arbeiten als enges Team mit definierter Aufgabenverteilung.
- **Schattenführung:** Stellvertretende übernehmen regelmäßig – z. B. jede zweite Woche im Monat – die operative Verantwortung unter Begleitung.
- **Aufgabenbasierte Stellvertretung:** Einzelne Verantwortungsbereiche (z. B. Dienstplanung, Qualitätsmanagement, Schulungskoordination) werden an mehrere Personen verteilt, die sich gegenseitig absichern.

Ein Nebeneffekt: Mitarbeitende aus der zweiten Reihe werden sichtbar und können systematisch auf weiterführende Führungsaufgaben vorbereitet werden – ein wichtiger Beitrag zur Nachfolgeplanung in Zeiten von Fachkräftemangel und zunehmender Fluktuation.

Literatur

Lammers, A. (2018). *Public Management. Betriebswirtschaftslehre der öffentlichen Verwaltung – kompakt, prüfungsorientiert, leicht verständlich* (8. Aufl.). Springer Gabler. https://doi.org/10.1007/978-3-658-21807-2.

Lippmann, E., Pfister, A., & Jörg, U. (2019). *Handbuch Angewandte Psychologie für Führungskräfte. Führungskompetenz und Führungswissen.* Springer. https://doi.org/10.1007/978-3-662-55810-2.

Thommen, J.-P., Achleitner, A.-C., Gilbert, D. U., Hachmeister, D., Jarchow, S., & Kaiser, G. (2023). *Allgemeine Betriebswirtschaftslehre. Umfassende Einführung aus managementorientierter Sicht* (10. Aufl.). Springer Gabler. https://doi.org/10.1007/978-3-658-39395-3.

Zielke, C. (2024). *Effektive Führungstechniken. Richtig kommunizieren - Mitarbeiter motivieren – Teams führen.* Haufe. https://doi.org/10.34157/978-3-648-17786-0.

9 Strategisches Management in der Praxis

Zusammenfassung

Kap. 9 beschreibt die Bedeutung von Strategieumsetzung und Steuerung im Rettungsdienst. Es zeigt, wie Visionen in strategische Ziele (Objectives) und messbare Ergebnisse (Key Results) übersetzt werden können, unter Anwendung der OKR- und SMART-Methodik. Anhand eines Beispiels wird dargestellt, wie konkrete Maßnahmen entwickelt werden, um die Zielerreichung sicherzustellen. Frühindikatoren werden als wichtiges Instrument vorgestellt, um Entwicklungen frühzeitig zu erkennen. Dabei wird immer wieder betont, dass die Messbarkeit von Zielen entscheidend ist, um Fortschritte sichtbar zu machen. Die detaillierte Ausarbeitung spezifischer Kennzahlen folgt in Kap. 10.

Rettungsdienste sind heute längst nicht mehr rein operative Organisationen, die „nur“ Einsätze abwickeln. Wer zukunftsfähig bleiben möchte – gerade im Wettbewerb um Fachkräfte, der Teilnahme bei Ausschreibungen, bei neuen Anforderungen der Träger oder bei wachsenden Aufgaben –, muss strategisch denken und handeln.

Strategisches Management bedeutet, den Blick über das Tagesgeschäft hinaus zu richten: **Wo wollen wir als Organisation in drei, fünf oder zehn Jahren stehen?**

Was ist unsere **Vision?** Welche **strategischen Felder** müssen wir bearbeiten, und wie setzen wir die passenden **Maßnahmen** konkret um?

D. Heine, *Leadership und Management im Rettungsdienst*,
https://doi.org/10.1007/978-3-662-71657-1_9

▶ Das strategische Management im Rettungsdienst ist in der Regel ab der Leitung eines Rettungsdienstes aufwärts verortet. Die einzelnen Rettungswachenleitungen und andere Funktionsträger (L-PAL, QMB etc.) sind wichtige Elemente in der Entwicklung, späteren Umsetzung vor Ort, der Analyse und Evaluation.

Dieses Kapitel bietet einen praxisnahen Leitfaden, wie Rettungsdienste von der ersten Idee über klar definierte Strategien bis hin zu umsetzbaren Zielen und Maßnahmen kommen.

Dabei geht es nicht um theoretische Planspiele, sondern um konkrete Werkzeuge, Methoden und Beispiele, die sofort auf die eigene Organisation angewendet werden können.

Besonderer Fokus liegt auf der Frage: Wie entwickle ich kleine, realistische und messbare Schritte, ohne die große Vision aus den Augen zu verlieren? Denn nachhaltiger Erfolg entsteht nicht aus Zufall – er entsteht aus systematischer und motivierender Führung.

Im Verlauf dieses Kapitels wird immer wieder auf die Bedeutung messbarer Ziele und Kennzahlen eingegangen, um die Umsetzung der Strategie nachvollziehbar und überprüfbar zu gestalten; eine detaillierte Darstellung konkreter Kennzahlen erfolgt anschließend in Kap. 10.

9.1 Visionen entwickeln und umsetzen

Visionen sind kraftvolle Leitbilder für die Zukunft. **Sie beschreiben ein ideales Bild dessen, was eine Organisation langfristig erreichen möchte.** Eine gut formulierte Vision gibt Orientierung, stiftet Sinn und motiviert Mitarbeitende, gemeinsam auf ein Ziel hinzuarbeiten.

Im Rettungsdienst kann eine starke Vision helfen, Veränderungen aktiv zu gestalten, Innovationen anzustoßen und die Attraktivität als Arbeitgeber zu steigern.

▶ Eine Vision unterscheidet sich dabei deutlich von strategischen Zielen oder operativen Maßnahmen. Sie ist bewusst langfristig angelegt – meist über einen Zeitraum von fünf bis zehn Jahren – und beschreibt nicht den Weg, sondern den angestrebten Zustand.

Gute Visionen zeichnen sich durch folgende Merkmale aus

- **Inspirierend:** Sie wecken Begeisterung und laden ein, sich aktiv einzubringen.
- **Realistisch:** Sie bleiben erreichbar, auch wenn sie ambitioniert formuliert sind.
- **Klar und einfach:** Sie sind verständlich und für alle Ebenen nachvollziehbar.
- **Sinnstiftend:** Sie tragen zur Identifikation mit der Organisation bei.

Im Rettungsdienst könnten Visionen beispielsweise lauten:

- „Wir werden der attraktivste Arbeitgeber im Rettungsdienst unserer Region."
- „Wir gestalten die modernste und patientenorientierteste präklinische Versorgung im Landkreis."
- „Wir sind ein Leuchtturm für Nachwuchsförderung und entwickeln das beste Ausbildungskonzept der Region."

Bedeutung der Vision im Führungsalltag

Eine Vision dient nicht nur der Außendarstellung, sondern ist ein zentrales Führungsinstrument im Inneren der Organisation. Sie bietet Mitarbeitenden Orientierung in Zeiten des Wandels, schafft Verbindlichkeit und hilft dabei, Entscheidungen im Alltag entlang eines übergeordneten Rahmens zu treffen.

Häufige Fehler bei der Entwicklung von Visionen

- Die Vision bleibt zu vage oder beliebig („Wir wollen gut sein").
- Die Vision wird zwar formuliert, aber nicht aktiv in die tägliche Arbeit integriert.
- Die Vision wird „von oben herab" entwickelt, ohne die Teams einzubeziehen.
- Die Vision ist so unrealistisch, dass sie nicht ernstgenommen wird.

▶ Bei der Entwicklung oder Überarbeitung einer Vision sollte frühzeitig ein Dialog mit Mitarbeitenden, Führungskräften und relevanten anderen Beteiligten begonnen werden. Workshops, Ideensammlungen oder moderierte Entwicklungsprozesse können helfen, eine Vision zu formulieren, die wirklich trägt und motiviert.

9.2 Strategische Ziele ableiten

Während eine Vision den langfristigen Idealzustand beschreibt, sind **strategische Ziele konkrete Etappen auf dem Weg dorthin**. Sie übersetzen die Vision in handhabbare Ziele, die mittel- bis langfristig erreichbar sind – typischerweise innerhalb eines Zeitraums von ein bis drei Jahren.

Strategische Ziele dienen dazu

- die Umsetzung der Vision greifbar zu machen,
- Prioritäten zu setzen,
- Ressourcen gezielt zu steuern und
- Erfolge messbar und sichtbar zu machen.

Beispielhafte Ableitung aus der Vision

- *„Wir werden der attraktivste Arbeitgeber im Rettungsdienst unserer Region."*

Mögliche strategische Ziele

- Aufbau eines strukturierten Pre- und Onboardings für neue Mitarbeitende bis Ende des nächsten Jahres. (Viele Beispiele in Heine, D., 2025)
- Einführung flexibler Dienstplanmodelle mit inklusive individueller Gestaltungsmöglichkeiten durch Mitarbeitende innerhalb von zwei Jahren. (siehe Abschn. 3.2)
- Einführung eines zusätzlichen Anreizsystems für Mitarbeitende (siehe Abschn. 5.1.3)
- Reduktion der Fluktuationsquote im Rettungsdienstbereich um 20 % innerhalb von 24 Monaten.

Wichtige Merkmale strategischer Ziele

- **Sie sind eindeutig formuliert:** Es ist klar, was erreicht werden soll.
- **Sie sind erreichbar und ambitioniert:** Sie fordern heraus, sind aber nicht utopisch.
- **Sie sind messbar:** Es lässt sich überprüfen, ob sie erreicht wurden.
- **Sie tragen direkt zur Vision bei:** Jeder soll erkennen können, wie das Ziel auf das große Ganze einzahlt.

SMARTe Formulierung strategischer Ziele
Um die Qualität von Zielen sicherzustellen, hilft die SMART-Formel:

- **S**pezifisch – Klar und eindeutig formuliert.
- **M**essbar – Erfolgreiche Zielerreichung ist überprüfbar.
- **A**ttraktiv – Es motiviert, das Ziel zu erreichen.
- **R**ealistisch – Erreichbar mit den vorhandenen Mitteln.
- **T**erminiert – Es gibt eine klare Zeitvorgabe.

► Strategische Ziele bilden die Grundlage für die operative Umsetzung. Sie helfen, Maßnahmenpakete zu schnüren, Verantwortlichkeiten festzulegen und Fortschritte regelmäßig zu bewerten. Dabei sollte die Strategie immer so flexibel bleiben, dass Anpassungen bei geänderten Rahmenbedingungen möglich sind.

9.3 Entwicklung einer lokalen Führungsstrategie

Eine lokale Führungsstrategie übersetzt Vision und strategische Ziele in **konkrete Handlungsfelder und Maßnahmen** innerhalb des eigenen Verantwortungsbereichs. Sie dient Führungskräften im Rettungsdienst dazu, Orientierung zu geben, Prioritäten zu setzen und die Umsetzung von Veränderungen gezielt zu steuern.

Hierzu ist es sinnvoll ein Leistungsinstrument zur Zielfestlegung und Überwachung zu nutzen. Für den Einsatz im Rettungsdienst bietet die **OKR-Methode** besondere Vorteile: Sie ermöglicht es, dynamisch auf Veränderungen zu reagieren, klare Prioritäten zu setzen und Fortschritte systematisch zu überwachen.

► **Die OKR-Methode** (*Objectives and Key Results*) ist ein modernes Instrument zur Steuerung von Organisationen. Das OKR-System ist ein Leistungsinstrument, mit dem Ziele in einer Organisation festgelegt, kommuniziert und überwacht werden, sodass alle Mitarbeitenden gemeinsam in eine Richtung arbeiten. Die Entwicklung von OKRs wird Andy Grove zugeschrieben, dem „Vater der OKRs“, der diesen Ansatz während seiner Amtszeit bei Intel einführte und 1983 in seinem Buch High Output Management dokumentierte (Helmold, M., 2023, S. 129).

Objectives and Key Results (OKR) dienen der **Festlegung, Kommunikation und Überwachung von Quartalszielen und -ergebnissen.** Ziel der OKRs ist es, Unternehmens-, Team- und persönliche Ziele hierarchisch mit messbaren Ergebnissen zu verknüpfen. Dadurch wird erreicht, dass alle Beteiligten in eine einheitliche Richtung arbeiten.

Grundlage ist die Nutzung der **SMART-Ziel-Methodik.** Typischerweise bestehen OKRs aus **drei bis fünf übergeordneten Zielen,** die jeweils durch **drei bis fünf messbare Schlüsselergebnisse** konkretisiert werden. Der Erreichungsgrad eines Schlüsselergebnisses wird über Fortschrittsindikatoren oder eine Skala von 0 bis 100 % (bzw. 0 bis 1,0) abgebildet.

Zu den zentralen Vorteilen des OKR-Systems zählen (Helmold, M., 2023. S. 129–130):

- **Zielorientierte Unternehmensausrichtung:** Abstimmung auf die wichtigsten Prioritäten und Aktivitäten mit größter Hebelwirkung pro Quartal.
- **Integration in Vision, Mission und Werte:** Verbindung der operativen Ziele mit der übergeordneten Unternehmensausrichtung zur Motivation aller Beteiligten.
- **Transparenz über Fortschritte und Hindernisse:** Klare Sicht auf die Entwicklung von Unternehmens-, Abteilungs- und Einzelzielen sowie auf mögliche Blockaden.

Die OKR Logik in der Umsetzung

Die Struktur der OKR-Logik gliedert sich wie folgt (Kudernatsch 2022. S. 29–30):

1. **Vision:** langfristiges **Zukunftsbild**
2. **Objectives:** strategische **Ziele** (grobe Richtung, qualitativ)
3. **Key Results:** konkrete messbare **Ergebnisse** (Was muss erreicht werden?)
4. **Initiativen/Maßnahmen:** konkrete **Aufgaben** (Wie erreichen wir die Key Results?)

Tab. 9.1 veranschaulicht einen typischen Weg von der Vision, bis zur einzelnen Maßnahme, um diese zu verwirklichen.

Der Weg von der Vision zur einzelnen Maßnahme im Detail

Im Folgenden wird die Umsetzung der Strategien anhand der OKR- und SMART-Methode konkretisiert, ergänzt durch ein praktisches Beispiel zur Veranschaulichung. Beginnen wir zuerst mit der Entwicklung entsprechender Strategien für die einzelnen Bereiche.

Tab. 9.1 Von der Vision zur konkreten Maßnahme

Ebene	Bedeutung	Beispiel
Vision	Langfristiges Zukunftsbild, das Orientierung bietet	„Wir sind der attraktivste Arbeitgeber im Rettungsdienst der Region bis 2030."
Objective	Strategisches Ziel für einen überschaubaren Zeitraum (z. B. ein Jahr)	„Arbeitgeberattraktivität nachhaltig steigern."
Key Results	Messbare Ergebnisse, die anzeigen, ob das Ziel erreicht wird	• „Mitarbeiterzufriedenheit auf 80 % steigern", • Weiterempfehlungsquote auf 85 % erhöhen"
Initiativen/ Maßnahmen	Konkrete Aufgaben und Aktivitäten zur Erreichung der Key Results	• „Monatliche Teammeetings auf den Rettungswachen einführen", • „Zusätzliches Anreizsystem (beispielsweise GSW Anreizsystem) für die Sparte Rettungsdienst einführen", • „anonyme Pulsbefragungen auf den Rettungswachen starten"

Eigene Erstellung

Zentrale Fragen bei der Entwicklung einer lokalen Führungsstrategie

- Welches Zielbild streben wir konkret an? (Was soll am Ende besser sein als heute?)
- Wo stehen wir heute wirklich? (Ehrliche Bestandsaufnahme.)
- Welche strategischen Ziele wollen wir in welchem Zeitraum erreichen?
- Welche konkreten Maßnahmen sind notwendig, um diese Ziele zu erreichen?
- Wer übernimmt welche Verantwortlichkeiten?
- Wie stellen wir sicher, dass wir unsere Fortschritte regelmäßig reflektieren?

Vorgehensweise in der Praxis

1. **Startpunkt festlegen**
   Beginnen Sie mit einer klaren Analyse der Ausgangslage: Mitarbeiterzahlen, Fluktuation, Feedback aus Gesprächen, aktuelle Herausforderungen, Stärken und Schwächen der Organisationseinheit.
2. **Strategieentwicklung**
   Leiten Sie aus der Vision und den strategischen Zielen klare Schwerpunkte ab. Zum Beispiel:
   – Arbeitgeberattraktivität steigern

- Teamkultur und Zusammenarbeit verbessern
- Nachwuchskräfte gewinnen und entwickeln
- Strukturierte interne Kommunikation aufbauen

3. **Ziele herunterbrechen**
   Arbeiten Sie hierzu mit konkreten Maßnahmenplänen wie dem OKR-Ansatz – Objectives and Key Results).
4. **Aufgaben (Initiativen), Verantwortlichkeiten und Ressourcen festlegen**
   Bestimmen Sie genau, wer was übernimmt und welche Mittel zur Verfügung stehen. Hier gilt: klare Verantwortlichkeiten statt „irgendwie gemeinsam". Sie können eine Arbeitsgruppe Pre- und Onboarding gründen – definieren Sie hier, wer der Sprecher und somit auch Verantwortliche der Arbeitsgruppe ist.
5. **Umsetzung und Begleitung**
   Strategiearbeit bedeutet kontinuierliches Arbeiten – nicht nur einmalige Aktionen. Führen Sie regelmäßige kurze Strategiemeetings oder Reviews ein, in denen Fortschritte überprüft, Hindernisse identifiziert und bei Bedarf Kurskorrekturen vorgenommen werden.

Beispiel: Lokale Führungsstrategie im Rettungsdienst

Das folgende Beispiel veranschaulicht mittels einem Objective und zwei abgeleiteten Key Results inklusive möglicher Initiativen, wie auf Basis einer langfristigen Vision eine lokale Führungsstrategie für ein Jahr im Rettungsdienst entwickelt werden kann.

Vision: „Wir sind der attraktivste Arbeitgeber im Rettungsdienst der Region bis 2030."

Daraus abgeleitete OKRs:

Objective 1: Arbeitgeberattraktivität steigern

- **Key Result 1.1:** Steigerung der Zufriedenheit der Mitarbeitenden auf mindestens 80 % bei der nächsten anonymen Mitarbeiterbefragung.
  - Initiativen:
    Einführung eines jährlichen, strukturierten Entwicklungsgesprächs für alle Mitarbeitenden bis zum 15.04.2025 (Verantwortlich: Leitung Rettungsdienst)
    Einrichtung eines internen Ideenmanagements („Was können wir verbessern?") bis zum 15.04.2025 (Verantwortlich: Stabstelle Organisationsentwicklung)

Durchführung eines Workshops „Arbeitsplatzgestaltung: Wünsche und Verbesserungsvorschläge" am 12.06.2025 (Verantwortlich: Stabstelle Organisationsentwicklung)

- **Key Result 1.2:** Einführung eines zusätzlichen Anreizsystems, basierend auf dem GSW-Anreizsystem.
  - **Initiativen:**
    Auswahl der zu prämierenden Leistungen bis zum 30.04.2025 (Verantwortlich: Leitung Rettungsdienst)
    Auswahl der Prämien – Befragung der Mitarbeitenden auf den Rettungswachen bis zum 15.05.2025 (Verantwortlich: Leitung der jeweiligen Rettungswache)
    Interne Info-Kampagne zur Vorstellung des neuen Anreizsystems am 30.06.2025 (Verantwortlich: Abteilung Öffentlichkeitsarbeit)
    Erhebung der Interessen der Mitarbeitenden vorab über eine kurze Umfrage.◀

▶ Eine Führungsstrategie darf nicht in der Schublade verschwinden. Sie muss gelebt, regelmäßig überprüft und bei Bedarf angepasst werden. Kleine, aber konsequente Schritte sind oft wirkungsvoller als große theoretische Programme ohne echte Umsetzung. Erarbeiten Sie gemeinsam diese Strategie und vereinbaren Sie mindestens quartalsweise Treffen, um die Zielerreichung nicht aus den Augen zu verlieren und nachsteuern zu können.

Literatur

Heine, D. (2025). *Employer Branding und Personalmarketing im Rettungsdienst. Mitarbeitende gewinnen, binden und motivieren.* Springer, Gabler.

Helmold, M. (2023). *Lean Management und Kaizen. Grundlagen aus Fällen und Beispielen in Operations und Supply Chain Management.* Springer Gabler. https://doi.org/10.1007/978-3-031-19692-8.

Kudernatsch, D. (2022). *Toolbox Objectives and Key Results. Transparente und agile Strategieumsetzung mit OKR* (2. Aufl.). Schäffer-Poeschel. https://doi.org/10.34156/978-3-7910-5565-7.

10 Kennzahlengestütztes Leiten im Rettungsdienst

Zusammenfassung

Kennzahlen ermöglichen es, den Rettungsdienst zielgerichtet und evidenzbasiert zu steuern. Dabei geht es nicht um möglichst viele Daten, sondern um die Auswahl relevanter Kennzahlen, die Strategie, Leistung, Qualität und Wirtschaftlichkeit abbilden. Dieses Kapitel zeigt, wie Kennzahlen entstehen, welche Typen im Rettungsdienst sinnvoll sind und wie man aus Zahlen echte Steuerungsimpulse ableitet. Dabei steht die einfache Umsetzung im Vordergrund: von Starter-Sets für Einsteiger bis hin zur Anleitung für die Entwicklung eigener Kennzahlen. Ziel ist es, Führungskräfte zu befähigen, ihren Bereich klarer zu verstehen, Probleme frühzeitig zu erkennen und Entwicklungspotenziale messbar zu machen.

„Was man nicht messen kann, kann man nicht steuern."

Dieser Satz stammt ursprünglich aus der Managementlehre und bringt die Bedeutung von Kennzahlen für Führungskräfte präzise auf den Punkt. Im Rettungsdienst gewinnen Zahlen, Daten und Fakten zunehmend an Relevanz: Sie helfen dabei, Leistungen transparent zu machen, Entwicklungen frühzeitig zu erkennen und fundierte Entscheidungen zu treffen.

Ob Einsatzzahlen, Eintreffzeiten, Dienststunden oder Ausbildungsquoten – Kennzahlen zeigen, wie der Rettungsdienst tatsächlich funktioniert und wo Verbesserungen möglich sind. Gerade in Zeiten steigender Anforderungen, knapper werdender Ressourcen und wachsender Transparenz gegenüber Trägern,

D. Heine, *Leadership und Management im Rettungsdienst*,
https://doi.org/10.1007/978-3-662-71657-1_10

Politik und Öffentlichkeit wird die Fähigkeit, mit belastbaren Daten zu führen, zu einer zentralen Kompetenz für Leitungskräfte.

Im Rettungsdienst wird bereits seit vielen Jahren erfolgreich mit Kennzahlen gearbeitet, insbesondere zur Qualitätssicherung im medizinischen Bereich. Dabei stehen die objektive Erfassung und Bewertung notfallmedizinischer Maßnahmen im Mittelpunkt. Kennzahlen können zur Analyse sämtlicher Schritte der Notfallversorgung eingesetzt werden: vom Eingang des Notrufs über Diagnostik und Therapie durch den Rettungsdienst bis hin zur Weiterversorgung in einer geeigneten Klinik (Mahrung, H. et al., 2016; Kühnapfel, J. B., 2021).

In diesem Kapitel gehen wir nicht auf die Kennzahlen zur Qualitätssicherung im medizinischen Bereich ein, sondern erweitern diese im Kontext des Fachbuchs auf den Managementbereich.

▶ **Gleichzeitig birgt die Arbeit mit Kennzahlen auch Risiken:** Wer Zahlen isoliert betrachtet, ohne den Menschen dahinter zu sehen, läuft Gefahr, falsche Schlüsse zu ziehen und Mitarbeitende zu demotivieren. Kennzahlengestütztes Führen bedeutet deshalb mehr als das Erheben und Auswerten von Daten – es erfordert Fingerspitzengefühl, Kontextwissen und eine gute Balance zwischen Steuerung und Vertrauen.

Dieses Kapitel zeigt praxisnah, wie Leitungskräfte im Rettungsdienst Kennzahlen sinnvoll auswählen, interpretieren und nutzen können. Es wird dargestellt, welche Arten von Kennzahlen wichtig sind, wie sie entwickelt werden und wie Führungskräfte sie einsetzen können, um sowohl Effizienz als auch Motivation im Team zu fördern.

10.1 Notwendigkeit von Kennzahlen

Ein zentrales Prinzip im Rettungsdienstmanagement lautet: Nur wer seinen aktuellen Stand kennt, kann sich gezielt weiterentwickeln. Kennzahlen ermöglichen die objektive Erfassung des Status quo. Im Rahmen von Veränderungen, Optimierungen oder Problemlöseprozessen sind sie unerlässlich, um die Nachhaltigkeit der Maßnahmen zu überprüfen und den Erfolg systematisch messbar zu machen (Bertagnolli, F., 2020, S. 316; Kudernatsch, D., 2022).

Kennzahlen sind somit ein unverzichtbares Instrument für die Führung und Steuerung von Rettungsdiensten. Sie liefern objektive Informationen über die Leistungsfähigkeit, die Qualität und die Wirtschaftlichkeit der Organisation. Ohne diese Daten wäre Führung im modernen Rettungsdienst weitgehend ein Blindflug, gesteuert von subjektiven Eindrücken und persönlichen Wahrnehmungen.

Kennzahlen geben nie die Antwort, aber sie zeigen sehr deutlich, wo man anfangen sollte, Fragen zu stellen.

Warum sind Kennzahlen so wichtig?

- **Objektivität:** Kennzahlen ermöglichen es, Entscheidungen auf Basis nachvollziehbarer und überprüfbarer Fakten zu treffen und nicht auf Basis von Bauchgefühl oder individuellen Einschätzungen.
- **Transparenz:** Gerade in komplexen Organisationen wie dem Rettungsdienst, in denen zahlreiche Faktoren ineinandergreifen, sorgen Kennzahlen für Überblick. Sie machen Entwicklungen sichtbar, die sonst verborgen blieben.
- **Vergleichbarkeit:** Kennzahlen erlauben interne Vergleiche zwischen Wachen, Teams oder Zeiträumen ebenso wie externe Vergleiche – etwa zwischen verschiedenen Rettungsdiensten oder im Benchmarking.
- **Früherkennung:** Abweichungen oder negative Trends können frühzeitig erkannt werden, bevor sie zu gravierenden Problemen werden. Beispielsweise kann ein Anstieg der Krankheitsquote auf Belastungsspitzen oder strukturelle Mängel hinweisen.
- **Steuerung und Planung:** Maßnahmen und Strategien können auf Basis konkreter Daten geplant, umgesetzt und später auf ihre Wirksamkeit überprüft werden. Ziele werden dadurch greifbar und überprüfbar.

Kennzahlen als Wegweiser, nicht als Antwort

In meiner Tätigkeit als Berater erhielt ich den Auftrag, im Rahmen einer umfassenden Organisationsentwicklung ein Unternehmen systematisch zu analysieren und Ansatzpunkte für Verbesserungen zu identifizieren. Der Zugang zu sämtlichen verfügbaren Kennzahlen, intensive Gespräche mit dem Controlling sowie die Möglichkeit, branchenspezifische Vergleiche anzustellen, eröffneten eine erste wertvolle Perspektive.

Schnell zeigte sich:

Durch die Analyse von Leistungskennzahlen, Qualitätskennzahlen und Finanzkennzahlen konnten erste Auffälligkeiten entdeckt werden. Standorte mit überdurchschnittlich hohen Krankheitsquoten oder auffälliger Fluktuation deuteten auf mögliche Teamkonflikte oder Führungsprobleme hin. Bereiche mit schlechten Leistungswerten oder überdurchschnittlich hohen Personalkostenquoten, zeigten erste Hinweise auf strukturelle Probleme, etwa in der Dienstplanung oder bei der Mitarbeiterzufriedenheit.

Bereich Personalkennzahlen – Beispiel:

Krankenstand und Fluktuation:
Die Rettungswache mit dem höchsten Krankenstand hatte auch die höchste Fluktuationsrate.

- **Vermutungen:** Führungsverhalten, Dienstplangestaltung oder Teamkultur sind gestört.
- **Situation vor Ort:** Die Leitung der Rettungswache hat sehr häufig als Krankheitsvertretung ein Rettungsmittel besetzt, obwohl sie zu 100 % freigestellt war. Sie hatte zwar den kurzfristigen Ausfall durch Krankheit kompensiert, konnte aber durch die Häufigkeit des Einspringens ihrer Führungsrolle nicht ausreichend nachkommen: Die Folgen waren:
  - Unzufriedenheit mit sich selbst, viele Überstunden und häufige Gereiztheit.
  - Schlechte Qualität beispielsweise in der Dienstplanung – viele Fehler schlichen sich ein, Freiwünsche wurden nicht berücksichtigt und mussten nachgearbeitet/kompensiert werden.
  - Unzufriedenheit im Team mit der Leitungskraft und der Dienstplanung. Häufige Krankmeldungen (Freiwünsche wurden nicht berücksichtigt und bevor man fragte, meldete man sich lieber Krank), Versetzungsanträge und sogar Kündigungen.
- **Lösungsansätze:** Im Team wurde das Thema angesprochen und alle hatten die Chance die Perspektive zu wechseln. Es wurde gemeinsam nach einer Lösung gesucht. Diese bestand beispielsweise darin, dass die Leitung der Wache im Notfall einspringt, aber nur so lange, bis ein Ersatz gefunden ist. Komplette Schichten wurden nicht mehr übernommen.
- Die Situation entspannte sich, die Leitung hatte mehr Zeit für Führungsaufgaben.
- Das Team verstand, warum es wichtig ist, dass nicht immer die Leitung einspringt.
- Die Qualität des Dienstplanes wurde besser, es musste weniger nachgearbeitet werden und die Stimmung bei Führungskraft und Team wurde besser.
- Die Krankheitsquote ist gesunken.

- **Lerneffekt:** Schlechte Personalkennzahlen zeigten tieferliegende strukturelle oder kulturelle Defizite.

Fazit dieses Beispiels:
Kennzahlen sind kein Selbstzweck und sie liefern keine abschließenden Antworten. Sie sind wertvolle Wegweiser. Sie zeigen, wo sich Hinsehen lohnt – die wirkliche Arbeit beginnt aber erst danach: mit dem Verstehen, dem Analysieren und dem aktiven Gestalten.◄

10.2 Kennzahlenarten

In der täglichen Praxis eines Rettungsdienstes fallen unzählige Daten an. Um aus dieser Fülle von Informationen steuerungsrelevantes Wissen zu generieren, ist es notwendig, verschiedene Arten von Kennzahlen bewusst zu unterscheiden.

Eine klare Kategorisierung hilft dabei, Schwerpunkte zu setzen, Zusammenhänge besser zu verstehen und Maßnahmen gezielt abzuleiten.

Grundsätzlich lassen sich Kennzahlen in drei Hauptgruppen unterteilen

- **Leistungskennzahlen** – sie beschreiben, was der Rettungsdienst leistet und mit welchem Aufwand.
- **Finanzkennzahlen** – sie geben Auskunft über Wirtschaftlichkeit, Kostenstruktur und finanzielle Stabilität.
- **Qualitätskennzahlen** – sie spiegeln die Ergebnisqualität, die Prozesssicherheit und die Patientenzufriedenheit wider.

Wie Kennzahlen entstehen
Damit eine Kennzahl ihre Funktion erfüllen kann, muss sie korrekt und vollständig erstellt werden. „Korrekt" bedeutet in diesem Zusammenhang, dass die Kennzahl sowohl eine **Messgröße** als auch eine **Bezugsgröße** berücksichtigt.

Ohne eine Bezugsgröße bleibt eine Kennzahl unvollständig und bietet keine ausreichende Grundlage für Interpretation oder Steuerung. Übertragen auf den Rettungsdienst bedeutet dies beispielsweise:

- Die Zahl der Einsätze allein sagt wenig aus, ohne sie ins Verhältnis zur Anzahl der Dienststunden, der Personalstärke oder dem Vorjahreswert zu setzen.
- Die Anzahl von Fehleinsätzen gewinnt erst durch die Relation zur Gesamteinsatzzahl an Aussagekraft.

- Die durchschnittliche Eintreffzeit ist nur bewertbar, wenn sie mit definierten Zielzeiten oder mit den Ergebnissen anderer Zeiträume verglichen wird.

Erst die vollständige Erhebung und sinnvolle Verknüpfung von Mess- und Bezugsgrößen macht Kennzahlen zu einem verlässlichen Steuerungsinstrument im Rettungsdienstmanagement.

Ein einfaches Beispiel verdeutlicht dies

Eine Personalkostenquote im Bereich Krankentransport beträgt 68 %. Diese Zahl allein ist zunächst eine absolute Angabe. Ohne weitere Bezugsgrößen – etwa den Zeitraum der Erhebung oder Vergleichswerte mit anderen Standorten – bleibt die Aussagekraft eingeschränkt. Erst wenn klar ist, dass diese Quote im laufenden Geschäftsjahr gemessen wurde und der Zielwert beispielsweise bei 65 % liegt, kann die Zahl bewertet werden: Liegt die Quote höher als geplant? Gibt es Effizienzpotenziale? Ist eine weitere Analyse notwendig?

Ebenso entscheidend ist der Vergleich mit Vorperioden:
War die Personalkostenquote im Vorjahr bei 70 %, stellt die aktuelle Zahl eine positive Entwicklung dar. Lag sie hingegen bei 62 %, könnte ein Handlungsbedarf bestehen.◀

Grundsätzlich gilt somit:

Jede Kennzahl bildet eine Relation zwischen einer Messgröße und einer Bezugsgröße.
Formal dargestellt:

$$Kennzahl = \frac{Messgröße}{Bezugsgröße}$$

Angewendet auf die Personalkostenquote im Krankentransport

$$Personalkostenquote = \frac{Summe\ der\ Personalkosten\ im\ Krankentransport}{Gesamtkosten\ im\ Krankentransport}$$

Häufig werden Kennzahlen auch in Prozent angegeben, dann lautet die Formel:

$$(\%) = \left(\frac{Summe\ der\ Personalkosten\ im\ Krankentransport}{Gesamtkosten\ im\ Krankentransport}\right) \times 100$$

Beispielrechnung:

$$Personalkostenquote = \frac{680.000}{1.000.000} \times 100 = 68\,\%$$

Interpretation:
Die Personalkostenquote beträgt 68 %. Erst im Vergleich mit Vorjahreswerten, geplanten Zielwerten, Branchenvergleichen oder Vergleichen zwischen einzelnen Standorten/Bereichen lässt sich bewerten, ob dies als günstig, durchschnittlich oder optimierungsbedürftig einzuschätzen ist.

10.2.1 Welche Kennzahlen und wie viele?

Es geht nicht darum, möglichst viele Kennzahlen zu erheben, sondern die für den eigenen Rettungsdienst relevanten Größen zu identifizieren und konsequent zu beobachten. Was für den einen Rettungsdienst eine Schlüsselkennzahl ist, kann für einen anderen nahezu bedeutungslos sein.

Beispielsweise spielt die Materialkostenquote im klassischen Rettungsdienst meist eine untergeordnete Rolle – die Personalkostenquote hingegen kann ein zentraler Indikator für Wirtschaftlichkeit und Kostendruck sein.

Auch Umsatzrenditen sind in klassischen Rettungsdiensten bei vielen Trägern weniger relevant, können aber im Bereich Krankentransport oder bei privaten Anbietern mit mehreren Geschäftsfeldern eine größere Bedeutung gewinnen.

Drei Arten von Kennzahlen
Grundsätzlich lassen sich drei Arten von Kennzahlen unterscheiden:

Normierte Kennzahlen: Normierte Kennzahlen sind durch Gesetze, Verordnungen oder Vorgaben offizieller Instanzen (z. B. Gesetzgeber, Aufsichtsbehörden, DIN, Finanzämter) verbindlich definiert. Ihr Ziel ist es, bestimmte quantitative Zusammenhänge einheitlich zu erfassen und zu berichten. Eine individuelle Anpassung an die jeweiligen Organisationen ist nicht zulässig. Im Rettungsdienst finden sich normierte Kennzahlen beispielsweise als normierte Ausrückzeiten, Eintreffzeiten und festgelegte Qualitätsstandards.

Standardisierte Kennzahlen: Standardisierte Kennzahlen werden unternehmensintern entwickelt und dauerhaft etabliert. Sie dienen dazu, die Effizienz und Effektivität von Abläufen, Strukturen oder Ergebnissen messbar zu machen, etwa im Zeitvergleich oder im Vergleich zwischen verschiedenen Standorten, Teams oder Schichten. Im Rettungsdienst können standardisierte Kennzahlen beispielsweise die durchschnittliche Eintreffzeit am Einsatzort, die Ausfallquote von Rettungsmitteln oder die Fluktuationsrate von Mitarbeitenden betreffen. Die Datenquellen für solche Kennzahlen können aus unterschiedlichen Bereichen stammen, etwa aus der Leitstelle, dem Qualitätsmanagement oder dem Personalcontrolling.

Ad-hoc-Kennzahlen: Ad-hoc-Kennzahlen entstehen kurzfristig und werden eingesetzt, um eine spezifische Fragestellung oder Argumentation zu unterstützen. Solange die Entstehung dieser Kennzahlen transparent offengelegt wird, können sie wertvolle Hinweise liefern. Bewähren sie sich in der Praxis, besteht die Möglichkeit, dass sie in das System der standardisierten Kennzahlen übernommen werden.

Allerdings bergen Ad-hoc-Kennzahlen auch Risiken: Sie können beispielsweise gezielt so gestaltet werden, dass sie ein bestimmtes Projektvorhaben oder einen Bedarfsanspruch unterstützen. Besonders kritisch wird es, wenn die Auswahl der Mess- oder Bezugsgrößen bewusst angepasst wird, um ein gewünschtes Ergebnis zu erzielen.

Eine solche Vorgehensweise kann zu verzerrten Darstellungen führen und sollte im Rettungsdienst kritisch hinterfragt werden, insbesondere wenn Entscheidungen über Ressourcen, Strukturen oder neue Projekte an Ad-hoc-Auswertungen geknüpft sind (Kühnapfel, J. B., 2021, S. 5–6; Bertagnolli, F., 2020).

10.2.2 Eigene Kennzahlen entwickeln

Im weiteren Verlauf dieses Kapitels werden verschiedene Beispiele für sinnvolle Kennzahlen im Rettungsdienst vorgestellt. Diese Beispiele sollen jedoch nicht darüber hinwegtäuschen, dass es ebenso wichtig ist, die Fähigkeit zu entwickeln, eigene Kennzahlen zu erstellen.

Nur so kann sichergestellt werden, dass spezifische *Key Results* (Abschn. 9.3) und individuelle Ziele in der jeweiligen Organisation messbar gestaltet werden.

► Die eigenständige Entwicklung von Kennzahlen ermöglicht es, flexibel auf unterschiedliche Anforderungen zu reagieren – sei es im Rahmen von Projekten, bei Optimierungsprozessen oder in der strategischen Steuerung.

Um eine solide Basis zu schaffen, folgt im nächsten Abschnitt eine kurze Einführung in die Kennzahlenerstellung.

Das 1 × 1 der Kennzahlenerstellung
Kennzahlen werden nicht einfach abgelesen, sondern bewusst konstruiert. Dabei entstehen sie durch die Kombination verschiedener Elemente, die klar definiert werden müssen (Kühnapfel, J. B., 2021, S. 6–7; Bertagnolli, F., 2020

- **Bezeichnung** der Kennzahl (Name)
- **Messgröße**
- **Bezugsgröße**
- **Operator,** der Messgröße und Bezugsgröße miteinander verknüpft (z. B. Division, Multiplikation)
- **Operatoren innerhalb von Mess- oder Bezugsgrößen,** falls diese selbst aus mehreren Variablen bestehen
- **Zeitbezug,** sofern erforderlich

Ein praxisnahes Beispiel aus dem Rettungsdienst
Es soll die durchschnittliche Auslastung eines Rettungswagens (RTW) ermittelt werden, der an allen Tagen im Jahr (365 Tage) im 24-h-Dienst eingesetzt wird. In die Berechnung einbezogen werden neben der Einsatzzeit auch organisatorische Zeiten (30 min pro Tag) sowie 15 min Nachbereitungszeit pro Einsatz.

Ziel: Durchschnittliche Auslastung eines RTW pro Monat ermitteln.

Grundkonstruktion:

$$Auslastung(t) = \frac{Summe\ der\ Einsatzzeiten + Zusatzzeiten}{Verf\ddot{u}gbareGesamtzeit\ im\ Monat}$$

Elemente:

- **Messgröße:** Summe der Einsatzzeiten inkl. Orga-, Sonder- und Nachbereitungszeiten im Monat
- **Bezugsgröße:** Gesamte verfügbare Zeit des Fahrzeugs im Monat (z. B. 24 h × Anzahl der Tage)
- **Operator:** Division
- **Zeitbezug:** Monat

Konkretisierung der Parameter:

- **Einsatzzeiten:** Summe der reinen Einsatzzeiten im Monat (z. B. Dauer vom Ausrücken bis zum Abschluss des Einsatzes pro Einsatz)
- **Zusatzzeiten**
  - **Organisatorische Zeiten:** Fix 30 min pro Tag für Fahrzeugcheck, Übergabe etc.
  - **Nachbereitungszeiten:** Fix 15 min pro abgeschlossenen Einsatz für Aufrüsten und Dokumentation
  - **Sonderzeiten:** Dokumentierte Zeiten für besondere Aufgaben, wie beispielsweise Desinfektion
- **Verfügbare Gesamtzeit:** 24 h × Anzahl der Tage im Monat

Beispielrechnung:

- Anzahl der Tage im Januar: 31
- Verfügbare Zeit im Januar: 24 × 31 = 744 h
- Summe reiner Einsatzzeiten im Januar: 200 h
- Anzahl der Einsätze im Januar: 300 Einsätze
- Nachbereitungszeit: 300 Einsätze × 15 min = 75 h
- Sonderzeiten: 20 h
- Organisatorische Zeiten: 31 Tage × 0,5 h = 15,5 h

Beanspruchte Zeit im Januar 2025

$$200 + 75 + 20 + 15{,}5 = 310{,}5\,h$$

Berechnung der Auslastung

$$Auslastung = \frac{310{,}5}{744} * 100 = 41{,}73\ \%$$

Durch die flexible Konstruktion dieser Kennzahl können problemlos verschiedene Fahrzeuge einer Wache – auch bei unterschiedlichen Parametern wie abweichenden Nachbereitungszeiten für NEF oder KTW oder variierenden Organisatorischen Zeiten, etwa bei einer 2 × 12-h-Besetzung eines RTW – berücksichtigt werden; gleichzeitig ermöglicht die einheitliche Berechnung eine transparente Vergleichbarkeit zwischen verschiedenen Fahrzeugen und Wachen.

Nachdem die Grundlagen zur Konstruktion und Anwendung von Kennzahlen erläutert wurden, folgt nun eine Einordnung in verschiedene Kategorien. Dazu werden im nächsten Abschnitt typische Leistungskennzahlen, Finanzkennzahlen und Qualitätskennzahlen im Rettungsdienst vorgestellt.

10.2.3 Leistungskennzahlen

Leistungskennzahlen erfassen, was der Rettungsdienst tatsächlich leistet.

Sie helfen zu erkennen, ob die Einsatzzahlen steigen oder sinken, wie stark die Rettungsmittel ausgelastet sind und wo gegebenenfalls struktureller Handlungsbedarf besteht.

Typische Leistungskennzahlen

- **Einsatzzahlen**
  - Anzahl der Einsätze pro Zeitraum (Tag, Monat, Jahr) je Rettungsmittel.
  - Beispiel: 3600 Einsätze pro Jahr auf einem RTW.
- **Auslastung der Rettungsmittel**

Verhältnis von Einsatzzeit zu Dienstzeit (Auslastung) eines Rettungsmittels. Diese Zeiten können von Aufsichtsbehörden bei Überlastungsanzeigen durch Mitarbeitende angefordert werden und Entscheidend für Anpassung von Dienstzeiten (Zweischichtmodelle zu Dreischichtmodelle etc.) sein.

Hier werden häufig zu den reinen Einsatzzeiten (Daten von der Leitstelle) pro Einsatz Organisationszeiten (beispielsweise 15 min pro Einsatz) und für jede Schicht Sonderzeiten (beispielsweise für Fahrzeugcheck und Übergabe 30 min) angerechnet. Weitere Sonderzeiten können Zeiten für Desinfektion etc. sein und werden im Betrachtungszeitraum einzeln vermerkt.

Rechenweg:

$$Auslastung\ (\%) = \frac{Summe\ der\ Einsatzzeiten\ zzgl.\ Zusatzzeiten\ (inStunden)}{Summer\ der\ Dienstzeiten\ (In\ Stunden)} \times 100$$

Beispiel Einsatzzeit pro Tag: Einsatzzeit inkl. Zusatzzeiten 17,5 h, Dienstzeit 24 h = 72,9 %.

- **Auszeitenquote**

Anteil der Zeit, in der Rettungsmittel außer Dienst sind (z. B. wegen Personalmangel).

Rechenweg:

$$Auszeitenquote\ Wache 1\ (\%) = \frac{Summe\ der\ Ausfallzeiten}{Summe\ der\ geplanten\ Dienstzeiten} \times 100$$

Beispiel Ausfallzeiten im Januar 2025: 62 h, geplante Dienstzeiten im Betrachtungszeitraum 720 h = 8,61 %.

- **Transportquote**

Verhältnis von Einsätzen mit Transport zu Einsätzen ohne Transport.

$$Transportquote\ (\%) = \frac{Transporte}{Einsätze} \times 100$$

Beispiel Transportquote RTW im ersten Quartal 2025: Transporte 800, Einsätze 900 = 88,8 %.

10.2.4 Finanzkennzahlen

Finanzkennzahlen liefern Informationen über die wirtschaftliche Lage und die Kostenstruktur eines Rettungsdienstes.

Sie sind nicht nur für die Geschäftsführung, sondern auch für Leitungskräfte im operativen Bereich relevant – insbesondere, wenn Verantwortung für Budgets oder Personal besteht und Vertragsverhandlungen mit den Kostenträgern oder die Teilnahme an Ausschreibungen bevorstehen.

Typische Finanzkennzahlen

- **Personalkostenquote**

Anteil der Personalkosten an den Gesamtkosten.

$$Personalkostenquote\ (\%) = \frac{Personalkosten}{Gesamtkosten} \times 100$$

Beispiel: Personalkosten 2024 5.000.000 €, Gesamtkosten: 6.500.000 €: Personalkostenquote = 76,9 %.

- **Materialkostenquote**

Anteil der Materialkosten an den Gesamtkosten. (z. B. Verbrauchsmaterial, Medikamente)

$$Materialkostenquote(\%) = \frac{Materialkosten}{Gesamtkosten} \times 100$$

Beispiel: Materialkosten 2024 1.000.000 €, Gesamtkosten 6.500.000 € = 15 %

- **Kosten pro Einsatz**

Gesamtkosten geteilt durch die Anzahl der Einsätze.

$$KostenproEinsatz = \frac{Gesamtkosten}{Anzahl\ der\ Einsätze}$$

Beispiel: Gesamtkosten 6.500.000 €/10.000 Einsätze = 650 € pro Einsatz.

- **Fortbildungskostenquote**

Anteil der Fortbildungsinvestitionen an den Personalkosten.

$$Fortbildungskostenquote\ (\%) = \frac{Fortbildungskosten}{Personalkosten}$$

Beispiel: Fortbildungskosten 2024 150.000 €, Personalkosten 2024 5.000.000 € = 3 %

- **Overheadquote**

Anteil der Verwaltungskosten an den Gesamtkosten.

$$Overheadquote\ (\%) = \frac{Verwaltungskosten}{Gesamtkosten} \times 100$$

Beispiel: Verwaltungskosten 2024 240.000 €, Gesamtkosten 2024 6.500.000 € = 3,69 %.

10.2.5 Qualitätskennzahlen

Qualitätskennzahlen messen die Güte der erbrachten Leistung und die Einhaltung von Standards.

Sie können Hinweise auf Verbesserungspotenziale geben und sind häufig auch Teil von Zertifizierungsprozessen (z. B. DIN EN ISO 9001).

Typische Qualitätskennzahlen

- **Beschwerdequote**

Anzahl eingegangener Beschwerden im Verhältnis zur Zahl der Einsätze.

$$Beschwerdequote\ (\%) = \frac{Beschwerden}{Einsätze} \times 100$$

Beispiel: 30 Beschwerden in 2024 bei 10.000 Einsätzen → Beschwerdequote = 0,3 %.

- **Fehlerquote in der Fahrzeugübergabe**

Anteil der Fahrzeugübergaben mit Mängeln (beispielsweise nicht aufgefülltes Material).

$$Fehlerquote\ Fahrzeugübergabe\ (\%) = \frac{Fehlerhafte\ Fahrzeugübergaben}{Fahrzeugübergaben} \times 100$$

Beispiel: 15 fehlerhafte Fahrzeugübergaben im ersten Quartal 2025 bei insgesamt 450 Fahrzeugübergaben = 3,33 %

- **Erfolgreiche Abschlussquote Notfallsanitäterprüfung**

Anteil der bestandenen Prüfungen der Auszubildenden.

$$Erfolgreiche\ Abschlussquote\ NFS - Ausbildung(\%) = \frac{Erfolgreiche\ Abschlussprüfung}{Abschlussprüfungen} \times 100$$

Beispiel: Abschlussjahrgang 2024 hat 20 Auszubildende, davon haben 18 die Abschlussprüfung bestanden = 90 %

- **Gesamtzufriedenheit Mitarbeitende**

Ergebnisse zur Gesamtzufriedenheit. Skala 1–5 (1 = sehr unzufrieden, 5 = sehr zufrieden)

$$Gesamtzufriedenheit\,(\%) = \frac{Gesamtzufriedenheitsindex}{5} \times 100$$

Beispiel: Der Gesamtzufriedenheitsindex aller abgegebenen Fragebögen liegt bei 4,2 von 5 möglichen Punkten. Die Gesamtzufriedenheit ist 84 %.

10.2.6 Frühindikatoren als strategisches Steuerungsinstrument

Während viele klassische Kennzahlen vergangenheitsorientiert sind – etwa die Anzahl der Einsätze oder Krankheitstage im letzten Monat – gewinnen sogenannte Frühindikatoren zunehmend an Bedeutung. Frühindikatoren liefern Hinweise auf zukünftige Entwicklungen und **ermöglichen ein proaktives Handeln,** bevor kritische Situationen eintreten.

Durch den gezielten Einsatz von Frühindikatoren können Leitungskräfte frühzeitig Trends erkennen, Risiken minimieren und positive Entwicklungen fördern.

Implementierung in der Praxis

Frühindikatoren lassen sich meist mit relativ einfachen Mitteln aus bestehenden Datenquellen ableiten. Wichtig ist, diese Kennzahlen regelmäßig und systematisch zu erheben, transparent im Führungsteam zu kommunizieren und gegebenenfalls Maßnahmenpläne zu verknüpfen.

Beispiele

Urlaubsplanung:

- Anteil der bereits verplanten Urlaubstage zum Stichtag März/April – wichtiger Frühindikator, um Personalkosten und Dienstplanbelastungen zum Jahresende vorherzusehen.

Entwicklung der Überstundenkosten:

- Frühzeitiges Monitoring, ob Mehrarbeitstrends entstehen, die das Personalbudget belasten könnten.

Frühbuchungsrate von Pflichtfortbildungen:

- Anteil der Mitarbeitenden, die ihre Fortbildungsverpflichtungen frühzeitig erfüllen – reduziert Engpässe zum Jahresende.

Diensttauschquote:

- Hohe Diensttauschraten früh im Jahr können auf Flexibilitätsprobleme oder Unzufriedenheit mit der Dienstplanung hindeuten.

Anstieg kurzfristiger Krankmeldungen:

- Kann auf Überlastung oder Unzufriedenheit hindeuten.

Teilnahmequote an Teammeetings und Workshops:

- Gibt Hinweise auf Engagement und Zusammenhalt im Team.

Ergebnisse aus kurzen Pulsbefragungen:

- Entwicklung der Teamstimmung in 2–3 Kernfragen (z. B. „Ich fühle mich gut informiert.“).

Erreichungsgrad strategischer Teilziele (Key Results):

- Gibt frühzeitig Hinweise, ob die übergeordneten Jahresziele realistisch erreichbar bleiben.

Frühindikatoren erweitern das klassische Kennzahlen-Portfolio um eine vorausschauende Dimension. Sie helfen Leitungskräften im Rettungsdienst, nicht nur auf Entwicklungen zu reagieren, sondern diese aktiv zu gestalten. Durch die richtige Auswahl und konsequente Nutzung weniger, aber wirkungsvoller Frühindikatoren können Risiken früh erkannt und Chancen konsequent genutzt werden. Sie selbst sind jetzt mithilfe von Abschn. 10.2.2 eigene für Sie passende Frühindikatoren zu entwickeln.

> **Praxistipp: Starter-Kennzahlen für den Rettungsdienst**
> Für Rettungsdienste, die bislang keine oder nur sehr wenige Kennzahlen nutzen, stellt der systematische Aufbau eines Kennzahlensystems eine große Chance dar, Transparenz zu schaffen, Entwicklungen frühzeitig zu erkennen und gezielt zu steuern. Der Einstieg erfordert keine umfassende Komplettlösung, sondern kann schrittweise und bedarfsgerecht erfolgen.
>
> Zunächst sollte überlegt werden, welche Themenbereiche für die eigene Organisation besonders relevant sind – beispielsweise Leistungsfähigkeit, Wirtschaftlichkeit oder Qualität der Versorgung. Auf dieser Basis können einfache, gut nachvollziehbare Messgrößen definiert werden, die erste Einblicke ermöglichen. Dabei ist es sinnvoll, den Fokus auf wenige, aussagekräftige Kennzahlen zu legen, um die Komplexität gering zu halten und eine nachhaltige Nutzung sicherzustellen.
>
> Wichtig ist zudem, frühzeitig Verantwortlichkeiten für die Erhebung und Auswertung der Daten zu klären sowie regelmäßige Überprüfungszyklen zu etablieren. So entsteht nach und nach ein belastbares Steuerungsinstrument, das den Rettungsdienst in seiner Weiterentwicklung unterstützt.

Saubere Strukturen für die Kennzahlerhebung schaffen

Wer wirksam mit Kennzahlen arbeiten möchte, sollte nicht nur die richtigen Kennzahlen auswählen, sondern auch systematisch und verlässlich deren Erhebung organisieren.

Spätestens bei der praktischen Umsetzung zeigt sich, wie wichtig eine klare Struktur ist:

Ohne saubere Erhebungsmethoden, Verantwortlichkeiten und feste Rhythmen verlieren sich selbst gut gemeinte Ansätze schnell im Alltag.

Eine strukturierte Erhebung sorgt für

- **Verlässlichkeit:** Die Kennzahlen werden wirklich erhoben, nicht nur „mal zwischendurch".
- **Vergleichbarkeit:** Über die Zeit hinweg lassen sich Trends erkennen und Entwicklungen bewerten.
- **Fokus:** Alle Beteiligten wissen, welche Zahlen wirklich wichtig sind und wofür sie erhoben werden.
- **Schnelligkeit:** Bei Bedarf (z. B. für Berichtswesen, Management-Entscheidungen oder externe Prüfungen) sind die relevanten Daten schnell verfügbar.
- **Verantwortung:** Wer verantwortlich ist, fühlt sich zuständig – eine wichtige Voraussetzung für ein funktionierendes Steuerungssystem.

Um diese Vorteile zu nutzen, empfiehlt es sich, eine Erhebungstabelle zu erstellen

In dieser Tabelle werden alle wichtigen Kennzahlen eingetragen – zusammen mit der Zielsetzung, der Erhebungsmethode, dem Rhythmus und der Verantwortlichkeit. So entsteht eine übersichtliche Grundlage für ein professionelles, schlankes und effektives Kennzahlensystem.

Abb. 10.1 zeigt einen Erhebungsplan mit dem Schwerpunkt Arbeitgeberattraktivität und Mitarbeiterbindung im Rettungsdienst. Nutzen Sie diese als Anregung und passen Sie die Inhalte an die Besonderheiten Ihres Rettungsdienstes und Ihrer individuellen Steuerungsschwerpunkte an.

10.3 Wie mit Kennzahlen führen, ohne Mitarbeiter zu demotivieren?

Kennzahlen können ein kraftvolles Führungsinstrument sein – sie schaffen Transparenz, ermöglichen Steuerung und decken Entwicklungspotenziale auf. Gleichzeitig bergen sie aber auch Risiken: Werden Kennzahlen falsch eingesetzt oder einseitig interpretiert, können sie zu Misstrauen, Stress und Demotivation bei Mitarbeitenden führen.

Damit Kennzahlen ihre positive Wirkung entfalten, sollten Führungskräfte folgende Grundsätze beachten:

Ziel	Zielgruppen der Erhebung	Umsetzung	Datenquelle und Sample	Erhebung
Recruiting				
Anteil qualitativer Bewerbungen	Bewerbende für NFS-Ausbildungen Berufserfahrene NFS / RS	Anzahl qualifizierter Bewerbungen÷ Anzahl Bewerbungen ×100 (%)	Rekrutierungsdaten aus dem internen Bewerbermanagementsystem	Jährlich im November für den Zeitraum Oktober Vorjahr bis Oktober laufendes Jahr
…	…	…	…	…
Arbeitgeberattraktivität				
Arbeitgeberattraktivität	Freiwilligendienstleistende Auszubildende NFS Berufserfahrene NFS / RA / RS	Mittelwerte folgender Punkte (gesamt): Der Rettungsdienst XYZ ist ein attraktiver Arbeitgeber. Ich kann mir vorstellen, längerfristig hier zu arbeiten. Ich würde den Rettungsdienst XYZ als Arbeitgeber weiterempfehlen **Skala:** 1 (stimme gar nicht zu) bis 5 (stimme voll zu).	Standardisierte Befragung, Stichprobe mit mindestens 50 Personen pro Zielgruppe.	Jährlich im Zeitraum April bis Mai
…	…	…	…	…
Preboarding				
Qualität des Preboarding	Freiwilligendienstleistende Auszubildende NFS	Mittelwerte folgender Punkte (gesamt): Die Informationen vor meinem ersten Arbeitstag waren vollständig und hilfreich. Ich fühlte mich während der Einarbeitungszeit gut begleitet. Das Preboarding hat meine Erwartungen an den Rettungsdienst XYZ erfüllt. **Skala:** 1 (stimme gar nicht zu) bis 5 (stimme voll zu).	Standardisierte Befragung der Zielgruppe, die innerhalb der letzten sechs Monate begonnen haben.	Halbjährlich im Januar und Juli.
…	…	…	…	…

Abb. 10.1 Beispiel Erhebungsplan Rettungsdienst

1. **Kennzahlen sind ein Mittel, kein Selbstzweck**
   Kennzahlen helfen, den Überblick zu behalten und Trends frühzeitig zu erkennen. Sie sind jedoch kein Ersatz für persönliche Wahrnehmung, Gespräche und Führungsarbeit. Im Rettungsdienst spielen Teamdynamik, individuelle Kompetenzen und situative Besonderheiten eine große Rolle, die sich nicht allein in Zahlen abbilden lassen.
   Praxistipp: Nutzen Sie Kennzahlen als Ausgangspunkt für Dialoge – nicht für pauschale Urteile.
2. **Kennzahlen im Kontext interpretieren**
   Ein Wert allein sagt wenig aus. Erst im Vergleich zu Vorperioden, zu anderen Einheiten oder im Verhältnis zu bekannten Rahmenbedingungen entfaltet er seine Bedeutung.
   Steigt die Krankheitsquote? Dann stellen sich Folgefragen: Ist es eine saisonale Grippewelle? Gab es größere organisatorische Veränderungen? Wie ist die Belastung im Team?
   Praxistipp: Erheben Sie zu allen Kennzahlen immer auch qualitative Rückmeldungen („Was erleben wir gerade im Alltag?").
3. **Transparent kommunizieren**
   Nichts sorgt für mehr Misstrauen als Zahlen, die „im Hinterzimmer" ausgewertet werden. Binden Sie die Teams aktiv ein: Welche Kennzahlen sind uns wichtig? Warum? Wie nutzen wir sie?
   Praxistipp: Stellen Sie regelmäßig – z. B. einmal im Quartal – ausgewählte Kennzahlen transparent im Teammeeting vor. Nicht als Kontrolle, sondern als gemeinsame Grundlage zur Weiterentwicklung.
4. **Auf Entwicklung statt auf Bestrafung setzen**
   Ziel von Kennzahlenarbeit sollte nicht sein, Schuldige zu finden, sondern Entwicklungen sichtbar zu machen, Verbesserungen anzustoßen und Erfolge erkennbar zu machen.
   Praxistipp: Feiern Sie auch kleine Fortschritte! Wenn z. B. die Dokumentationsqualität messbar steigt oder die Krankheitsquote sinkt, sollte dies ausdrücklich wertgeschätzt werden.
5. Keine isolierte Steuerung über Zahlen
   Besonders heikel wird es, wenn einzelne Kennzahlen als einzige Entscheidungsgrundlage genutzt werden (*„Deine Krankentagequote ist zu hoch, wir brauchen ein Gespräch."*). Kennzahlen sind immer ein Teil des Bildes – nie das ganze Bild.

Praxistipp: Verknüpfen Sie Kennzahlen immer mit qualitativen Beobachtungen und konkreten Gesprächen.

Literatur

Bertagnolli, F. (2020). *Lean Management. Einführung und Vertiefung in die japanische Management-Philosophie* (2 Aufl.). Springer Gabler. https://doi.org/10.1007/978-3-658-31240-4.

Kudernatsch, D. (2022). *Toolbox objectives and key Results. Transparente und agile Strategieumsetzung mit OKR* (2. Aufl.). Schäffer-Poeschel. https://doi.org/10.34156/978-3-7910-5565-7.

Kühnapfel, J. B. (2021). *Vertriebskennzahlen. Kennzahlen und Kennzahlensysteme für das Vertriebsmanagement*. Springer Gabler. https://doi.org/10.1007/978-3-658-32785-9.

Marung, H., Dormann, H., & Baubin, M. (2016). *Kennzahlen in der Notfallmedizin. Notfall Rettungsmed, 19,* 623–624. https://doi.org/10.1007/s10049-016-0254-6.

Kolibri 360 GmbH
Ferdinand-Jühlke-Straße 7
99095 Erfurt, Deutschland
produktsicherheit@kolibri360.de